JN491774

사회복지조사론

이 책은 저작권법에 따라 보호받는 저작물이므로 무단전재와 무단복제를 금지하며, 이 책 내용의 전부 또는 일부를 이용하려면 반드시 저작권자와 동문사의 서면동의를 받아야 합니다. 무단전재나 무단복제 행위는 저작권법 제136조(벌칙)에 의거, 5년 이하의 징역 또는 5천만 원 이하의 벌금에 처하거나 이를 병과할 수 있습니다.

사회복지조사론

RESEARCH METHODS FOR SOCIAL WELFARE

이승현 · 염일열 공저

동문사

Preface
머리말

사회조사론은 사회복지학을 비롯하여 사회현상을 연구하는 모든 학문분야에서 활용되고 있으며 사회복지조사론, 행정조사론, 마케팅조사론, 조사방법론 등의 다양한 이름으로 불리고 있다. 이처럼 도구학문으로서 사회복지조사론은 사회현상의 연구에 필요한 과학적 방법과 절차를 다루는 학문으로, 특히 사회복지 연구에 필요한 과학적 방법과 절차를 담고 있다. 또한 복지에 대한 수요증가로 복지현장에서는 주민이나 클라이언트 등을 대상으로 한 욕구조사나 만족도조사, 프로그램 평가 조사를 수행하는 경우가 많아졌다. 이 과정에서 사회복지조사론은 사회복지사들에게 과학적 조사과정에 필요한 기본지식과 기술을 담고 있다. 그러므로 사회복지조사론은 사회복지연구에 필요한 과학적 방법뿐만 아니라 복지현장에서 필요로 하는 과학적 실천방법을 다루게 된다.

저자는 그동안 대학에서 사회복지조사론을 강의하면서 많은 학생들이 사회복지조사에 관한 지식을 알고 있으면서도 실제적인 과학적 조사의 실천과 보고서 작성을 수행하지 못하는 사례를 많이 보아왔다. 우리 속담에 '구슬이 서 말이어도 꿰어야 보배다'라는 말이 있다. 사회복지조사에 대한 지식과 기술은 복지현장에서 실제적으로 활용되고 결과물로 나타날 수 있어야 한다. 따라서 사회복지조사론을 공부하는 학생들은 과학적 조사방법과 관련된 기본적 지식과 기술을 습득해야 할 뿐만 아니라 실제적인 과학적 조사의 실행과 이에 기초한 조사보고서를 작성할 수 있어야 한다.

이 책은 이러한 측면을 고려하여 작성되었으며, 모두 15장으로 구성되어 있다.

제1장 과학적 방법과 조사연구에서는 과학적 지식탐구와 과학적 조사방법의 특성, 사회과학의 제 관점, 사회조사방법의 중요성, 윤리적 이슈 등에 대해 설명하고 있다.

제2장 조사연구의 기본개념에서는 조사연구문제, 변수와 개념, 개념적 정의와 조작적 정의, 가설, 이론 등에 대해 설명하고 있다.

제3장 사회조사연구의 유형과 과정에서는 조사연구의 제 유형, 조사연구과정, 조사연구의 고려사항 등에 대해 설명하고 있다.

제4장 척도구성에서는 측정과 척도의 의의, 척도의 구성요건 및 분류기준, 척도구성 절차 등에 대해 설명하고 있다.

제5장 신뢰도와 타당도에서는 신뢰도와 타당도의 의의 및 측정방법, 신뢰도와 타당도의 관계 등에 대해 설명하고 있다.

제6장 조사연구설계에서는 조사연구설계의 의미와 조사연구설계의 유형(탐색적 조사설계, 기술적 조사설계, 설명적 조사설계), 내적타당도 및 외적 타당도 등에 대해 설명하고 있다.

제7장 실험조사설계와 단일사례조사설계에서는 실험조사설계의 의미와 유형별 특성, 단일사례조사설계의 의미와 유형별 특성 등에 대해 설명하고 있다.

Preface
머리말

제8장 표본추출에서는 표본추출의 의의, 표본의 요건, 표본추출의 과정 및 방법 등에 대해 설명하고 있다.

제9장 질문지 조사에서는 질문지 조사의 의미, 질문지 작성 절차 및 고려 사항, 질문지 조사의 유형 등에 대해 설명하고 있다.

제10장 면접조사 및 관찰조사에서는 면접조사의 의미와 유형별 특성, 면접조사의 절차, 관찰조사의 의미와 유형별 특성, 관찰조사의 절차 등에 대해 설명하고 있다.

제11장 내용분석 및 2차 자료 분석에서는 내용분석의의 의의와 장단점, 절차, 2차 자료 분석의 의미, 자료 원천, 한계 등에 대해 설명하고 있다.

제12장 욕구조사에서는 욕구조사의 의의와 필요성, 욕구조사의 종류와 자료수집방법 등에 대해 설명하고 있다.

제13장 평가조사에서는 평가조사의 의의, 목적, 종류, 절차 등에 대해 설명하고 있다.

제14장 질적 연구에서는 질적 연구의 의의, 장단점, 설계, 질적 연구전통, 자료수집과 분석 등에 대해 설명하고 있다.

제15장 조사보고서 작성에서는 조사보고서의 양식과 문체, 형식과 내용 등에 대해 설명하고 있다.

이 책은 사회복지를 공부하는 학생들뿐만 아니라 현장에 근무하는 사회복지사들이 보다 쉽게 이해할 수 있도록 만들려 노력하였지만 부족한 부분이 매우 많음을 느낀다.

이 점은 추후 보완해 나가도록 하겠으며, 아무쪼록 사회복지조사론을 배우는 모든 사람들에게 조금이나마 도움이 되기를 바란다. 그동안 이 책을 집필하는 데 수고해 주신 모든 연구자분들과 출판을 허락해 주신 동문사 관계자분들에게 진심으로 감사드린다.

저자를 대표해서

이승현

차 례

차 례

차 례

차 례

차 례

CHAPTER

01

과학적 방법과 조사연구

■ 제1절 | 조사와 과학

■ 제2절 | 사회조사방법의 중요성, 한계성, 윤리성

|RESEARCH| |METHODS| |FOR| |SOCIAL| |WELFARE|

SECTION 01 조사와 과학

01 조사와 과학의 의의

1) 조사의 의미

조사(research)[1]란 의문이나 문제에 대한 답을 찾는 과정이나 절차를 말하며, 이러한 절차를 통해서 지식을 습득하게 된다.

2) 지식습득의 방법

지식습득의 방법은 다양하다. Pierces는 관습에 의한 방법, 권위에 의한 방법, 직관에 의한 방법, 과학적 방법으로 분류하고 있다.[2]

① 관습에 의한 방법 : 사회적으로 오랫동안 형성되어 온 선례나 관습에 의해 비판 없이 지식을 습득하는 방법이다. 관습은 시대나 공간에 따라 변하고 동일하지 않다는 점에서 한계가 있다.

② 권위에 의한 방법 : 전문가나 사회적 지위를 인정받은 권위 있는 사람이나 서적 등에 기초하여 지식을 습득하는 방법으로, 지식의 원천이 타인 또는 타 조직의 권위에 있다. 이 방법은 전문가 사이에도 의견의 합치가 이루어지지 않

1) 'research'는 조사, 연구, 조사연구 등으로 번역할 수 있다. 이 책에서는 조사, 연구, 조사연구라는 용어를 혼용하여 사용하고 있다.

2) 이와 비슷하게 Wallace(1971)와 Nachmias & Nachmias(1987)는 권위적 방법, 신비적 방법, 논리-합리적 방법, 과학적 방법으로 분류하고 있다.

는 경우가 많고 권위의 원천이 다름으로 인해 의견충돌이 일어나기 쉽다.

③ 직관에 의한 방법 : 선험적 방법으로 명백한 사실이나 자명한 진리에 기초하여 지식을 습득하는 방법이다. 과학은 자명한 명제라 하더라도 객관적 관찰과 경험에 의하여 검증되어야 한다고 본다.

④ 과학적 방법: 과학적 지식탐구는 객관성, 경험성, 재생 가능성의 요소를 내포하고 있다. 인식의 결과 의문의 대상에 대한 관찰이 객관화되어야 하고, 경험적 근거에 의거하여야 하며, 최종적으로 문제해결 과정과 결과의 진위 여부가 반복적으로 검증 가능해야 하는 특징을 가지고 있다. 이를 구체적으로 설명하면 먼저, 객관성은 건전한 감각기관을 지닌 사람들이 어떤 대상에 대하여 동일하게 인식하고 그로부터 얻은 인식결과 역시 동일해야 함을 의미한다. 둘째, 경험성은 지식이 인간이 지닌 다섯 가지 감각기관에 의해 지각될 수 있어야 한다는 것이다. 그러나 인간이 지닌 감각기능은 일정한 한계를 지니고 있기 때문에 사실이나 현상을 왜곡되게 인식할 수 있는 가능성도 염두에 두어야 한다. 셋째, 재생가능성은 동일한 대상에 대하여 동일한 조사방법을 사용했을 때 동일한 조사결과를 얻을 수 있어야 한다는 것이다.

2) 과학의 의의

(1) 과학의 의미

과학은 사물, 현상에 대한 지식을 객관적으로 얻는 과정이나 절차, 그리고 이를 통해 얻은 누적된 지식체계를 말한다.

(2) 과학적 방법의 기본 가정

① 자연에는 질서와 규칙성이 있다. 과학에서 말하는 자연은 우리가 관찰할 수 있는 대상이나 상황, 현상을 의미한다. 과학적 방법에서는 이러한 현실세계가 질서와 규칙성을 갖고 있다는 것이다. 따라서 어떤 사건이라도 우연히 일어나는 것이 아니라 규칙성이 있는 것으로 본다.

② 현상은 이해될 수 있다. 과학적 방법은 지적 추구의 한계를 거부하고, 인간의 노력으로 자연 및 사회현상의 많은 부분을 설명하고 이해할 수 있는 것으로

생각한다.

③ 모든 사건에는 원인이 있다. 어떤 사건이나 현상들은 그저 우연히 일어났거나, 초자연적이고 전지전능한 힘에 의해 일어난 것이 아니라 어떤 원인이 있어서 발생하는 것이다.

④ 자명한 지식은 없다. 자명한 지식이 없다는 것은 어떤 지식을 진실이라고 주장하기 위해서는 이를 객관적으로 증명할 수 있어야 한다.

⑤ 진리는 상대적이다. 절대적이고 궁극적인 진리는 존재하지 않는다. 상당히 안정적인 지식체계가 있을 수 있지만, 그 지식이 증명될 수밖에 없는 조건하에서 가능한 것이기 때문에 완전무결하다고 볼 수 없다.

⑥ 경험과 관찰이 지식의 원천이다. 어떤 현상에 대한 지식이나 이론들의 타당성은 인지, 경험, 관찰에 의해 입증되어야 한다는 것을 말한다.

(3) 과학의 특성

① 논리적이다. 과학은 합리적 사고 활동으로 논리적 근거에 기초하여 현상들을 설명하여야 한다. 논리적 체계성을 지니려면 논리의 전개는 일관적이어야 하며, 모순을 내포하지 않아야 한다. 즉, 서로 배타적인 상태가 동시에 일어나는 것을 부정한다.

② 결정론적이다. 과학에서는 모든 현상이 어떤 앞선 원인에 의해서 발생하며, 논리적으로 원인과 결과관계로 이해될 수 있어야 함을 가정한다. 또한 과학은 확률적 결정론을 포함한다.

③ 일반성을 추구한다. 과학적인 연구는 개별적인 어떤 현상을 하나하나 설명하는 것이 아니고 그것들에 대한 일반적인 이해를 구하는 것이다.

④ 간결성을 추구한다. 과학자들은 어떤 현상을 설명함에 있어서 필요한 최소한의 설명변수만을 이용하여 가능한 한 최대의 설명력을 확보하려 한다.

⑤ 구체적이다. 과학적 연구에 있어서는 애매모호하고 불분명한 개념을 사용하여서는 안 된다. 구체적이고 명확한 설명, 개념정의가 필요하며 여기서 조작적 정의라는 용어가 대두된다.

⑥ 경험적으로 검증 가능하다. 과학적 연구는 실제로 자료를 수집・조사하거나

자료를 분석하는 등 경험적인 검증절차가 필수적이다.

⑦ 상호주관적이다. 같은 실험을 행하는 경우 서로 다른 주관적인 동기가 있더라도 결과가 같게 나타나야 하는 상호주관적 성격을 갖는다.

⑧ 수정이 가능하다. 과학적 이론과 연구는 최신이론에 의해 대체되고 반박되며, 이전의 방법보다 세련되고 정확한 실험방법에 의해 수정될 수 있다.

⑨ 설명적이다. 과학은 경험적 현상이나 사건을 모두 망라하여 설명할 수 있는 이론이나 법칙을 개발하는 것이다.

⑩ 재생 가능성이 있다. 모든 과학적 이론은 여러 차례 반복적으로 검증하거나 관찰한 후에 정립된다.

⑪ 객관성이 있다. 하나의 대상에 대하여 누구에게나 동일하게 인식되고 그로부터 얻은 결과는 일치하여야 한다.

(4) 과학적 방법의 논리체계

과학적 조사연구의 전통적 논리체계는 크게 두 가지가 있다. 일반적인 것으로부터 특수한 것을 추론해 가는 연역적 논리와 특수한 것에서 일반적인 것을 추론해 가는 귀납적 논리로 구분된다.

① 연역법(deduction)

가설(이론 전제)	→	조작화	→	관찰·경험	→	검증
모든 사람은 죽는다.	→	소크라테스는 사람이다.	→	그러므로 소크라테스는 죽는다.	→	'모든 사람은 죽는다'는 논리를 검증

[그림 1-1] 연역법의 전개과정

연역법은 일반적인 이론이나 법칙을 특수한 사례에 적용하는 논리적 전개 방법이다. 즉, 기존의 일반적인 이론이나 원리를 전제로 가설을 설정하고, 특정한 사례의 관찰과 경험을 통하여 설정된 가설을 검증(가설의 기각 또는 채택)함으로써 하나의 사건이나 현상을 설명하는 방법이다. 연역적 논리의 고전적인 예는 '모든 사람은 죽는다 → 소크라테스는 사람이다 → 그러므로 소크라테스는 죽는다'로 알려진 삼단논법이다. 이 삼단논법에서는 먼저 이론을 전제로 한 가설과 조작적 정의를 제시하고 가설을 증명하기 위하여 소크라테스가 죽었다는 사실을 관찰과 경험을 통하여 확인하면 된다.

② 귀납법(induction)

주제선정	→	관찰	→	유형발전 (경험적 일반화)	→	임시결론 (이론으로의 발전)
인간의 죽음		소크라테스의 죽음 관찰		다른 많은 사람들의 죽음을 관찰		그러므로 모든 사람은 죽는다.

[그림 1-2] 귀납법의 전개과정

귀납법은 개별적인 사례로부터 관찰을 시작하여 일반적인 원리나 이론을 찾아가는 논리 전개 방법이다. 즉, 의문이 제기된 어떤 문제에 대하여 여러 사례의 경험적 관찰을 통하여 공통된 유형을 발견하고 일반화된 결론(이론이나 법칙)을 도출하는 방법이다. 삼단논법의 사례를 귀납법에 적용시켜 설명하면, '소크라테스의 죽음을 관찰 → 다른 많은 사람들의 죽음을 관찰 → 그러므로 모든 사람은 죽는다'는 결론을 도출하게 된다.

③ 연역법과 귀납법의 상호관계

과학은 수많은 현상을 관찰해서 이론을 형성하거나, 기존의 이론을 바탕으로 형성한 가설을 경험적으로 검증함으로써 기존의 이론을 발전시키면서 전개된다. 이 두 가지는 명확하게 구별되기보다는 서로 연결되어 반복되면서 과학을 발전시키고 있다.

분석적인 연역법과 경험적인 귀납법은 서로 교대로 이루어지는 상호보완적인 관계에 있다. 사회과학에서 지식을 탐구하기 위한 논리는 양자의 중요성이 인정된다. 일반적으로 기존의 이론이 존재할 때 연역법을 사용하며, 기존의 이론이 존재하지 않을 때 귀납법을 사용한다.

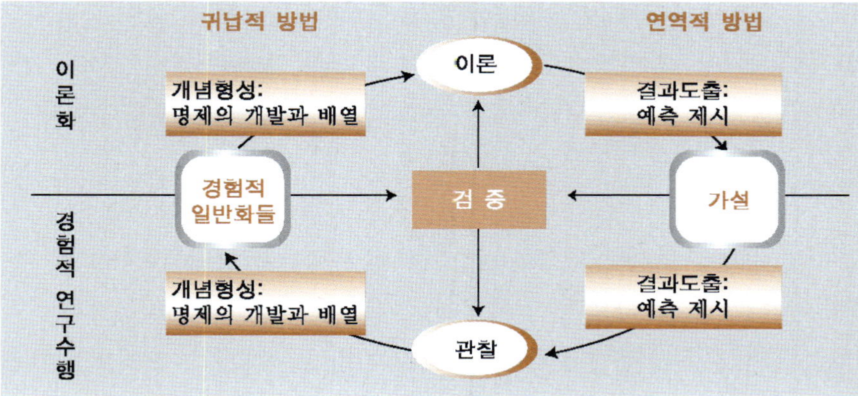

[그림 1-3] 연역법과 귀납법의 관계

02 사회과학의 제 관점

1) 사회과학의 주요 접근방법

사회과학의 주요한 접근방법은 크게 실증주의 철학에 뿌리를 두고 있는 표준 사회과학과 이에 대한 대안적 접근인 해석적 사회과학과 비판적 사회과학이 있다. 여기에서는 사회복지 분야에서 비중이 높은 표준 사회과학과 해석적 사회과학을 중심으로 살펴보기로 한다.

(1) 표준 사회과학

사회과학의 연구대상이 되는 사회를 자연의 일부로 간주하여 사회과학과 자연과학의 연구방법에는 차이가 없다는 것이다. 즉, 모든 과학은 그 대상이 자연현상이든 사회현상이든 상관없이 자연과학이 바탕해 온 자연관에 입각하여 실증적인 접근을 취하고자 한다. 사회현상은 자연현상과 마찬가지로 우연히 일어나는 것이 아니라 일정한 질서와 규칙에 의해 일어나며, 연구조사의 목적은 이러한 질서와 규칙성을 찾아내고 검증하는 것이다. 이를 위해 연구과정에서 가치의 배격, 인간의 5관으로 지각할 수 있는 경험적 관찰, 통제된 실험, 표준화된 연장이나 자에 의한 측정, 조작적 정의 등을 즐겨 활용한다. 관찰된 자료들은 수량화하여 간결한 공식으로 이론을 구성하고 주요 변수들 간의 인과관계를 정립하려 한다. 대체로 사회과학에서는 실증주의, 후기 실증주의, 행동주의, 구조기능주의, 체계이론 등이 대표적이다.

(2) 해석적 사회과학

해석주의는 인간의 주관적 의식을 중요시하는 사회과학 방법론이다. 인간은 비록 자연의 일부이기는 하나 다른 존재들과는 달리 상징능력·의미소통능력·의미해석능력·학습능력 등과 같은 정신능력을 지니고 있다고 이해한다. 그리고 인간들이 이러한 능력을 활용하여 상호작용하며 생존해 가는 과정에서 발생하는 것이 사회현상이라고 파악한다. 따라서 인간의 외부화된 행동은 진실한 것이 아닐 수도 있으며, 그 행동이 나타나게 된 심리, 의미 등을 해석하여야 완전한 진리를 추론해 낼 수 있다고 본다. 이들의 구체적인 연구 기법은 표준 사회과학 방법과는 달리 비조작적이고 질적인 것이 특색이며, 참여관찰과 심층면접, 현장조사 등을 즐겨 활용한다. 실증주의가 연역적 방법으로 연구하는 것에 비해 해석주의는 귀납적 방법으로 어떤 유형을 발견하려 한다. 주로 질적인 연구방법을 사용하며 소규모의 연구대상을 중심으로 구체적이며 상세한 내용을 기술하는 데 중점을 둔다. 현상학, 해석학, 민속방법론, 상징적 상호작용주의 등이 대표적이다.

2) 과학적 조사연구의 목적

과학적 조사연구의 목적은 그 관점에 따라 다르게 나타난다. 실증주의에 기반한 표준과학의 입장에서는, 사회현상에 관한 체계적 지식을 산출하고 축적하여 사회현상을 기술·설명하고 이를 토대로 미래를 예측하고 통제하는 것이다. 이에 반해 해석적 관점은 사회적 세계가 의미를 담고 있는 세계라는 사실을 강조하며, 사회적 조사연구에서 의미의 이해와 해석에 우선순위를 둔다.

이것을 구체적으로 설명하면 다음과 같다.

① 탐색이다. 탐색은 연구를 수행하는 데 연구문제에 대한 선행 연구나 지식이 충분하지 않을 때 행해진다. 이러한 탐색적 조사연구는 좀 더 정확하고 체계적인 연구를 위한 예비적 조사의 성격을 지닌다.

② 기술이다. 기술은 인간의 행동이나 사회현상이 지니고 있는 특성을 구체적이고 체계적으로 나열하고 묘사하는 것이다. 또한 둘 이상 변수 간의 관계를 명확히 진술하는 것으로 현상과 관련된 변수를 찾아 그 관계를 잠정적으로 설명하는 것이다.

③ 설명이다. 설명은 기술된 현상의 발성 원인을 설명함으로써 왜 그런 현상이 일어났는지 사회현상의 인과관계를 밝히는 것이다. 어떤 현상이 일어나는 선행 원인이나 조건을 밝혀 발생한 현상을 설명하는 인과관계의 연구에 적합하다.

④ 예측이다. 예측이란 어떤 현상이 실제로 일어나기 전에 미리 그것을 말하는 것이다. 즉, 어떤 현상의 원인을 알고 있다면 그 원인과 관련된 현재의 상태가 어떤지 파악함으로써 미래가 어떻게 될 것인지를 예측할 수 있다.

⑤ 통제이다. 통제란 어떤 현상이 발생하는 원인이나 조건을 미리 제거 또는 변경함으로써 미래를 바람직한 상태로 유도하는 것이다.

⑥ 이해와 해석이다. 해석적 관점에서 사회과학의 목적은 사회현상에 대한 인과관계의 논증 보다는 인간행위의 의미를 이해하고 해석하는 것이 보다 중요하다고 생각한다. 인간이 보여주는 말이나 행동들은 자신의 신념, 소망, 목적과 분리할 수 없다. 따라서 인간이 지니고 있는 신념, 소망, 목적을 알면 그들이 나타내는 말이나 행동의 의미를 제대로 이해할 수 있게 된다는 것이다.

|RESEARCH| |METHODS| |FOR| |SOCIAL| |WELFARE|

SECTION 02 사회조사방법의 중요성, 한계성, 윤리성

01 사회조사방법의 중요성

1) 사회조사방법의 의의

사회조사방법은 사회현상에 대한 새로운 사실, 지식이나 사실·지식 간의 관계(이론)를 논리적, 체계적, 경험적 객관적으로 찾아내기 위한 방법이라고 할 수 있다(Vogt, 1993 : 196). 즉, 사회조사방법은 조사라는 실증적인 자료 수집 과정을 통하여 사회현상에 대한 사실, 지식이나 이론을 논리적, 체계적으로 밝혀내는 방법이다. 따라서 사회조사방법은 실증적 자료 수집과 논리적·체계적 과정이라는 두 가지 중요한 요소를 가지고 있다(채구묵, 2011).

2) 사회조사방법의 중요성

어떤 일을 할 때 방법 또는 수단이 좋으면 쉽고 정확하게 우리의 목적을 달성할 수 있다. 학문을 연구하는 것도 마찬가지이다. 그 방법이 좋으면 쉽고 정확하게 진리에 도달할 수 있다. 다시 말해 좋고 정확한 연구방법을 사용했을 때 우리는 연구대상을 좀 더 체계적, 논리적으로 분석할 수 있으며 좋은 결과를 얻을 수 있을 것이다. 이것이 우리가 조사방법을 배우는 이유이다. 특히 사회복지학 등 응용사회과학은 현실사회에 직접 적용되는 정책을 개발하고 집행하는 것을 다루는 학문이기 때문에 현실을 실증적으로 연구하는 방법인 사회조사방법이 더욱더 필요하며, 이에 대한 지식이 절실히 요구된다 하겠다.

02 사회과학의 한계와 윤리성

1) 사회과학의 한계

사회과학은 자연과학에 비해 과학적 방법에 의해 연구하는 데 많은 장애요인이 있다.

첫째, 연구대상의 복잡성과 가변성이다. 사회과학의 연구대상인 인간의 복잡하고 가변적인 행태에 대한 정확한 예측이 어렵다.

둘째, 불완전한 방법적 절차이다. 인간 행태의 본질을 파악할 수 있는 실험과 같은 방법들이 완전하지 못하다는 한계를 가지고 있다. 특히 인간은 자기가 실험대상이 되고 있다는 것을 알게 되면 평소와는 다른 행동을 보일 수 있기 때문에 자연과학과 같이 엄밀한 통제조작에 의한 연구가 어렵다.

셋째, 불확실한 객관적 예측이다. 인간에게는 예측을 전복시킬 수 있는 능력이 존재하기 때문에 객관적 예측이 늘 정확한 것은 아니다.

넷째, 연구 대상의 규범적인 특성이다. 인간에 대한 연구이기 때문에 연구대상이 도덕적이고 규범적이며 따라서 이를 과학적으로 분석하고 기술하는 데 어려움이 있다.

다섯째, 윤리성이다. 연구대상이 인간이기 때문에 연구과정에서 인간을 목적으로만 사용해야 함에도 불구하고 이를 소홀히 할 경우 비인간화, 윤리성 문제를 초래할 수도 있다.

여섯째, 가치중립화의 문제와 가치개입이 불가분성이다. 연구를 위한 문제를 선정할 경우 가치가 개입되고 수집된 자료와 자료들 간의 변수를 형성하는 데 명제나 이론의 전개에서 가치가 개입될 수 있다. 즉, 연구자 자신의 가치관이 은연중에 작용하거나 사회현상에 대한 설명에 있어서 연구자의 사회문화적 요인 또는 시대적 요인에 의해 달라질 수 있다.

2) 사회과학의 윤리성

사회과학 연구를 위해서는 인간을 대상으로 한 조사를 수행해야 하는데, 이 과정에서 윤리적인 문제가 발생하기 쉽다. 특히 보다 과학성을 높이기 위한 엄밀한 연구를 수행하고자 실험조사와 같은 방법을 사용하고자 할 때 윤리적 문제가 발생할 가능성이 더 높다.

(1) 연구내용 및 주제

연구내용이 인간에게 해를 주는 것을 목적으로 해서는 안 된다.

(2) 연구대상 및 과정

연구대상인 인간을 수단으로 사용해서는 안 되며 연구대상에게 신체적, 정신적, 심리적, 물질적, 법적 피해를 주는 연구는 피해야 하며 원칙적으로 연구대상자에게 연구의 목적과 참여의 결과 등을 알리고 승낙을 얻어서 연구를 진행해야 한다.

(3) 연구결과

연구결과를 발표할 때 조사 대상자에 대해 익명성을 보장하고 자료원(date source)에 대한 비밀보장의 원칙 및 타인의 연구결과에 대한 사용 권한 등을 철저히 지켜야 한다.

요점정리

〈과학과 사회조사방법〉

- 과학적 지식탐구

직접 경험을 통해서 알든, 전통이나 권위에 의한 지식을 통해 알든, 과학적 방법을 통해 검증이 될 때만이 그 지식이 보다 명백해지고 엄밀해져서 우리의 행위를 정당화시키고 올바른 방향으로 이끌어 줌.

- 과학적 방법의 특성

-논리적이다. 일반성을 추구한다. 간결성을 추구한다. 구체적이다.
-경험적으로 검증가능하다. 상호주관적이다. 수정이 가능하다.
-설명적이다. 재생가능성이 있다. 객관성이 있다.

- 과학적 방법의 논리체계

- 연역법 : 일반적인 것으로부터 특수한 것을 추론, 전통적인 과학적 조사의 접근방법
  가설-조작화-관찰, 경험-검증
- 귀납법 : 관찰에서 시작하여 일반적인 원리나 이론으로 전개
  주제선정-관찰-유형발전-임시결론

- 사회과학의 주요 접근방법

- 표준 사회과학: 사회과학과 자연과학의 연구방법에는 차이가 없다는 것. 연구과정에서의 가치의 배격, 인간의 5관으로 지각할 수 있는 경험적 관찰, 통제된 실험, 표준화된 연장이나 자에 의한 측정, 조작적 정의 등을 즐겨 활용
- 해석적 사회과학: 인간의 주관적 의식을 중요시하는 사회과학 방법론. 인간의 외부화된 행동은 진실한 것이 아닐 수도 있으며, 그 행동이 나타나게 된 심리, 의미 등을 해석하여야 완전한 진리를 추론. 비조작적이고 질적인 것이 특색이며, 참여관찰과 심층면접, 현장조사 등을 즐겨 활용

- 과학적 조사연구의 목적

-탐색, 기술, 설명, 예측, 통제, 이해와 해석

- 사회과학의 한계

연구대상의 복잡성과 가변성, 불완전한 방법적 절차, 불확실한 객관적 예측, 연구대상의 규범적인 특성, 윤리성, 가치중립화의 문제와 가치개입의 불가분성

실전문제

Korean academy of social welfale

01 개별 대상이나 사건들을 관찰한 후에 이론을 도출하는 과학적 연구방법은?

① 연역적 방법　② 통계적 방법　③ 귀납적 방법
④ 면접 방법　⑤ 인식적 방법

해설 연역법

- 일반적인 것으로부터의 특수한 것을 추론
- 이론→가설→조직화→관찰→검증

귀납법

- 관찰에서 시작하여 일반적인 원리나 이론으로 전개해 나가는 논리적 과정
- 주제선정→관찰→경험적 일반화→이론

02 다음 중 과학의 특징이 아닌 것은?

① 논리적이고 객관적이다.　② 결정론적이다.　③ 일반화를 목표로 한다.
④ 경험적으로 검증 가능하다.　⑤ 재생이 불가능하다.

03 전통적인 과학적 조사의 접근방법은 연역적 접근방법이다. 연역법을 추론해 내는 접근방법은?

① 가설 → 조작화 → 관찰 → 검증
② 가설 → 관찰 → 조작화 → 검증
③ 조작화 → 가설 → 관찰 → 검증
④ 조작화 → 관찰 → 가설 → 검증
⑤ 가설 → 검증 → 조작화 → 관찰

해설 연역법

- 일반적인 것으로부터의 특수한 것을 추론
- 이론→가설→조직화→관찰→검증

정답 01. ③, 02. ⑤, 03. ①

CHAPTER 02

조사연구의 기본개념

|RESEARCH| |METHODS| |FOR| |SOCIAL| |WELFARE|

SECTION 01 조사연구문제

01 조사연구문제의 의미와 서술요령

1) 조사연구문제의 의미

연구자는 자신이 관심을 두는 현상과 관련된 변수들 간의 관계에 대한 다양한 의문을 가질 수 있다. 이들 의문들이 연구 가능한 연구문제가 되기 위해서는 왜 그러한 의문을 제기하게 되었는지 근거를 제시할 수 있어야 한다. 근거 없는 의문은 단순한 호기심에 불과하기 때문에 연구문제가 될 수 없으며, 호기심에 의해 제기된 의문이 경험적·이론적인 근거를 찾게 되었을 때 연구문제가 된다. 여기서 연구문제란 어떤 현상이나 사건에 대해 밝히고자 하는 변수들 사이의 관계를 의문문의 형태로 기술한 것이다. 그러나 변수 간 관계보다는 현상의 정확한 파악 또는 단일변수의 기술을 주목적으로 하는 연구의 경우 이러한 기준이 적용되지 않을 수도 있다.

2) 조사연구문제의 서술요령

연구문제를 구체적으로 진술하기 위한 어떤 절대적 형식이 있는 것은 아니지만, 일반적으로 가능한 한 의문문의 형식으로 진술하고, 변수들 간의 관계로 진술한다. 또, 연구문제에 진술된 각 변수는 측정가능하고, 진술된 변수 간의 관계가 경험적으로 해결 가능하게 진술하여야 한다. 다시 말해 개념적 설명개념이 아닌 조작적으로 규정된 측정 가능한 형태로 진술되어야 된다. 그래야 변수 간의 관계에 대한 의문이 경험적으로 검증 가능한 형태의 연구가설로 진술될 수 있다.

02 조사연구문제의 도출과 선정 기준

(1) 연구문제 도출의 원천

① 사회적 관심이 집중되는 경우
② 기존의 지식이 미비한 경우
③ 연구결과가 서로 일치하지 않는 경우
④ 새로운 사실이나 현상들이 발생하였으나 기존의 이론과 연관성을 규명하기 어려운 경우
⑤ 연구결과가 학문적 공헌도와 실질적 효용성을 가지고 있는 경우

(2) 연구문제의 선정 기준

모든 문제가 연구문제가 될 수 있는 것은 아니다. 즉, 적절한 조사연구문제가 되기 위해서는 다음과 같은 것을 고려해야 한다.

첫째, 독창성(originality)이다. 즉, 기존의 것을 답습하지 않고 비교분석 또는 재구성하거나 새로운 관점이나 견해를 제시하는 것이어야 한다.

둘째, 경험적 검증 가능성(empirical testability)이다. 사회복지 조사는 과학적 조사이기 때문에 경험적 검증 가능성이 중요하다. 조사문제로 선정되기 위해서는 그 문제에 대한 해답이 가능하고, 구체적인 가설이 도출될 수 있고, 가설에서 사용된 조작적 정의를 통해 경험적으로 측정될 수 있어야 한다.

셋째, 윤리적 배려(ethical consideration)가 중요하다. 사회복지 조사는 사회복지윤리에 의해 지배된다. 조사문제의 해답이 사회구성원의 행복을 증진시키는 데 기여하고, 개인의 사생활이나 정신적·신체적으로 피해를 주지 않아야 한다.

넷째, 조사문제의 해답을 찾는 데 드는 시간적·비용적 노력, 조사인력, 장비 등과 같은 현실적인 상황을 고려해야 한다.

|RESEARCH| |METHODS| |FOR| |SOCIAL| |WELFARE|

SECTION 02 변수, 개념과 조작적 정의

01 변수의 의미

1) 변수

변수(variables)란 사람, 물건, 사건 등의 특성, 속성을 의미한다. 이러한 것들의 특성, 속성이 두 가지 이상의 가치(value)를 가질 때 우리는 이를 변수라 한다(채구묵, 2011). 따라서 변수는 한 연속선상에서 하나 이상의 값을 가지는 개념으로 연구대상의 속성에 계량적인 수치를 부여하여 경험적으로 측정 가능하게 한다. 예를 들면, '한국에서 여성은 남성보다 평균수명이 길다'라는 개념이 있다면 여기서 평균수명은 성별로, 사회별로 각기 다른 값을 갖는데, 이를 변수라 한다.

2) 변수의 종류

(1) 독립변수(independent variables)

인과관계에서 다른 변수의 변화를 일으키는 변수로 인과관계에서 원인에 해당되는 개념이다. 예를 들면, '흡연은 폐암을 유발한다'에서 독립변수는 흡연(원인)이 된다.

(2) 종속변수(dependent variables)

다른 변수에 의존하지만 다른 변수에 영향을 미칠 수 없는 변수로서 인과관계에서 결과에 해당된다. 위의 예에서 종속변수는 폐암(결과)이 된다.

(3) 매개변수(intervening variables)

두 변수는 서로 직접적인 관계가 없는데, 제3의 변수가 두 변수를 중간에서 연결시켜서 두 변수가 간접적으로 관계를 가지는 경우 둘 사이에 놓인 변수를 매개변수라고 한다. 매개변수의 예를 살펴보면 다음과 같다.

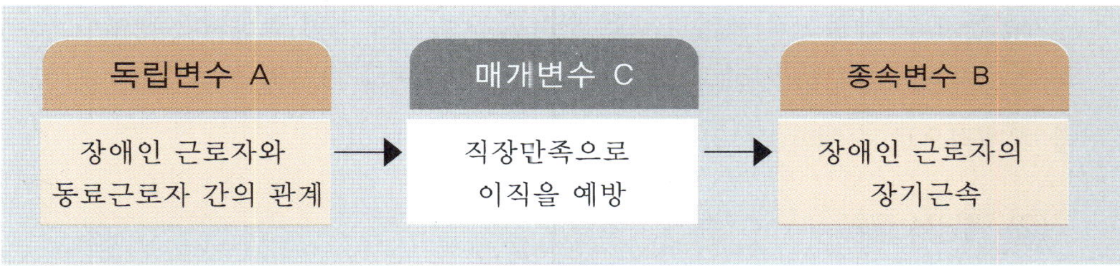

[그림 2-1] 매개변수의 예

매개변수의 성립요건을 보면 첫째, 독립변수가 종속변수, 매개변인에 영향을 주어야 하며, 매개변수는 종속변수에 영향을 주는 것으로 나타나야 한다. 또한 매개변수가 함께 분석될 시 독립변수와 종속변수 간의 관계의 강도가 처음보다 줄어들어야 한다.

(4) 외생변수(extraneous variables)

외생변수는 관찰된 독립변수와 종속변수의 관계를 잘못 이해하도록 만들 수 있는 변수이다. 그러므로 외생변수를 통제하지 못하면 독립변수와 종속변수의 인과관계를 규명하지 못하게 된다. 외생변수의 예를 살펴보면, 병원에서 환자의 입원기간과 수명을 조사했더니 입원기간이 길수록 수명이 짧아진다는 것을 발견했다. 이 때 질병이 심각할수록 입원기간이 길고, 따라서 수명이 짧아진다면 질병의 심각성이라는 변수를 무시하면 입원기간과 수명의 관계가 잘못 설명된다. 이 때 질병의 중한 정도는 외생변수가 된다.

02 개념과 조작적 정의

1) 개념과 개념적 정의

(1) 개념

개념은 단순히 정신적 이미지 또는 인식을 의미하며 어떤 현상이나 사물의 의미를 추상적으로 구성한 것이다. 개념은 기존의 이론이나 지식에 연관시키므로 연구를 체계적으로 수행할 수 있도록 해준다.

(2) 개념적 정의

개념적 정의란 연구의 대상이 되는 사람이나 사물의 속성, 사회적 현상 등의 변수를 개념적으로 정의하는 것이다. 연구문제에 있어서 각 개념에 대한 명확한 정의가 내려져 있지 않으면 연구결과를 해석할 때 혼란이 올 수 있다.

개념적 정의의 예를 들어보면, 직무만족의 경우 수입과 근무환경 그리고 직장 내 대인관계에 대한 만족 등이 될 수 있다.

2) 조작적 정의

(1) 의의

우리는 조사하고자 하는 개념들(또는 변수들)이 너무 추상적이어서 직접 조사하기가 어려운 경우가 있다. 이러한 경우 조작적 정의는 추상적이고 주관적인 개념들을 경험적으로 측정이 가능하도록 실증적인 지표로 바꾸는 것이다. 조작적 정의는 직무에 관한 여러 측면의 만족을 측정하도록 구성된 표준화된 척도의 점수(직장동료와 한 달 동안 갈등을 일으킨 수)를 예를 들 수 있다.

(2) 조작적 정의의 중요성

많은 경우 연구주제나 가설에 포함된 변수들이 추상적이어서 이를 조사하기 위해서는 경험적으로 조사 가능한 대체개념(indicator)을 개발하여야 한다. 이 경우 추상적인 개념을 적절히 대변할 수 있는 대체개념을 얼마나 잘 개발하느냐 하는 것이 연구의 성패를 좌우한다 할 수 있다. 왜냐하면 대체개념이 원래의 추상적인 개념을 잘 대변하지 못하면 잘못된 결론을 도출해 낼 수 있기 때문이다. 적절한 대체개념의 개발은 연구 분야에 대한 기존 논문, 이론, 개인의 창의적인 아이디어 등을 통해서 이룩될 수 있다(채구묵, 2011).

|RESEARCH| |METHODS| |FOR| |SOCIAL| |WELFARE|

SECTION 03 가설, 이론

01 가설(hypothesis)

조사문제가 형성되었으면 이것을 바탕으로 검증 가능한 명제 형태로 구성해야 된다. 가설이란 두 개 이상의 변수나 현상 간의 특별한 관계를 검증 가능한 형태로 서술하여 변수들 간의 관계를 예측하려는 진술이나 문장을 의미한다. 조사과정에서 어떤 관계가 존재한다고 생각하면 먼저 그 관계를 가설로 진술해야 하고, 이러한 과정이 이루어지면 그 가설을 실증적으로 검증하게 된다. 가설의 형식은 관련 변수의 선정과 변수들이 상태를 나타내는 문장을 조건문 형태의 복문으로 나타낸다. 예를 들면, '만약 A이면, B이다 : 만일 A가 진실이면 B도 진실이다' 또는 '~할수록 ~하다 : 청소년이 클래식을 듣는 횟수가 증가할수록 감정지수가 증가할 것이다'로 나타낼 수 있다. 가설의 작성은 가설이 경험적 수준에서 적절히 측정되거나 정의될 수 있는, 즉 검증 가능하게 작성되어야 한다. 천재는 종종 우울하다(검증불가능)를 가설로 작성해 보면 IQ검사의 점수가 높을수록, 우울증 지수의 점수가 더 높다(검증가능)로 진술할 수 있다.

1) 연구가설, 영가설, 대립가설

연구가설, 영가설, 대립가설의 관계를 살펴보면 연구가설을 직접 증명하기보다는 이에 반대되는 가설인 영가설(null hypothesis)을 설정하고 이를 기각함으로써 연구가설을 채택하게 된다.

연구가설은 과학적 가설, 작업가설, 실험가설이라고도 하며, 이론으로부터 도출된 가설로서 검증될 때까지는 조사문제에 대한 잠정적인 해답으로 간주되는 가설이다. 'A는 B와 관계가 있다' 형식의 문장이 연구가설이다. 영가설은 귀무가설이라고 하며, 연구가설의 역(逆)으로서 주어진 연구가설에서 명시된 것을 부정하거나 기각하기 위해 설정하는 가설이다. 'A는 B와 관계가 없다'고 진술된다. 대립가설은 귀무가설에 대립되는 가설로서, 즉 귀무가설이 거짓일 때 채택하기 위해 설정하는 가설이다.

연구가설, 영가설, 대립가설의 예를 들면 다음과 같다.

> T복지관에서 S중학교 40명의 학생을 대상으로 사회사업 프로그램인 "행복한 교실"이 집단응집력에 어떤 영향을 미치는지 알아보려고 한다. 각각 20명씩 실험집단(프로그램실시)과 통제집단(프로그램 실시하지 않음)에 배치하고 연구자는 행복한 교실이 집단응집력을 향상시킬 것이라고 예측한다.

① 연구가설 : 행복한 교실에 참여하게 되면 참여하지 않은 집단보다 집단응집력이 강해질 것이다.

② 영가설 : 행복한 교실에 참여한 집단과 참여하지 않은 집단 간에 집단응집력 차이가 없을 것이다.

③ 대립가설 : 행복한 교실에 참여한 집단과 참여하지 않은 집단 간에 집단응집력에 차이가 있을 것이다.

2) 가설의 기능

① 사회현상들에 대한 지식 증가

② 새로운 조사문제의 도출

③ 경험적 검증의 절차를 제시

④ 문제해결에 필요한 관찰 및 실험의 적정성 판단

⑤ 관련지식이나 이론을 체계화하므로 관련지식들을 서로 연결하는 기능

⑥ 연구의 초점과 방향 제시

⑦ 변수의 성격과 종류를 밝혀 자료의 내용과 범위를 규정하는 기능
⑧ 자료 수집의 길잡이로서 기능
⑨ 사회문제를 해결할 수 있는 단서를 제공하여 사회 개선에 기여

02 이론(theory)

1) 이론의 정의

이론(theory)에 대한 정의는 학자에 따라 약간씩 다르게 규정되고 있는데, 대표적인 학자들의 견해를 소개하면 다음과 같다(채구묵, 2011).

머튼(Merton)은 "이론은 경험적 검증이 가능하고 통일성을 지닌 논리적으로 상호 연결된 일련의 관계"라고 정의하고 있으며, 벤슨(Benson)은 "이론이란 실증적 자료를 통해 얻은 변수 간의 관계에 대한 검증된 진술"이라고 정의하고 있고, 커링거(Kerlinger)는 "이론은 현상에 대한 설명과 예측을 목적으로 변수간의 관계를 밝힘으로써 그 현상에 대한 체계적인 견해를 제공하는 일련의 정의"라고 정의하고 있다. 한편 루드너(Rudner)는 "이론은 경험적으로 검증가능하고 어느 정도의 법칙적인 일반성을 포함하는 체계적으로 연관성을 가진 일련의 진술"이라고 정의하고 있다(김해동, 1998 : 63. 재인용).

이상의 정의들을 종합해 보면 이론이란 사물이나 현상을 일정한 원리와 법칙에 따라 설명하는 경험적 검증이 가능한 진술을 의미한다. 따라서 이론이란 사물이나 현상을 설명하는 진술로서 일정한 원리와 법칙성 및 경험적 검증이라는 속성을 가지고 있다고 할 수 있다.

2) 이론의 기능

이론은 과학적인 조사연구를 하는 데 여러 가지 중요한 기능을 수행한다. 이론의 기능을 구체적으로 살펴보면 다음과 같다(채구묵, 2011).

첫째, 이론은 연구의 주제를 선정하는 데 아이디어를 제공해 준다. 우리가 어떤

분야를 연구하고자 할 때 어떤 주제를 어떤 방향으로 연구해야 할 것인지 막연한 때가 많다. 이론은 이러한 문제를 해결하는 데 지침을 제공해 준다. 즉, 이론은 사실 간의 원리 및 법칙을 알게 해줌으로써 연구의 범위를 정해 주고 연구방향을 제시해 준다.

둘째, 이론은 가설을 설정하는 데 도움을 제공한다. 많은 경우 선정된 주제들이 너무 일반적이고 추상적이어서 어떤 내용을 조사해야 할지 어려운 경우가 많다. 이런 경우 주제를 조사 가능한 구체적인 가설로 세분할 필요가 있는데 이론은 변수 간의 관계를 파악하도록 함으로써 이러한 가설 설정에 좋은 아이디어를 제공해 준다.

셋째, 이론은 새로운 이론을 개발하는 데 도움을 제공해 준다. 이론은 사물이나 현상 간의 관계를 다른 관점에서 보도록 함으로써 새로운 이론도출에 도움을 준다. 우리는 많은 새로운 이론들이 기존의 이론과 다른 관점에서 관찰함으로써 얻어진 것임을 알 수 있다.

넷째, 한편 이론은 조사결과에 의해 수정되거나 확증되며 더 넓은 범위로 확대 적용될 수 있다.

결국, 이론은 연구의 범위, 방향, 변수 간의 관련성, 자료 수집 방법, 분석방법 등 연구 전반에 걸친 기본적인 지침을 제공해 준다. 즉, 이론은 단순히 나무만 볼 수 있도록 하는 것이 아니라 숲을 볼 수 있도록 해준다. 반면 이론은 조사결과에 의해 확증되거나 수정되며, 더 넓은 범위로 확대 적용될 수 있다.

요점정리

〈연구문제〉

- 어떤 현상이나 사건에 대해 밝히고자 하는 변수들 사이의 관계를 의문문의 형태로 기술
- 가능한 한 의문문의 형식으로 진술하고, 변수들 간의 관계로 진술하며, 연구문제에 진술된 각 변수는 측정가능하고, 진술된 변수 간의 관계가 경험적으로 해결 가능하게 진술

〈개념적 정의와 조작적 정의〉

- 개념적 정의 : 연구의 대상이 되는 사람이나 사물의 속성, 사회적 현상 등의 변수를 개념적으로 정의하는 것
- 조작적 정의 : 개념적 정의가 사전적, 추상적, 일반적, 주관적일 수 있기 때문에 추상적이고 주관적인 개념들은 경험적으로 측정이 가능하도록 실증적인 지표로 바꾸는 것

〈가설과 변수〉

- 가설 : 두 개 이상의 변수나 현상 간의 특별한 관계를 검증한 형태로 서술하여 변수들 간의 관계를 예측하려는 진술이나 문장으로 조사과정에서 어떤 관계가 존재한다고 생각하면 그 관계를 가설로 진술하고 그 가설을 실증적으로 검증하게 됨
- 가설의 종류

–연구가설 : 과학적 가설, 작업가설, 실험가설이라고도 불림. 이론으로부터 도출된 가설로서 검증될 때까지는 조사문제에 대한 잠정적인 해답으로 간주되는 가설 'A는 B와 관계가 있다' 형식의 문장

–영가설 : 귀무가설이라고도 불림. 연구가설의 역으로서 주어진 연구가설에서 명시된 것을 부정하거나 기각하기 위해 설정하는 가설 'A는 B와 관계가 없다'고 진술됨

–대립가설 : 귀무가설에 대립되는 가설. 귀무가설이 거짓일 때 채택하기 위해 설정하는 가설

- 변수 : 연구대상의 속성에 계량적인 수치를 부여하여 경험적으로 측정 가능하게 하는 개념
- 변수의 종류(★)

–독립변수(independent variables) : 인과관계에서 다른 변수의 변화를 일으키는 변수로 인과관계에서 원인

–종속변수(dependent variables) : 다른 변수에 의존하지만 다른 변수에 영향을 미칠 수 없는 변수로서 인과관계에서 결과

요점정리

- 매개변수(intervening variables) : 두 변수는 서로 직접적인 관계가 없는데 제3의 변수가 두 변수를 중간에서 연결시켜서 두 변수가 간접적으로 관계를 가지는 경우 둘 사이에 놓인 변수를 매개변수라고 함
- 외생변수(extraneous variables) : 외생변수는 관찰된 독립변수와 종속변수의 관계를 잘못 이해하도록 만들 수 있는 변수임. 외생변수를 통제하지 못하면 독립변수와 종속변수의 인과관계를 규명하지 못함

〈이론의 기능〉

첫째, 이론은 연구의 주제를 선정하는 데 아이디어를 제공해 준다.
둘째, 이론은 가설을 설정하는 데 도움을 제공한다.
셋째, 이론은 새로운 이론을 개발하는 데 도움을 제공해 준다.
넷째, 한편 이론은 조사결과에 의해 수정되거나 확증되며 더 넓은 범위로 확대 적용될 수 있다.

실전문제

Korean academy of social welfale

01 사회문제 조사과정에서 빈곤화에 미친 가장 큰 영향은 실직과 질병이라는 것으로 파악했다면, 이 때 독립변수는?

① 실직과 질병 ② 실직 ③ 질병
④ 사회구조 ⑤ 빈곤화

02 사회복지기관에 1급 사회복지사가 많으면 서비스 질이 높아진다. 이 때 서비스 질은 어떤 변수인가?

① 외생변수 ② 매개변수 ③ 종속변수
④ 통제변수 ⑤ 독립변수

03 좋은 가설의 예가 아닌 것은?

① 사회복지사는 가난하다.
② 남자 사회복지사의 이직률이 여자 사회복지사의 이직률보다 높다.
③ 교육수준이 높으면 소득이 높다.
④ 교육수준이 높으면 출산율이 높다.
⑤ 사회복지사의 임금이 높으면 직무만족도가 높다.

04 영가설에 대한 설명으로 바르게 된 것은?

① 항상 참이 되는 가설 ② 직선적인 관계를 갖는 가설
③ 값이 없는 가설 ④ 연구가설을 검증하기 위한 가설
⑤ 값이 0인 가설

05 가설의 특징으로 잘못된 것은?

① 검증 가능한 형태를 띤다. ② 관계를 예측하려는 문장형태이다.
③ 확률적 형태로 표현된다. ④ 두 개 이상이 변수로 구성된다.
⑤ 이론에서 출발하므로 추상적이다.

해설 가설의 형식

- 관련된 변수들의 상태를 나타내는 두 가지의 문장을 하나의 조건문 형태의 복문으로 나타낸다.
- 어떤 조건 하에서 어떤 조건이 나타난다는 방식으로 서술

정답 1. ①, 2. ③, 3. ①, 4. ④, 5. ⑤

06 변수 A와 B는 고도로 상호 관련되어 있을지 모르지만, 그러나 이는 단지 변수 A가 제 3의 변수 C의 원인이 되고, 다음으로 변수 C가 변수 B의 원인이 되었을 때 C는 어느 변수인가?

① 독립변수　② 종속변수　③ 매개변수
④ 설명변수　⑤ 억압변수

07 연구가설의 역(逆)으로 주어진 연구가설에서 명시된 것을 부정하거나 기각하기 위해 설정하는 가설을 모두 고르시오.

보기

A. 작업가설　B. 영가설　C. 대립가설　D. 귀무가설

① A, B　② B, D　③ A, C
④ A, B, C　⑤ B, C, D

08 다음 중 이론의 기능으로 보기 어려운 것은?

① 연구주체를 선정하는 데 아이디어를 제공해 준다.
② 가설을 설정하는 데 도움을 제공해 준다.
③ 새로운 이론을 개발하는 데 도움을 준다.
④ 조사결과에 의해 수정되거나 확증되며 더 넓은 범위로 확대 적용될 수 있다.
⑤ 구체적인 분석방법을 결정하는 데 도운을 준다.

정답 6. ③, 7. ②, 8. ⑤

CHAPTER 03

사회조사연구의 유형과 과정

|RESEARCH| |METHODS| |FOR| |SOCIAL| |WELFARE|

SECTION 01 사회조사연구의 유형

01 연구목적 또는 연구이유에 따른 유형

1) 탐색적 조사(exploratory study)

예비조사라고도 하며, 조사설계를 확정하기 전에 또는 연구문제에 대한 사전지식이 부족할 경우에 예비적으로 실시되는 경우를 말한다. 예비조사이므로 융통성 있게 운영될 수 있고 수정이 가능하다. 탐색조사를 바탕으로 연구문제를 확인하고 변수를 파악한 후 변수 간 상관관계를 파악하여 가설을 정립하게 된다. 탐색조사에는 문헌조사, 경험자조사(전문가 의견조사), 특례조사 등이 있다.

2) 기술적 조사(descriptive study)

현상의 모양, 분포, 크기, 비율 등 단순 통계적인 것에 대한 조사를 기술적 조사라고 하며 발생빈도와 비율을 파악하여 미래에 대한 예측을 할 때 주로 사용한다. 관련 변수 간의 상관관계를 설명하지만 인과관계(특정 변수가 다른 변수에게 영향을 끼치는 영향의 방향)를 기술하는 것은 아니다. 탐색적 조사와 달리 연구문제와 가설을 설정한 이후 실시하는 경우가 많으며, 어떤 현상에 대한 단순한 실태를 기술하기 때문에 실태조사의 형태를 띠기도 한다. 기술적 조사에는 횡단조사와 종단조사가 있다.

3) 설명적 조사

설명적 조사는 사실의 인과관계를 규명하거나(진단적 조사) 미래의 사실에 대해 미리 예측(예측적 조사)한 조사를 의미한다. 즉, '왜(why)?'에 대한 해답을 제공하는 것이다. 이 조사는 문제의 원인을 파악하고 개입활동이 어떠한 효과가 있는지 파악하고자 할 때 실시한다.

02 시간적 차원에 따른 유형

1) 횡단조사(cross-sectional study)

인구의 횡단을 조사하는 것으로 일정시점에서 특정 표본이 가지고 있는 특성을 파악하거나, 이 특성에 따라 집단을 분류하고자 할 때 널리 사용된다. 횡단조사는 한 시점에서 연구를 진행하므로 자료 수집에 있어서 노력과 시간이 종단조사보다 덜 걸린다. 물론 연구대상자의 선정오류의 가능과 측정의 동질성 문제가 제기되지만, 대부분의 연구들이 이 경우에 해당된다. 횡단조사의 특징을 살펴보면 다음과 같다.

첫째, 일정시점에서 특정하므로 정태적인 성격을 가진다.

둘째, 주로 표본조사를 행하며 측정이 반복해서 이루어지지 않는다.

셋째, 조사 대상의 특성에 따라 여러 집단으로 분류하므로 표본의 크기가 커야 한다.

2) 종단조사

종단조사는 같은 표집으로 간격을 두고 두 번 이상 검사하는 것을 말하며 실험으로 일어나는 변화보다 자연적으로 일어나는 변화에 주로 적용되는 유형이다. 대표적 종단조사로서 터만(Terman)의 천재아 연구가 있다. 이 연구는 1930년대 1,500여 명의 천재아를 대상으로 계속 추적해 연구하고 있는데, 2010년대에 끝날 계획이다 (Goleman, 1982). 종단조사는 개인 내 발달변화를 인간이 성장함에 따라 행동체계들의 지속적이고 점진적인 변화를 추정하는 데 특히 적합하다. 종단조사의 특징을 살펴보면 다음과 같다.

첫째, 일정한 시간적 간격을 두고 측정하므로 동태적이다.

둘째, 주로 표본조사를 행하며 수주일, 수개월의 장기간 동안 측정이 반복해서 이루어진다.

셋째, 장기간, 반복적 측정이 이루어지므로 비용이 많이 든다.

넷째, 유형에 따라 서로 다른 시점에서 동일 대상자를 추적해 조사해야 하므로 표본이 작을수록 좋다.

다섯째, 장기간에 걸쳐 조사 대상자와 상황의 변화를 조사할 수 있다.

여섯째, 조사결과 얻어진 자료는 변화분석에 의해 분석이 가능하다.

종단조사는 패널조사, 경향조사, 동년배 조사로 나누어진다. 패널조사는 동일한 주제와 동일한 응답자에 대해 장기간 반복적으로 면접이나 관찰하는 조사를 말하며, 경향조사는 동일한 주제로 장기간 반복적으로 실시하나 응답자는 매 조사마다 동일하지 않는다. 동년배 조사는 보다 좁고 구체적인 인구집단의 변화를 조사할 때 활용한다.

3) 유사종단적조사(quasi-longitudinal research)

이 방법은 반복적으로 조사연구하기 어려운 경우 횡단적 조사를 통해 종단적인 결과를 얻기 위한 조사로, 횡단적 조사를 실시하여 각 연령대별로 특정주제에 대한 의견을 비교 연구함으로써 과거로부터 세대가 진행됨에 따라 주제에 대한 의식 변화를 알아볼 수 있다.

03 자료의 수집에 따른 유형

1) 양적조사

대상의 속성을 계량적으로 표현하고 그들의 관계를 통계분석을 통해 밝혀내는 조사를 말한다.

2) 질적 조사

언어, 몸짓, 행동 등 상황과 환경적 요인들을 조사하는 방법을 말한다. 양적조사와 질적 조사를 비교해 보면 다음과 같다.

〈표 3-1〉 양적 조사와 질적 조사의 비교

양적 조사	질적 조사
계량적, 축소주의적, 결과지향적	확장주의적, 과정지향적
정형화된 측정과 척도를 사용	조사자의 준거틀을 사용
조사자가 객관적으로 수행	통제되지 않은 자연 상태에서 주관적으로 수행
가설검증, 사실 확인, 추론지향	탐색, 발견, 서술지향
연역법 사용	귀납법 사용
논리실증주의	현상학적
조사결과의 일반화 가능	조사결과의 일반화 어려움
조사 대상이 안정적이라고 가정	조사 대상이 동태적이라고 가정
신뢰성 있는 경성자료 산출	타당성, 실질적, 깊이 있는 자료 산출

04 용도에 따른 유형

1) 순수조사(기초조사)

사회적 현상에 대한 지식 자체만을 순수하게 획득하려는 조사이며 현장 응용도가 낮은 단점이 있다.

2) 응용조사

조사결과를 문제해결과 개선을 위해 응용하여 사용하려는 조사이며 현장 응용도가 높은 조사이다.

3) 평가조사

사회복지정책이나 프로그램의 효과성을 평가하기 위해 실시되는 조사로 지식의 획득이 아니라 프로그램의 지속, 중단 등의 여부를 평가하기 위해 조사하는데 주로 활용된다.

05 조사 대상에 따른 유형

1) 전수조사(complete enumeration)

조사 대상이라고 생각되는 모든 부분(모집단 전체)을 대상으로 조사하는 연구를 말한다.

2) 표본조사(sampling study)

모집단을 전수조사하기 어려운 경우, 모집단의 일부만을 선출하여 조사 대상 전체를 추정하는 조사를 말한다.

06 기타 기준에 의한 분류

1) 사례조사와 서베이

(1) 사례조사

특정사례를 조사하여 현상이나 문제를 전체적으로 파악하고 실증적으로 분석하는 조사를 말한다. 주로 조사 대상이 독특한 성질을 구체적으로 상술하며 행동이나 특성의 변화와 영향 요인들과의 인과관계를 파악하는데 활용된다.

(2) 서베이조사(survey research)

모집단을 대상으로 추출된 표본에 대하여 설문지 같은 표준화된 조사도구를 사용하여 직접 질문함으로써 필요한 자료를 수집하는 방법이다. 지역사회 욕구조사가 대표적 예로 들 수 있다.

2) 현장조사(field study)

연구문제를 설정하거나 가설을 형성하기 위해 현장에 나가서 직접 면접을 통해 자료를 수집하는 조사로, 조사 대상의 개인적 요인(가치관, 행동, 태도 등)과 사회적 요인(환경)을 조사하여 이들의 관계를 연구한다. 현장조사에는 관찰, 면접, 사례연구 등이 있다.

3) 실험조사(experimental study)

조사자가 외생적 요인들에 대해 의도적으로 통제하고 인위적으로 관찰 조건을 조성함으로써 독립변수의 효과를 측정하거나 독립변수가 종속변수에 영향을 미치는 인과관계에 대한 가설을 검증하고자 할 때 활용되는 조사방법이다.

4) 미시조사와 거시조사

미시조사(micro research)는 분석단위가 개인인 개별적 조사이며, 거시조사(macro research)는 사람들이 집합이나 큰 지역 등의 집합적 조사를 말한다.

|RESEARCH| |METHODS| |FOR| |SOCIAL| |WELFARE|

SECTION 02 사회조사연구의 과정

01 조사연구의 과정

조사연구의 과정은 연구의 유형이나 연구자의 성향에 따라 약간의 차이는 있을 수 있지만, 대체로 다음과 같이 6단계를 거쳐 이루어진다.

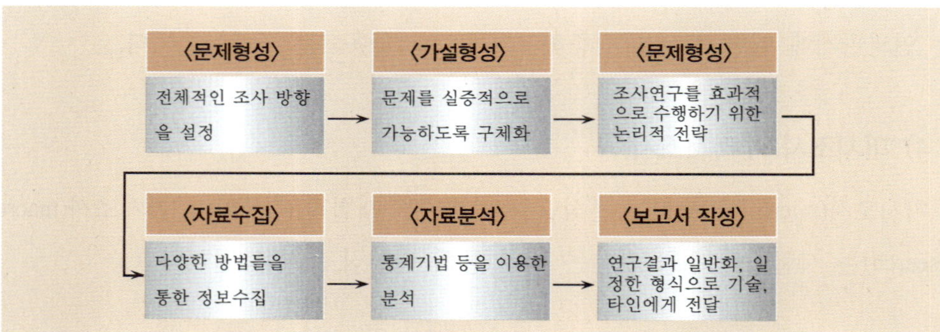

[그림 3-1] 조사연구과정

1) 문제의 형성(formulation of problem)

문제의 형성은 연구의 출발점이다. 연구의 주제 및 선정 배경, 연구의 목적과 문제, 연구 문제의 중요성, 이론적 배경 등을 파악하고 이를 체계적으로 정립하는 과정이다. 이를 위해서 기존의 관련 자료나 문헌조사, 전문가의 조언, 탐색 및 예비조사 등을 실시하여야 한다.

2) 가설의 형성(hypothesis formulation)

가설은 연구 문제에 대한 잠정적인 답으로, 둘 이상 변수들 간의 관계에 대한 진술이나 문장을 말한다. 가설의 형성은 선정된 연구문제를 조사 가능하고 실증적으로 검증 가능하도록 구체화하는 과정이다. 따라서 가설의 형성을 통하여 조사 대상과 자료 수집, 검증방법 선정에 있어 구체적인 방향을 제시한다.

3) 연구설계(research design)

연구설계는 조사연구를 효율적으로 수행하기 위한 구체적이고 체계적인 전략과 계획, 구조를 수립하는 과정이다. 즉, 이 단계에서는 수많은 연구방법 중에서 연구문제 해결에 적합한 연구방법은 무엇인지, 그러한 연구방법을 수행하기 위하여 어떤 자료를 어떤 방법과 절차로 수집하는지, 수집된 자료는 어떻게 분석하는지 등을 결정한다. 그리고 연구의 분석 단위와 연구범위, 주요 변수의 선정과 변수 간 관계, 변수에 대한 개념적 정의와 조작적 정의, 측정도구 등을 결정한다.

4) 자료의 수집(data collection)

계획된 연구설계에 따라 자료를 수집하는데, 자료의 수집은 크게 1차 자료 수집과 2차 자료 수집으로 구분될 수 있다. 1차 자료 수집은 조사자가 직접 자료를 수집하는 것으로 설문지법, 면접법, 관찰법 등이 주로 활용된다. 2차 자료 수집은 다른 주체에 의해 이미 수집된 자료나 기존의 자료를 활용하는 것으로, 정부기관이나 각종 조사기관의 통계자료, 간행물 등이 활용된다.

5) 자료의 분석 및 해석(data analysis)

자료가 수집되면 연구설계에 따라 수집된 자료를 정리하여 연구문제 해결을 위한 분석 및 해석을 한다. 자료의 분석과 해석은 연구목적과 자료의 특성에 따라 달라진다. 양적 연구는 통계분석과 같은 수학적 방법을 주로 활용하며, 질적 연구는 면접 또는 관찰 자료들을 기록하고 이를 체계적으로 정리, 분석하는 작업이 필요하다. 이 과정에서는 특히 선정된 분석 단위를 고려하여 해석상의 오류가 발생하지 않도록 유의해야 한다.

6) 보고서 작성(report)

마지막 단계에서는 문제의 제기부터 자료의 분석과 결론에 이르기까지 연구의 전 과정을 포함한 보고서를 작성한다. 보고서는 연구의 유형에 따라 다소 차이가 있으나 기본적으로 문제의 제기, 연구의 필요성, 이론적 배경, 연구방법(연구설계, 주요 변수, 측정도구, 자료의 수집 및 분석방법 등), 분석결과 및 결과에 대한 논의, 연구의 한계점 및 제언, 참고문헌 등의 내용을 담는다.

02 조사연구를 할 때 고려사항

1) 분석단위

분석단위는 '누구, 혹은 무엇을 연구할 것인가'와 관련된 개념으로 연구의 대상을 의미한다.

① 개 인 : 사회과학에서의 가장 전형적인 분석단위이다. 성별, 연령, 출신지, 태도 등 개인의 특성을 설명하는 연구에서 볼 수 있다. 간혹 사회집단이나 사회적 상호작용을 연구하는 경우에도 개인을 분석단위로 사용하기도 한다.

② 집 단 : 가족, 기업, 조직 등을 단위로 한다. 집단 간의 특성을 비교연구 시 사용하는 단위로, 집단 속의 개인을 연구하는 것과는 다르다.

③ 사회적 생성물 : 사회적 존재의 산물 혹은 행위로 책, 그림, 시, 자동차, 건물, 노래, 농담 등 주로 문화적 항목으로 불리는 여러 형태의 사회적 대상으로 한 분석단위이다.

2) 분석단위 선정과 해석상의 오류

분석단위에 대한 이해가 명확하지 못하면 표집과정 상의 문제와 같은 조사과정에서 어려움을 겪을 뿐만 아니라, 연구결과를 해석할 때 논리적 오류를 범할 수 있다. 해석상의 오류를 살펴보면 다음과 같다.

① 생태학적 오류 : 생태학적 오류는 집합단위의 자료를 바탕으로 개인의 특성을 추리할 때 범할 수 있는 오류이다. 실제 분석단위는 개인이 아니라 집단 또는 그밖의 집합체임에도 불구하고 개인에 대해 어떤 주장을 하는 것을 말한다. 예를 들어, 기독교 국가와 불교 국가의 문맹률 차이를 검증하는 연구에서 분석단위는 국가이다. 그런데 불교 국가의 문맹률이 더 높게 나타난 연구결과를 두고 기독교 신자보다 불교 신자의 문맹률이 더 높다고 해석한다면, 이는 생태학적 오류를 범하는 것이다.

② 개인주의적 오류 : 생태학적 오류의 반대로 개인을 분석단위로 한 연구 결과를 가지고 집단 수준의 특성을 추리할 때 발생하는 오류이다.

③ 환원주의적 오류 : 어떤 현상의 원인이라고 생각되는 개념이나 변수를 지나치게 단순화하거나 한 가지로 환원시키려는 경우를 말한다. 즉, 어떤 특정한 분석단위나 변수가 다른 것에 비해 높은 관련성을 갖는다고 생각하는 오류로서, 다양한 인간의 행동을 설명하는 데 원인이라고 생각될 수 있는 개념이나 변수의 종류를 지나치게 제한하는 것을 말한다. 예를 들어, 한 사회의 성인범죄 증가 원인을 규명하는 연구에서 높은 실업률만 한정하여 원인으로 주장하거나, 개인의 인성만 한정하여 원인이라고 본다면 환원주의적 오류가 발생한다.

요점정리

〈사회조사연구의 유형〉

- 목적 또는 연구 이유에 따른 유형(★)
- 탐색적 조사 : 조사설계를 확정하기 전에 예비적으로 실시. 융통성 있게 운영될 수 있고 수정 가능. 사전지식이 부족할 경우 실시. 연구문제를 확인하고 변수를 파악한 후 변수 간 상관관계를 파악하여 가설 정립. 문헌조사, 경험자조사, 특례조사 등
- 기술적 조사 : 현상의 모양이나 분포, 크기, 비율 등 단순 통계적인 것에 대한 조사. 발생빈도와 비율을 파악할 때 사용. 관련변수 간 상관관계 설명, 연구문제와 가설을 설정한 이후 실시. 사실의 인과관계를 규명하거나 미래의 사실에 대해 미리 예측
- 설명적 조사 : 사실의 인과관계를 규명하거나 미래의 사실에 대해 미리 예측하는 조사. 사회복지 실천에서 문제의 원인을 파악하고, 개입 활동이 어떤 효과가 있는지 파악하기 위해 실시
- 시간적 차원에 따른 유형(★)
- 횡단조사(cross-sectional study) : 인구의 횡단을 조사하는 것으로 일정시점에서 특정 표본이 가지고 있는 특성을 파악하거나 이 특성에 따라 집단을 분류하는 것
- 종단조사 : 일정한 시간적 간격을 두고 측정
- 유사종단적 조사(quasi-longitudinal research) : 반복적으로 조사연구하기 어려운 경우 횡단적 조사를 통해 종단적인 결과를 얻기 위한 조사방법

〈참고〉

- 패널조사 : 동일한 주제와 동일한 응답자에 대해 장기간 반복적으로 면접이나 관찰하여 조사
- 경향조사/추세조사 : 동일한 주제로 장기간 반복적으로 실시하나, 응답자는 매 조사마다 동일하지 않음
- 동년배조사/동시집단연구 : 보다 좁고 구체적인 인구집단의 변화를 조사
- 자료 수집에 따른 유형 : 양적조사, 질적조사
- 용도에 따른 유형 : 순수조사, 응용조사, 평가조사
- 조사 대상에 따른 유형 : 전수조사, 표본조사
- 기타
- 사례조사 : 특정사례를 조사하여 현상이나 문제를 전체적으로 파악하고 실증적으로 분석하는 조사

요점정리

- 서베이조사 : 모집단을 대상으로 추출된 표본에 대하여 설문지 같은 표준화된 조사도구를 사용하여 직접 질문함으로써 필요한 자료를 수집하는 방법. 지역사회 욕구조사가 대표적임
- 현지조사
- 실험조사
- 미시조사, 거시조사

〈사회조사연구의 과정과 분석단위〉

• 조사연구의 과정

연구문제의 형성－가설형성－연구설계－자료 수집－자료 분석 및 해석－보고서 작성

• 조사연구의 분석단위

- 개인, 집단, 사회적 생성물

• 분석단위 선정과 해석상의 오류

- 생태학적 오류 : 집합단위의 자료를 바탕으로 개인의 특성을 추리할 때
- 개인주의적 오류 : 개인단위의 자료를 바탕으로 집단의 특성을 추리할 때
- 환원적 오류 : 변수의 지나친 단순화

실전문제

Korean academy of social welfale

01 사회복지조사의 방법 중에서 옳은 것은?

① 기술적 조사는 인과관계의 규명이 필요하다.
② 설명적 조사는 연역적 연구에 유용하다.
③ 타당도란 진정으로 묻고자 하는 바를 묻는 것이다.
④ 패널조사는 응답자의 의견을 일치시키고 피드백 하는 것이다.
⑤ 질문조사란 연역적 조사방법이다.

해설

- 기술적 조사는 상관관계 설명
- 설명적 조사는 사실의 인과관계를 규명하거나 미래의 사실에 미리 예측하는 조사로 인과관계를 설명하는 방법으로는 연역적, 귀납적 모두 가능
- 패널조사는 종단연구의 하나로 동일한 집단만을 관찰하는 반복연구방법
- 질문조사는 연역적 방법이나 귀납적 방법 모두 연구하는 내용, 목적에 맞게 다양한 자료 수집방법을 사용

02 노인의 욕구파악을 위한 조사방법으로 알맞은 것은?

① 사례연구 ② 설명적 연구 ③ 기술적 조사
④ 내용분석조사 ⑤ 실험설계조사

03 한 사람의 인간, 한 가족, 한 집단이라고 하는 사회적 단위를 다각적인 시각에서 집중적으로 관찰하는 것으로, 개별사회복지에서 주로 이용되는 사회복지조사방법은?

① 양적조사 ② 통계조사 ③ 전수조사
④ 사례연구 ⑤ 표본조사

해설

- 사례연구 : 독특한 특성을 가진 개인, 집단, 프로그램 등 소수사례에 대한 심층적인 연구를 말하며 주로 질적 분석방법을 사용. 소수사례에 대한 다양한 자료 수집을 통한 심층적, 종합적 연구의 장점. 반면, 외적 타당성이 약하여 대표성 있는 연구결과 얻기 어려움

04 종단조사의 연구 중 동일 주체, 동일 응답자에 의해 장기간 반복해서 면접이나 관찰을 실행하는 조사방법은?

① 추이연구 ② 패널조사 ③ 경향조사
④ 동년배조사 ⑤ 인구센서스

정답 1. ③, 2. ③, 3. ④, 4. ②

실전문제

Korean academy of social welfale

05 가출청소년의 가출 후 생활을 알아보려고 할 때 가장 적합한 조사의 유형은?

① 탐색적 조사 ② 기술적 조사 ③ 설명적 조사
④ 패널조사 ⑤ 경향조사

해설

- 탐색적 조사 : 가출 이후의 현황 조사
- 설명적 조사 : 가출청소년의 가출 원인과 결과(인과관계)
- 기술적 조사 : 가출청소년의 실태조사
- 패널조사 : 10년간 가출청소년의 현황조사
- 경향조사 : 1980년대의 가출청소년의 조사

06 연구자가 문제를 정확히 파악하지 못하고 있을 때, 연구문제를 확인하고 고려해야 할 변수들을 파악하기 위해 수행되는 조사는?

① 탐색적 조사 ② 기술적 조사 ③ 설명적 조사
④ 인과적 조사 ⑤ 패널 조사

07 인터넷이 퍼짐에 따라 최근 들어 인터넷중독이 사회문제로 떠오르고 있다. 이러한 문제에 대한 연구를 수행하기 위해 기존 연구를 검토하였더니 〈보기〉와 같은 결과를 얻었다. 이와 같은 상황에서 적절한 연구방법은?

보기

· 인터넷 중독의 개념과 원인에 대해 알려진 것이 거의 없다.
· 조사 가능한 인터넷 중독자가 소수에 불과하다.
· 인터넷 중독에 대한 대략적인 통찰을 얻고자 한다.

① 탐색적 조사 ② 기술적 조사 ③ 패널조사
④ 동년배조사 ⑤ 전수조사

08 일정시점에서 서로 다른 사람들이 특성을 조사하는 조사방법은?

① 종단조사 ② 횡단조사 ③ 경향조사
④ 동년배조사 ⑤ 패널조사

해설

- 횡단조사 : 일정시점에서 연령, 교육수준, 소득수준, 인종 등이 다른 인구집단을 조사
- 종단조사 : 시간이 흐름에 따라 조사 대상이나 상황의 변화를 측정. 장기간에 걸쳐 자료 수집. 패널조사, 경향조사, 동년배조사 등이 있음

정답 5. ①, 6. ①, 7. ①, 8. ②

실전문제

Korean academy of social welfale

09 사회복지프로그램의 효과성을 조사한 후 프로그램을 지속할 것인가, 중단할 것인가 여부를 결정하는데 활용하는 조사 유형은?

① 미시조사 ② 거시조사 ③ 평가조사
④ 순수조사 ⑤ 현지조사

10 조사결과를 직간접으로 사회적 현상에 적용함으로써 문제의 해결이나 개선을 하기 위해 수행되는 조사는?

① 순수조사 ② 미시조사 ③ 거시조사
④ 종단조사 ⑤ 응용조사

해설

- 응용조사 : 조사결과를 응용하여 문제해결이나 개선을 하기 위해 수행되는 조사
- 순수조사 : 순수하게 사회적 현상에 대한 지적인 이해와 지식을 획득하기 위한 조사

11 다음에 제시하고 있는 예와 같이 결론을 내릴 경우 연구자가 범하고 있는 오류는 무엇인가?

보기

A종교 신자가 많이 거주하는 지역이 B종교 신자가 많이 거주하는 지역보다 자살률이 더 높다. 따라서 A종교를 믿는 사람은 B종교를 믿는 사람보다 자살할 가능성이 더 높다.

① 개인주의적 오류 ② 환원주의적 오류 ③ 결정론적 오류
④ 생태학적 오류 ⑤ 축소주의적 오류

정답 9. ③, 10. ⑤, 11. ④

CHAPTER 04

척도구성

|RESEARCH| |METHODS| |FOR| |SOCIAL| |WELFARE|

SECTION 01 측정과 척도의 의의

01 측정

1) 측정의 의의

측정이란, 일정한 규칙에 따라 대상에 값을 부여하는 과정을 의미하며 대상의 속성을 나타낼 수 있도록 일정한 규칙에 따라 숫자를 할당하는 과정이다. 즉, 특정 분석단위에 대해 질적, 양적 값이나 수준을 결정하고 이를 규칙화하여 숫자를 부여하는 과정이다. 측정은 이론을 구성하고 있는 추상적인 개념들을 현실세계에 경험할 수 있는 사료와 연결시켜 주는 기능을 수행한다. 그러므로 측정은 가설검증에 중요한 역할을 담당하며, 자료 수집을 위한 기본단위로서 숫자가 부여되기 때문에 자료처리 시 통계적 기법 적용이 가능하게 하는데 의의를 가진다. 측정의 예를 살펴보면, "가정폭력의 경험이 있는 청소년은 그렇지 않은 청소년에 비해 비행률이 높을 것이다."라는 가설에서 독립변수는 '가정폭력의 경험'이고, 종속변수는 '비행률'이다. 여기서 독립변수와 종속변수를 관찰 가능한 수준으로 만들어 주기 위해 일정한 규칙에 따라 숫자를 부여한다. 즉, '가정폭력'은 '가정폭력을 경험했는지 안 했는지의 유무'라는 규칙을 세우고 이에 따라 폭력을 경험했으면 '1', 폭력을 경험하지 않았으면 '2'라는 숫자를 부여하게 된다. 다음으로 '비행률'은 '지난 1년 동안 경찰에 보고된 비행건수'라는 규칙을 세우고 1건부터 2건, 3건 등 연속적 의미의 건수에 숫자를 부여하는 것이다.

2) 측정의 기능

① 이론적 모델(추상적인 세계)을 현실세계(경험적인 세계)와 연결하는 일치 또는 조화의 기능을 가진다.

② 객관화와 표준화의 기능이다. 개념에 대한 측정이 없다면 경험적인 검증이 어려울 뿐만 아니라, 검증이 어려워지면 이론을 일반화시키는 것도 정확히 할 수 없게 된다.

③ 사건이나 현상을 세분화시키고 통계적 분석에 활용할 수 있는 정보를 제공하는 계량화 기능을 수행한다.

④ 반복과 의사소통 기능이다. 연구결과를 다른 사람들이 반복하고 그 결과를 반증할 수 있도록 해준다. 따라서 측정은 연구결과를 다른 사람에게 정확히 전달하는 의사소통기능을 가진다.

3) 측정오류의 종류

(1) 체계적 오류

변수에 일정하게 체계적으로 영향을 주어 측정결과가 모두 높아지거나 모두 낮아지게 되는 편향된 경향을 보이는 오류이다. 이러한 오류의 원인을 살펴보면 다음과 같다.

① 인구통계학적, 사회경제적 특성 오류

- 선행효과 오류 : 고학력자일수록 응답문항 가운데 앞쪽에 있는 답을 선택하는 경향으로 인한 오류
- 후행효과 오류 : 저학력자일수록 응답문항 가운데 뒤쪽에 있는 답을 선택하는 경향으로 인한 오류

② 개인적 성향으로 인한 오류

- 관용의 오류 : 무조건 긍정적인 입장
- 중앙 집중 경향의 오류 : 어느 쪽에든지 치우치지 않으려는 경향으로 인한 오류
- 가혹의 오류 : 무조건 부정적인 입장
- 대조의 오류 : 자기 자신과 상반되는 것으로 다른 사람을 평가하려는 오류

- 후광효과 : 측정대상의 한 가지 속성에 강한 인상을 받아 그것으로 전체 속성을 평가하는데 부당한 영향을 미치는 성향

(2) 비체계적 오류(무작위 오류)

측정대상, 과정, 수단, 측정자 등에 일관성 없이 영향을 미침으로써 발생하는 오류이다.

(3) 비체계적 오류를 줄이는 방법

① 측정도구의 내용을 명확히 해야 한다.
② 측정 항목수를 가능한 한 늘린다.
③ 측정자들의 측정방식이나 태도에 일관성을 유지하여야 한다.
④ 조사 대상자가 잘 모르거나 관심이 없는 내용에 대해서는 측정을 하지 않는다.
⑤ 동일한 질문이나 유사한 질문을 2회 이상 제기하여 일관성 있는 응답을 유도한다.
⑥ 신뢰할 수 있는 측정도구 사용한다.
⑦ 측정자에게 측정도구에 대한 교육과 훈련을 통해 사전준비를 철저히 시킨다.

02 척도

1) 척도의 의의

측정을 위한 도구로 일정한 규칙에 따라 관찰된 현상에 대해서 숫자나 기호를 부여하기 위해 사용되며 측정대상의 질적인 속성을 계량적인 변수로 변환시키는 수단으로 사용된다. 자연과학에서는 측정대상이 주로 물질적이기 때문에 척도는 온도계, 체중계, 저울 등이지만, 사회복지와 같은 사회과학에서는 측정대상이 주로 비물질적이기 때문에 주로 논의되는 척도는 특정 변수에 대해 종합적으로 측정하기 위해 논리적이고 경험적으로 연관된 하나 또는 다수의 문항들로 구성된다.

2) 척도를 사용하는 이유

① 하나의 단순지표로서는 제대로 측정해 내기 어려운 복합적인 개념들을 측정할 수 있다.

② 여러 개의 지표를 하나의 점수로 나타냄으로써 자료의 복잡성을 덜어 준다.

③ 변수에 대한 양적인 측정치를 제공함으로써 정확성을 높이고 통제적인 조작이 가능하도록 해준다.

④ 측정치나 측정도구의 오차를 줄이고 타당도와 신뢰도를 높인다.

|RESEARCH| |METHODS| |FOR| |SOCIAL| |WELFARE|

SECTION 02 척도구성의 기본요건, 분류기준

01 척도의 구성요건

어떤 현상을 측정하기 위해 만든 도구를 척도(scale)라 하고, 그러한 척도를 만드는 것을 척도구성이라고 한다. 사회현상은 여러 상황들이 복잡하게 얽혀 있기 때문에 이를 측정하는 척도들도 다양하게 발달되어 있다. 척도를 구성할 때 기본적으로 고려해야 할 구성요건은 다음과 같다.

① 상호배타성 : 범주가 고유하고 명확해야 하며, 각자에 적합한 범주는 하나만 있어야 한다.
② 포괄성 : 각자에게 하나의 적합한 범주가 반드시 있어야 한다.
③ 논리적 연관성 : 범주 내에 이질적인 것을 포함해서는 안 되며, 범주들이 논리적으로 연결되어 있어야 한다.
④ 내적 일관성 : 여러 문항들이 측정하고자 하는 하나의 개념을 측정해야 한다.

02 척도의 분류기준

척도는 여러 가지 기준에 따라 다음과 같이 분류할 수 있다. 첫째, 측정가능정도와 관련하여 명목척도, 서열척도, 등간척도, 비율척도로 분류할 수 있고, 둘째, 측정하고자 하는 대상에 따라 사회적 행위, 태도, 성품을 측정하는 척도와 사회문화적 상황을 측정하는 척도로 분류할 수 있으며, 셋째, 구드와 해트(Goode and Hatt)가 분류한 대로 사회적 거리척도(social distance scale), 평정척도(rating scale), 평위척도(ranking scale), 내적 일관성에 기반을 둔 척도(scale based on internal consistency), 누적척도 또는 스캘로그램(cumulative scale or scalogram)으로 나눌 수 있다(채구묵, 2011).

이 책에서는 측정가능 정도에 따른 정도에 분류, 즉 명목, 서열, 등간 및 비율척도로 나누어 기술하고자 한다. 이는 조사한 내용을 결국 통계처리해서 분석해야 하는데, 통계처리기법을 결정하는 기준으로 측정가능 정도에 따른 분류가 많이 사용되고, 또한 이 기준에 의해 분류하는 것이 연구자들이 활용하기 편리하다고 생각했기 때문이다.

|RESEARCH| |METHODS| |FOR| |SOCIAL| |WELFARE|

SECTION 03 유형별 척도구성 절차

척도구성이란 숫자나 기호를 우리가 측정하고자 하는 특성개념의 다양한 수준에 부여하는 과정이다. 명목척도에서 비율척도로 갈수록 사칙연산이 가능하다.

01 명목척도

측정대상의 특성을 분류할 목적으로 대상에 숫자를 부여하는 것으로 상호배타적인 특성을 지니고 있으며, 글자 그대로 이름을 부여하는 명목적인 것이다. 이 때 부여된 숫자는 질적이며 수치적 의미는 없다. 이를 이용할 수 있는 통계분석방법은 최빈값, 이항분포검증, 교차분석 등으로 한정된다. 또한 동일한 집단에 속해 있는 대상은 동일한 척도 값을 갖는다. 명목척도의 예를 살펴보면 다음과 같다.

〈표 4-1〉 명목척도의 예

변수	범주와 측정값
성별	남=1, 여=2
종교	기독교=1, 불교=2, 천주교=3, 기타=4
인종	백인종=1, 황인종=2, 흑인종=3, 기타=4
결혼여부	기혼=1, 미혼=2

명목적 수준에서 척도구성은 각 범주가 동질적이면서 상호 배타적이고 포괄적이도록 문항의 응답지를 구성해야 하며, 가능한 단일 차원적으로 명목척도를 형성하는 것이 바람직하다. 예를 들어, 성별을 묻는 경우 '남( ), 여( )'로 구성하여 그 값들이 상호 배타적이고 포괄적이 되도록 한다.

02 서열척도

측정대상 간의 순서를 밝혀 주는 척도를 의미하며, 상호 배타적인 특성과 함께 순서의 의미도 지니고 있다. 주로 측정대상 간의 대소, 고저, 전후, 상하 등에 따라 서열화하여 정확하게 정량화하기 어려운 응답자의 태도, 선호도, 사회계층 등의 측정에 이용한다. 서열척도의 특징은 서열 간 간격이 동일하지 않고 절대량의 크기를 나타내지 않는다. 서열척도의 예를 살펴보면 다음과 같다.

〈표 4-2〉 서열척도의 예

변수	측정값
생활수준	상=1, 중=2, 하=3
학력	초등학교졸업 이하=1, 중졸=2, 고졸=3, 대졸 이상=4
만족도	매우불만족=1, 불만족=2, 보통=3, 만족=4, 매우만족=5

측정된 값들 사이에 상대적 순서관계를 밝힐 수 있도록 숫자나 기호를 부여하는 과정이다.

서열척도의 종류를 살펴보면 다음과 같다.

1) 평정척도(평급척도)와 총화평정척도(총화평급척도)

평정척도(평급척도)는 평가자가 측정대상의 연속성을 전제로 하여 일정한 등급법에 따라 평가함으로써 대상의 속성을 구별하는 척도이며, 총화평정척도(총화평급척도)는 응답자가 응답하는 여러 질문 문항의 값들을 어떤 방식으로 총합하여 계산하는 방식이다. 특히 이 척도는 연속적인 척도상에서 응답자의 보다 높은 점수는 측정대상이 되는 개념의 보다 높은 수준을 나타낸다. 태도척도를 위한 질문들은 0(동의하지 않음) 또는 1(동의함)로 부호화한다.

2) 리커트 척도

척도의 신뢰도와 타당도를 높이기 위해서는 하나의 문항보다는 일련의 수 개 문항들을 하나의 척도로 사용해야 한다는 논리에 기초를 둔 척도이다. 단순하게 '동의함' 또는 '동의하지 않음'으로 코딩하는 대신 '전혀 아니다'에서 '매우 그렇다'의 5단계로 코딩한다. 리커트 척도화의 예를 시설장애아동의 독립성 척도를 나타내 보면 다음과 같다.

리커트 척도의 장점은 일관성이 있어 신뢰도가 높고 다수문항을 사용해 척도를 구성하므로 보다 정밀한 응답을 구할 수 있어 타당도가 높다. 또한 단순하여 사용이 용이하며 평가자를 사용하지 않기 때문에 평가자의 주관적 개입을 배제(객관적 측정 가능)할 수 있다. 반면, 척도를 구성함에 있어 대개의 경우 응답자 표본을 선정해야 하는데, 전체 모집단을 대표하는 표본을 선정하기가 쉽지 않으며 개개 문항별로 구분적이지 못하며, 일치성 결여되어 있는 단점이 있다.

〈표 4-3〉 리커트 척도의 예(시설장애아동의 독립성 척도)

척도문항(측정문항)	응답범주				
	전혀 아니다	아니다	보통이다	그렇다	매우 그렇다
	1	2	3	4	5
1. 숟가락을 사용하여 음식을 흘리지 않고 혼자 먹는다.					
2. 낮이나 밤이나 대소변을 혼자서 모두 잘 가린다.					
3. 혼자서 잘 걷는다.					

3) 거트만 척도

척도도식법이라고도 부르며 이는 척도를 구성하는 문항들이 내용의 강도에 따라 일관성 있게 서열을 이루고 있어서 단일 차원적이고 누적적인 척도를 구성하는 대표적인 방법으로 사용된다. 거트만 척도의 장점은 모든 질문 문항들이 측정대상 속성의 정도에 따라 누적적으로 되어 있어 응답결과로부터 다른 모든 문항에 대한 응답을 예측할 수 있고 경험적 관측을 토대로 척도가 구성되어 있어 복잡한 계량적 과정 없이 쉽게 서열적으로 척도화할 수 있다. 반면, 척도를 구성하는 질문 문항의 내용을 강도에 따라 일관성 있게 누적적이 되도록 작성하기가 쉽지 않고 두 개 이상의 변수를 동시에 측정하는 다차원적 척도로서 사용되기는 거의 불가능한 단점을 가지고 있다.

03 등간척도와 비율척도

1) 등간척도

속성에 대한 순위를 부여하되 순위 사이의 간격은 동일한 척도를 말한다. 등간격(숫자 간 간격이 같음)이므로 산술적 계산에 사용된다. 등간척도는 절대 영점이 없기 때문에 곱하기, 나누기 같은 비율계산에는 사용할 수 없다. 예를 들어, 시험에서 0점을 받았다고 그 과목에 대한 지식이 전혀 없다는 것을 의미하지는 않으며, 또한 90점 받은 사람이 45점 받은 사람보다 2배로 지식이 있음을 뜻하는 것도 아니다. 등간척도의 예를 살펴보면 다음과 같다.

〈표 4-4〉 등간척도의 예

변수	측정값
IQ	……, 100, 110, 120 ……
온도	……, 0 … 10 … 20 …
시험성적	……, 70, …80, …90, …100

2) 비율척도

등간척도가 갖는 특성에 추가로 측정값 사이의 비율계산이 가능한 척도이며, 속성이 전혀 존재하지 않는 상태의 절대 영점이 존재한다. 이 때 0은 실제적 의미를 가지고 있기 때문에 모든 산술적 조작이 가능하다. 비율척도의 숫자는 속성의 실제

양을 나타낸다. 비율척도의 예를 살펴보면 다음과 같다.

〈표 4-5〉 비율척도의 예

변 수	측정값
연령	0, 1, 2, 3, 4, …
신장	0, …160, …170, …180, ……
수입	0, 1,000,000, …1,500,000 ……

개별 값들 간에 일정한 거리와 절대영의 기준점을 가지고 비율 측정을 할 수 있는 척도이다.

3) 써스톤 척도

어떤 사실에 대하여 가장 긍정적인 태도와 가장 부정적인 태도를 나타내는 양 극단을 등간적으로 구분하여 여기에 수치를 부여함으로써 등간척도를 구성하는 방법이다. 각 문항에 대해 평가자들에게 점수를 매기게 하여 중앙치를 척도 값으로 결정하는 방식이다.

04 어의적 분화척도

오스굿(Osgood), 쑤시(Suci), 탄넨바움(Tannenbaum)이 개발한 척도로서 고도로 지적이고, 언어적으로 유동적인 주제들에 대해서는 개념의 의미에 대해 직접적으로 질문하는 것이 좀 더 효과적이라고 본다. 즉, 하나의 개념에 대한 응답자들의 의견이나 태도를 몇 개의 의미차원에서 직접 평가하도록 함으로써 응답자들이 손쉽고 신속하게 응답할 수 있다.

05 기타 척도

1) 소시오메트리

집단 내의 선택, 커뮤니케이션, 상호작용, 패턴에 관한 자료를 수집하고 분석할 때 사용하는 방법으로 조사 대상이 소수인 경우에 적합하다.

2) Q-기법

Q-분류척도라고도 하며, 한 가지 현상을 설명하기 위해서 단일현상을 여러 가지 현상으로 세분하는 방법이다.

요점정리

〈측정〉

- 측정 : 일정한 규칙에 따라 대상에 값을 부여하는 과정
- 측정오류의 종류
- – 체계적 오류 : 변수에 일정하게 체계적으로 영향을 주어 측정결과가 모두 높아지거나 모두 낮아지게 되는 편향된 경향을 보이는 오류
  ① 인구통계학적, 사회경제적 특성 오류(선행효과 오류, 후행효과 오류)
  ② 개인적 성향으로 인한 오류(관용의 오류, 중앙 집중 경향의 오류, 가혹의 오류, 대조의 오류, 후광효과)
- – 비체계적 오류(무작위 오류) : 측정대상, 과정, 수단, 측정자 등에 일관성 없이 영향을 미침으로써 발생하는 오류
- 비체계적 오류를 줄이는 방법(★)
- – 측정도구의 내용을 명확, 측정 항목 수 늘림, 측정자들의 측정방식이나 태도에 일관성 유지, 조사 대상자가 잘 모르거나 관심이 없는 내용에 대해서는 측정을 하지 않음, 동일한 질문이나 유사한 질문을 2회 이상 제기하여 일관성 있는 응답을 유도, 신뢰할 수 있는 측정도구 사용, 측정자에게 측정도구에 대한 교육과 훈련을 통해 사전준비 철저

〈척도〉

- 척도의 구성요건 : 상호배타성, 포괄성, 논리적 연관성, 내적 일관성
- 척도의 수준 : 명목측정에서 비율측정으로 갈수록 사칙연산이 가능(명목측정<서열측정<등간측정<비율측정)
- 척도의 종류
- – 서열척도
  ① 총화평정척도 : 연속적인 척도 상에서 응답자의 보다 높은 점수는 측정대상이 되는 개념의 보다 높은 수준을 나타냄. 태도척도를 위한 질문들은 0(동의하지 않음) 또는 1(동의함)로 부호화
  ② 리커트척도 : 척도의 신뢰도와 타당도를 높이기 위해서, 하나의 문항보다 여러 문항들을 하나의 척도로 사용. 단순히 '동의함' 또는 '동의하지 않음'으로 코딩하는데 대신 '전혀 아니다'에서 '매우 그렇다'의 5단계로 코딩
  ③ 커트만척도 : 척도를 구성하는 문항들이 내용의 강도에 따라 일관성 있게 서열을 이루고 있어 단일 차원적이고 누진적인 척도를 구성하는 대표적 방법
- – 등간척도와 비율척도

요점정리

① 등간척도

② 비율척도

③ 서스톤척도 : 어떤 사실에 대하여 가장 긍정적인 태도와 같이 부정적인 태도를 나타내는 양극단을 등간적으로 구분하여 수치를 부여함으로써 구성. 각 문항에 대해 평가자들에게 점수를 매기게 하여 중앙치를 척도 값으로 결정하는 방식

- 어의적 분화 척도

- 기타 척도

① 소시오메트리

② Q-기법

실전문제

Korean academy of social welfale

01 측정대상의 성별을 분류할 목적으로 숫자를 부여하는 측정방법은?

① 명목척도 ② 서열척도 ③ 등간척도
④ 비율척도 ⑤ 비교척도

02 '사회적 거리감'을 측정하기에 적당한 척도는?

① 명목척도 ② 서열척도 ③ 등간척도
④ 비율척도 ⑤ 리커트척도

03 공공부조를 받고 있는 모자가정 여성 5명을 대상으로 직장체험의 효과를 조사한 결과 모두 효과가 없는 것으로 나타났다. 그래서 "공공부조를 받고 있는 모자가정에 있어서 어머니의 직장체험효과는 없다."고 결론을 내리는 것은 무슨 오류인가?

① 생태학적 오류 ② 체계적 오류 ③ 비체계적 오류
④ 표집 오류 ⑤ 과도한 일반화의 오류

해설

- 루빈과 바비(A. Rubin & E. Babbie)가 제시한 일상적 경험을 통해 개인이 얻는 개인적 탐구의 오류가능성 중 하나
- 소수의 사례를 가지고 일반적인 사실로 받아들일 때의 오류

04 다음 척도의 측정 수준은?

① 명목 ② 서열 ③ 비율
④ 거트만 ⑤ 등간

해설 서열척도

- 측정대상 간의 순서를 밝힘
- 측정대상 간의 대소, 고저, 전후, 상하 등에 따라 서열화함
- 정확하게 정량화하기 어려운 응답자의 태도, 선호도, 사회계층 등의 측정에 이용됨

05 사회복지조사 과정에서 일정한 규칙에 따라 대상의 특성이나 속성에 대하여 숫자나 기호를 부여하는 체계적이고 과학적인 과정을 무엇이라고 하는가?

① 측정 ② 척도 ③ 기호화
④ 규칙제정 ⑤ 계량화

해설

- 측정 : 일정한 규칙에 따라 측정대상에 숫자나 수치를 부여하는 것으로 관념적, 추상적 수준과 경험적, 관찰적 수준의 연결과정

정답 1. ①, 2. ⑤, 3. ⑤, 4. ②, 5. ①

제1장 제2장 제3장 제4장 제5장 제6장 제7장 제8장 제9장 제10장 제11장 제12장 제13장 제14장 제15장

실전문제

Korean academy of social welfale

06 척도를 구성할 때 고려해야 할 사항으로 적절하지 않은 것은?

① 응답범주들이 응답 가능한 상황들을 모두 포함하고 있어야 한다.

② 하나의 변수에 대하여 여러 수준의 척도구성이 가능할 때 되도록 낮은 수준의 척도로 구성한다.

③ 척도의 범주는 다른 범주와의 관계 속에서 상호 배타적이어야 한다.

④ 척도가 여러 개의 문항들로 구성된 경우 문항들 간에 내적 일관성을 가지고 있어야 한다.

⑤ 응답범주들이 논리적 연관성을 가지고 있어야 한다.

해설

- 상호배타성 : 범주가 고유하고 명확해야 하며, 각자에 적합한 범주는 하나만 있어야 함
- 포괄성 : 각자에게 하나의 적합한 범주가 반드시 있어야 함
- 논리적 연관성 : 범주 내에 이질적인 것을 포함해서는 안되며, 범주들이 논리적으로 연결되어 있어야 함
- 내적 일관성 : 여러 문항들이 측정하고자 하는 하나의 개념을 측정해야 함

07 측정수준의 순서대로 바르게 나열한 것은?

① 명목척도 – 서열척도 – 비율척도 – 등간척도

② 명목척도 – 서열척도 – 등간척도 – 비율척도

③ 등간척도 – 비율척도 – 명목척도 – 서열척도

④ 서열척도 – 등간척도 – 명목척도 – 비율척도

⑤ 비율척도 – 명목척도 – 서열척도 – 등간척도

08 다음의 척도 가운데 절대력의 크기를 비교할 수 있는 척도는?

① 명목척도 ② 서열척도 ③ 등간척도

④ 이산척도 ⑤ 비율척도

09 최근 저조한 장애인 고용률이 사회복지계에 우려를 자아내고 있다. 장애인 고용률은 어느 유형의 척도에 해당하는가?

① 명목척도 ② 서열척도 ③ 비율척도

④ 등간척도 ⑤ 이산척도

해설

장애인 고용률이 '0'이라는 것은 단 한 명의 장애인도 고용되지 않았다는 것을 의미하기 때문에 절대 영점이 존재한다.

정답 6. ②, 7. ②, 8. ⑤, 9. ③

실전문제

Korean academy of social welfale

10 지체장애인의 장애등급은 1급에서 6급으로 나누다. 여기서 장애등급은 어느 유형의 척도에 해당하는가?

① 명목척도　② 서열척도　③ 등간척도
④ 비율척도　⑤ 이산척도

11 측정자의 피로, 기억, 감정변화 등과 같이 측정대상, 측정과정, 측정수단, 측정자 등에 일관성 없이 영향을 미침으로써 발생하는 오류는?

① 무작위적 오류　② 체계적 오류　③ 선행효과 오류
④ 후행효과 오류　⑤ 중앙 집중 경향의 오류

해설

- 체계적 오류 : 변수에 일정하게 또는 체계적으로 영향을 주어 측정결과가 항상 일정한 방향으로 편향되는 오류
- 비체계적 오류(무작위적 오류) : 측정대상, 과정, 수단, 측정자 등에 일관성 없이 영향을 미침으로써 발생하는 오류
- 선행효과 오류 : 고학력자일수록 응답문항 가운데 앞쪽에 있는 답을 선택하는 경향으로 인한 오류
- 후행효과 오류 : 저학력자일수록 응답문항 가운데 뒤쪽에 있는 답을 선택하는 경향으로 인한 오류
- 중앙 집중 경향의 오류 : 어느 쪽에든지 치우치지 않으려는 경향으로 인한 오류

12 '사회적 위치'를 측정하기에 적당한 척도는?

① 서열척도　② 등간척도　③ 비율척도
④ 거트만 척도　⑤ 써스톤 척도

해설

- 사회계층이 경우 계층 간의 간격이 동일할 필요가 없기 때문에 서열척도가 적절하다.
- 중요한 서열변수로 홀링스헤드의 사회적 위치척도가 있다.

13 사회복지예산이 증액에 대한 태도를 측정하는 척도에서 0(동의하지 않음) 또는 1(동의함)로 부호화하고, 모든 질문들에 동의한 사람은 척도상 최대 점수를 받으며, 모든 질문에 동의하지 않은 사람은 척도상 0점을 받도록 구성하였다. 이는 어느 유형의 척도인가?

① 비율척도　② 리커드척도　③ 총평정척도
④ 거트만 척도　⑤ 써스톤 척도

정답 10. ②, 11. ①, 12. ①, 13. ③

실전문제

Korean academy of social welfale

해설 총화평정척도

- 하나의 변수를 측정하는 많은 질문문항들을 0(동의하지 않음)과 1(동의함)로 부호화한 척도
- 모든 질문에 동의한 사람은 최대점수, 모든 질문에 동의하지 않은 사람은 0점을 받음

14 소집단 내에서 누가 누구로부터 배척을 받으며, 누가 누구로부터 환영을 받는 지도자로 부상하고 있는가를 측정하는 데 가장 적합한 척도는?

① Q-기법 ② 소시오메트리 ③ 어의적 분화
④ 거트만 척도 ⑤ 사회적 거리척도

해설 소시오메트리

- 집단 내의 선택, 커뮤니케이션, 상호작용, 패턴에 관한 자료를 수집하고 분석하는 방법
- 조사 대상이 소수인 경우에만 제한할 수 있음

15 특정자극에 대해 비슷한 태도를 가진 사람이나 대상을 분류하기 위한 방법으로 응답자로 하여금 특정기준에 따라 문항들을 분류하게 하여 측정대상을 나누도록 하는 방법이며 일종의 투사실험인 것은?

① 써스톤 척도 ② 리커트 척도 ③ Q-기법
④ 소시어메트리 ⑤ 거트만 척도

해설 Q-기법

- Q-분류척도라고도 함
- 한 가지 현상을 설명하기 위해서 단일현상을 여러 가지 현상으로 세분하는 방법

정답 14. ②, 15. ③

CHAPTER 05

신뢰도와 타당도

|RESEARCH| |METHODS| |FOR| |SOCIAL| |WELFARE|

SECTION 01 신뢰도의 의의 및 측정방법

01 신뢰도

신뢰도(reliability)란 측정도구가 측정하고자 하는 현상을 일관되게 측정하는 능력을 말한다. 즉, 측정도구를 동일한 응답자들에게 반복해서 적용했을 때 일관된 결과가 나오는 정도를 그 측정도구의 신뢰도라 한다. 또는 측정도구, 즉 질문문항들에 대해 같은 견해를 가지고 있는 사람들이 같은 응답을 할 정도를 의미한다(채구묵, 2011).

결국 신뢰도란 측정도구의 안전도 및 정확도의 측면을 말하는 것으로 측정값의 일관성을 의미하며 반복되는 측정에서 어느 정도 동일한 결과를 얻어내는지의 정도를 나타낸다.

02 신뢰도 측정방법

① 재조사법(검사-재검사법) : 동일한 측정도구를 동일한 사람에게 일정한 시간 간격을 두고 두 번 조사하여 나온 결과들의 상관관계 정도로써 신뢰도를 측정하는 방법이다.

② 복수양식법(대안법) : 유사한 형태의 두 개의 측정도구를 동일한 대상에게 차례로 적용하여 나온 결과들의 상관관계 정도로써 신뢰도를 측정하는 것이다.

③ 반분법(이분절 기법) : 측정도구의 질문들을 무작위로 반씩 나누어 둘로 만든 후, 실제로 적용할 때는 이 두 부분을 따로 떼어서 적용하는 것이 아니라 본래의 척도를 그대로 적용하여 나온 결과들의 상관관계 정도로써 신뢰도를 측정하는 방법이다.

④ 크론바하 알파 : 반분법의 논리를 따르는 것으로 측정도구에 속한 모든 문항들 간의 상관계수들의 평균으로써 신뢰도를 측정하는 것으로 보통 통계 패키지를 통해서 측정할 수 있다.

|RESEARCH| |METHODS| |FOR| |SOCIAL| |WELFARE|

SECTION 02 타당도의 의의 및 측정방법

01 타당도의 의의

타당도(vailidity)란 "측정하고자 하는 개념을 얼마나 정확히 측정하였는가?"라는 질문과 관련이 있다. 즉, 개념을 측정도구가 제대로 측정하고 있느냐를 나타내는 것이다. 타당도는 측정도구를 평가함에 있어 가장 중요한 기준이라 할 수 있다. 왜냐하면 측정도구가 측정하고자 의도한 것을 실제 잘 측정해 내지 못한다면 측정도구로서 별 가치가 없다고 할 수 있기 때문이다.

02 타당도의 측정방법

① 내용 타당도(액면 타당도) : 작성된 측정도구의 항목들이 조사자가 측정하고자 하는 내용을 적절하게 포함하고 있는지를 논리적으로 검토하는 방법이다.

② 기준관련 타당도(동시 타당도·예측 타당도) : 측정도구를 잘 평가할 수 있다고 생각되는 독립적 기준과의 비교를 통해서 측정도구의 타당도를 검증하는 것이다. 사용하고자 하는 측정도구의 측정값과 기준이 되는 측정도구의 측정값과의 상관관계에 의해 타당도를 측정한다.

③ 구조적 타당도(개념 타당도·구성체 타당도) : 측정도구가 측정하고자 하는 개

념을 정확히 측정할 수 있도록 작성되었는지에 대해 관련되는 다른 개념 및 이론적 틀 속에서 분석하는 것이다. 개념타당에는 수렴적 타당도와 판별타당도가 있다. 수렴적 타당도는 동일한 개념을 측정하는 경우 상이한 측정도구를 사용하더라도 유사한 결과를 가져오는 정도를 의미하여 판별타당도는 다른 개념을 동일한 척도로 측정했을 때 두 측정치 간에 차이가 있는 정도를 말한다.

|RESEARCH| |METHODS| |FOR| |SOCIAL| |WELFARE|

SECTION 03 신뢰도와 타당도의 관계, 신뢰도와 타당도에 영향을 미치는 요인

01 신뢰도와 타당도의 관계

신뢰도와 타당도는 측정도구의 적합성을 평가하는 방법으로 서로 분리된 속성으로 다루어졌지만 서로 밀접히 관련되어 있다.

측정의 중요한 관심은 조사자가 측정하고자 하는 바를 얼마나 정확하게 측정할 수 있느냐 하는 점에 있다고 볼 때 신뢰도보다 타당도가 더 의미가 크다고 할 수 있다.

신뢰도가 높다는 것은 어떤 현상을 일관성 있게 측정할 수 있다는 것을 의미할 뿐이며, 그 어떤 현상이 조사자가 측정하고자 하는 것이 아닐 수도 있다는 것이다. 즉, 신뢰도가 높다고 해서 타당도가 높은 것은 아니다. 그러나 타당도를 높이기 위해서는 신뢰도가 높아야 한다. 왜냐하면 조사도구가 측정하고자 하는 것을 정확히 측정하기 위해서는 조사도구의 내용이 조사하고자 하는 현상을 잘 파악할 수 있어야 할 뿐만 아니라 조사할 때마다 일관되게 결과를 얻어야 하기 때문이다. 따라서 신뢰도는 타당도를 높이기 위한 필요조건이라 할 수 있다.

결론적으로 신뢰성이 없는 측정도구는 타당성도 있을 수 없지만 신뢰성이 있다고 해서 반드시 타당성이 있는 것은 아니고 타당성이 있을 수도 있고 없을 수도 있다. 즉, 신뢰도는 타당도를 높이기 위한 필요조건이지만 충분조건은 아니다(채구묵, 2011).

① 타당도가 높은 측정은 항상 신뢰도가 높다.

② 타당도가 낮다고 해서 반드시 신뢰도가 낮은 것은 아니다.

③ 신뢰도가 높다고 해서 반드시 타당도가 높다는 것을 의미하지 않는다.

④ 신뢰도가 낮은 측정은 항상 타당도가 낮다.

⑤ 신뢰도는 높고 타당도가 낮은 측정은 없다.

신뢰도와 타당도의 관계를 나타내면 [그림 5-1]과 같다. ①은 신뢰도와 타당도가 모두 낮은 경우이며, ②는 신뢰도는 높으나 타당도가 낮은 경우이고, ③은 신뢰도와 타당도가 모두 높은 경우이다.

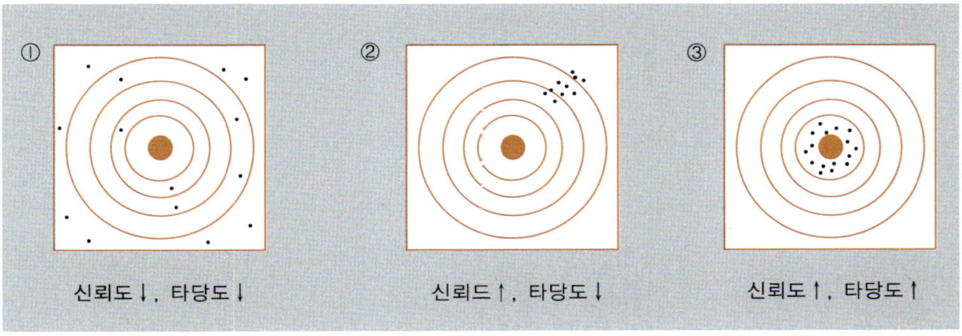

[그림 5-1] 신뢰도와 타당도의 의미(↓ : 낮음, ↑ : 높음) 출처 : Rubin & Babbie, 2005 : 198.

02 신뢰도와 타당도에 영향을 미치는 요인

신뢰도와 타당도에 영향을 미치는 요인을 조사도구, 조사환경, 조사 대상자, 조사자의 해석의 네 가지로 분류해 볼 수 있다(채구묵, 2011).

1) 조사도구

(1) 질문문항의 모호성

질문의 문구가 애매하거나 선택 카테고리 간의 차이가 불분명한 경우, 또는 관례상 사용되지 않는 문구들을 포함한 경우에는 신뢰도가 떨어지며, 따라서 타당도가 문제가 된다고 할 수 있다. 따라서 응답자에게 동일한 의미로 해석될 수 있도록 질문문항의 내용을 명확히 해야 한다.

(2) 측정문항 수

동일한 개념이나 변수를 측정하고자 할 때 문항 수를 늘리면 신뢰도와 타당도를 높일 수 있다. 여러 문항에 의해 한 개념을 측정하면 설사 한 문항에 약간 문제가 있다 하더라도 다른 문항에 의해 그 잘못이 희석될 수 있기 때문이다. 이러한 문제를 해결하기 위해 한 변수를 한 세트의 여러 문항들에 의해 측정하는 리커트 척도가 많이 사용된다. 그러나 무조건 문항 수가 많다고 신뢰도가 높아지는 것은 아니고 양질의 문항 수가 많아야 한다.

(3) 조사 대상자가 잘 모르거나 관심이 없는 내용

조사 대상자가 잘 모르거나 관심이 없는 내용은 측정도구에 포함하지 않도록 하는 것이 좋다. 잘 모르거나 관심이 없는 내용에 대해서는 무성의하게 대답을 할 가능성이 많아 실제와 다른 결과가 나올 수 있다.

(4) 측정의 길이(측정시간)

측정의 길이와 관련하여 두 가지 사항을 고려해 볼 수 있다. 첫째, 조사시간이 너무 길지 않아야 한다. 조사문항이 너무 많아 측정시간이 길어져서 조사대상자가 싫증을 느끼게 되면 이들은 실제 느낀 점을 응답하기보다 편의 위주로 응답할 가능성이 많다. 즉, 응답자들이 절대찬성, 절대반대 등에 형식적으로 응답할 소지가 많다. 따라서 질문지 응답에 소요되는 시간이 너무 많이 걸리지 않도록 문항 수를 조정할 필요가 있다. 둘째, 응답자들이 이해하고 응답할 수 있는 충분한 시간이 주어져야 한다. 충분한 시간이 부여될 때 응답자들은 안전성을 보장받아 정확한 응답을 할 소지가 있다.

(5) 인쇄 및 편집

질문지에 탈자, 오자, 읽기 어려운 단어, 페이지의 누락 등과 같은 기계적인 하자가 있을 경우, 오해를 유발하여 측정의 신뢰도와 타당도를 저하시킨다. 따라서 인쇄 및 편집 시 이러한 문제가 발생하지 않도록 신경을 써야 한다.

2) 조사환경

(1) 조사 당시의 상황

조사 당시의 상황에 따라 신뢰도와 타당도가 달라질 수도 있다. 예를 들면 강압적인 상황에서 조사하는 경우나 시간이 급박한 상황에서 조사하는 경우에는 신뢰도 및 타당도가 저하될 수 있다. 또한 똑같은 질문으로 해도 면접자와 얼굴을 대면한 상태에서 응답한 경우와 그렇지 않은 경우에는 신뢰도 및 타당도에 차이가 있을 수 있다. 따라서 가능한 한 자유스러운 분위기에서 응답자가 본인의 의사를 정확히 표현할 수 있는 상황을 만들어 주어야 한다.

(2) 측정도구의 완성에 필요한 지시

조사자가 측정도구를 완성하는 데 필요한 절차를 명백히 하느냐, 하지 않느냐에 따라 신뢰도와 타당도에 영향을 미칠 수 있으므로 조사자는 조사완성에 필요한 지시를 일관성 있게 해야 할 필요가 있다.

3) 조사 대상자

(1) 조사 대상자의 성별, 연령 및 사회경제적 지위

조사 대상자의 성별, 연령, 교육수준, 직업, 소득, 가치관 등이 측정도구의 타당도, 신뢰도에 영향을 미칠 수 있다. 연구자는 조사 대상자의 연령, 교육수준, 사회경제적 수준에 상응하도록 측정도구를 작성할 필요가 있다.

(2) 조사 대상자의 이질성, 검사에 대한 흥미와 동기

조사 대상 집단이 이질적일 때 신뢰도는 증가한다. 또한 조사 대상자가 조사에 대한 흥미가 높고 조사 선택 동기가 높으면 신뢰도와 타당도가 높아지나 흥미를 상실한 상태에서 검사에 임하면 응답에 무성의하고 일관성을 잃게 되어 신뢰도와 타당도가 낮아지게 된다.

4) 조사자의 해석

조사자가 결과를 어떻게 분석, 해석하는가에 따라 신뢰도와 타당도에 영향을 미칠 수 있다. 특히 개방형 질문의 경우에는 조사자의 주관이 개입될 여지가 많다. 폐쇄형 질문의 경우에도 수집된 자료를 어떻게 부호화하느냐 또는 측정결과를 어떻게 해석하느냐에 따라 신뢰도와 타당도에 영향을 미칠 수 있다.

요점정리

〈신뢰도와 타당도〉

- 신뢰도 : 측정을 반복해도 같은 결과
- 타당도 : "측정하고자 하는 개념을 얼마나 정확히 측정하였는가?"(정확성)
- 타당도와 신뢰도 관계 : 타당도가 높은 측정은 항상 신뢰도가 높음, 타당도가 낮다고 해서 반드시 신뢰도가 낮은 것은 아님, 신뢰도가 높다고 해서 반드시 타당도가 높다는 것을 의미하지 않음, 신뢰도가 낮은 측정은 항상 타당도가 낮음, 신뢰도는 높고 타당도가 낮은 측정은 없음
- 신뢰도와 타당도에 영향을 미치는 요인 : 조사도구, 조사환경, 조사 대상자, 조사자의 해석

제 1 장 제 2 장 제 3 장 제 4 장 제 5 장 제 6 장 제 7 장 제 8 장 제 9 장 제 10 장 제 11 장 제 12 장 제 13 장 제 14 장 제 15 장

실전문제

Korean academy of social welfale

01 신뢰도 평가방법으로 외생변수, 반복검사로 인한 주시험 효과가 큰 방법은?

① 검사-재검사법 ② 반분법 ③ 질문지법
④ 크롬바 알파 ⑤ 대안법

02 3학년 1반이라는 동일한 집단에 대해 똑같은 시험문제로 월요일에 시험보고 다시 수요일에 시험을 보았다. 무엇을 측정하려는 것인가?

① 공정성 ② 책임성 ③ 신뢰도
④ 타당도 ⑤ 상관도

03 신뢰도와 타당도의 관계로 맞는 것은?

① 타당도와 신뢰도는 대칭적인 관계이다.
② 신뢰도가 확보되면 타당도도 확보된다.
③ 신뢰도가 높으면 반드시 타당도도 높다.
④ 타당도가 높으면 높은 신뢰도가 확보된다.
⑤ 신뢰도와 타당도는 관계가 없다.

04 단순히 측정될 개념에 대한 연구와 측정도구가 그 개념을 적절히 측정하고 있는가에 대한 판단에 의해 평가되는 타당도의 유형은?

① 액면타당도 ② 예측타당도 ③ 동시적 타당도
④ 판별타당도 ⑤ 수렴적 타당도

해설 타당도의 종류

- 액면타당도 : 개념을 적절한 문항으로 측정한 정도
- 기준타당도 : 연구에 사용할 측정도구의 측정값과 이미 잘 알려진 측정도구의 측정값이 유사한 정도
- 구성체 타당도 : 측정되는 개념이 전반적인 이론틀 속에서 다른 개념과 관련성을 가지는 정도

05 우울증이라는 구성개념에는 단절, 무관심, 무기력성, 무표정 등의 네 차원이 있다고 가정하자. 만일 무관심을 둘 이상의 측정도구로 측정하고, 측정결과 둘 이상의 측정도구의 점수들이 유사하게 나타났다면, 즉 높은 상관관계를 나타낸다면 이는 어느 유형의 타당도가 높다고 할 수 있나?

① 수렴적 타당도 ② 판별타당드 ③ 예측타당도
④ 액면타당도 ⑤ 도시적 타당도

정답 1. ①, 2. ③, 3. ④, 4. ①, 5. ①

실전문제

Korean academy of social welfale

해설

- 수렴적 타당도 : 동일한 개념을 측정하는 경우 상이한 측정도구를 사용하더라도 유사한 결과를 가져오는 정도
- 판별타당도 : 다른 개념을 동일한 척도로 측정했을 때 두 측정치 간에 차이가 있는 정도

06 신뢰도의 평가방법이 아닌 것은?

① 검사-재검사법 ② 대안법 ③ 반분법
④ 요인분석 ⑤ 관찰자 신뢰도

해설 신뢰도 평가방법

- 검사-재검사법 : 대상의 속성을 측정한 후 일정시간이 지난 후 같은 방법으로 같은 대상이 속성을 다시 측정하는 방법
- 반분법 : 측정도구를 임의로 둘로 나누어, 같은 시간에 독립된 두 개의 척도로 사용하는 방법
- 대안법 : 비슷하지만 다른 두 개의 측정도구로 동일한 대상을 차례로 측정하는 방법

정답 6. ④

CHAPTER 06

조사연구설계

|RESEARCH| |METHODS| |FOR| |SOCIAL| |WELFARE|

SECTION 01 조사연구설계의 의의

01 조사연구설계의 개념

조사연구설계는 연구문제의 해결방안을 위해 하나의 계획으로 볼 것인가 아니면 구조로 볼 것인가, 그렇지 않으면 하나의 전략으로 볼 것인가에 따라 그 개념은 달라질 수 있다.

계획으로 볼 경우, 조사연구설계는 조사에 대한 전반적인 실행과정 또는 프로그램으로서 연구자가 가설을 설정하고 자료를 수집하는 데서부터 최종 자료분석까지 무엇을 해야 할 것인가에 대한 계획으로 정의할 수 있다(김종천, 1999). 구조로 보는 경우, 관련변수의 조작에 관한 구체적인 실행으로 정의될 수 있다. 따라서 연구자가 변수의 정의 및 변수 간의 관계 설정에 대한 틀을 명확히 하려면 연구목적을 달성할 수 있도록 보다 구조적인 시행방안을 마련해야 한다. 전략으로 볼 경우, 자료를 수집하고 분석하는 데 사용되는 모든 방법으로 볼 수 있다.

이와 관련하여, 루빈(Rubin)과 바비(Babbie, 1989)는 조사연구설계를 논리적 구조의 대안설계와 조사 전 과정에 대한 계획이라는 두 가지 의미로 설명하고 있다. 나크미아스(Nachmias)와 나크미아스(Nachmias, 1996)는 연구대상이 되는 변수 간의 인과적 관계의 유추를 증명할 수 있도록 해 주는 논리적 모델로서, 컬린저(Kerlinger, 1986)는 연구문제에 대한 해답을 얻기 위하여 계획을 수립하고 논리적 구조를 설정하여 조사의 전반적 절차를 계획하는 일로 정의하고 있다.

이것을 종합하여 볼 때, 조사연구설계는 조사연구를 효율적으로 수행하기 위한 구체적이고 체계적인 전략과 계획을 수립하는 과정으로 연구문제 해결에 적합한 연구방법, 자료의 수집과 분석방법, 연구의 분석 단위와 연구범위, 주요 변수의 선정과 변수 간 관계, 변수에 대한 개념적 정의와 조작적 정의, 측정도구 등을 결정하는 것이다.

02 조사연구설계의 목적

조사연구설계는 연구문제에 대한 정확한 해답을 제공하고, 이러한 해답을 얻는데 일어날지도 모르는 분산이나 일탈을 방지하는 것이 목적이다. 이러한 목적을 보다 구체적으로 살펴보면 다음과 같다.

첫째, 조사연구설계는 조사연구가 계획적이고 체계적으로 수행될 수 있도록 청사진을 제공하는 것이다.

둘째, 타당성 있고 객관적이며 경제적인 방법으로 연구문제에 대한 해답을 제공하는 것이다. 즉, 조사연구설계 과정을 통하여 연구문제의 해결을 위한 논리적인 틀을 만들며, 이를 통해 연구문제 및 가설에 제시된 변수 간의 관계구조를 밝히는 것이다.

셋째, 연구와 관련된 변수(독립변수, 종속변수, 외생변수 또는 제3의 변수)를 통제함으로써 연구문제에서 밝히고자 하는 변수 간의 관계구조를 명확히 하는 데 있다.

넷째, 조사연구설계는 분석하고자 하는 방향을 제시해 줌으로써 내적 타당성과 외적 타당성을 가지도록 해준다.

다섯째, 조사연구설계는 어떠한 통계분석이 적절한지를 제시하는 데 목적이 있다.

|RESEARCH| |METHODS| |FOR| |SOCIAL| |WELFARE|

SECTION 02 조사연구설계의 유형

조사연구설계는 분류기준에 따라 다양하게 나눌 수 있다. 독립변수의 조작 여부에 따라 실험 조사설계와 비실험 조사설계로, 외생변수의 효과 차단 여부에 따라 실험실 설계와 현장 조사설계로, 연구목적에 따라 탐색적 조사설계, 기술적 조사설계, 그리고 설명적 조사설계로, 조사 시점에 따라 횡단적 조사설계와 종단적 조사설계 등으로 분류한다. 이 책에서는 연구목적에 따라 탐색적 조사설계, 기술적 조사설계, 설명적 조사설계로 나누어 설명하고자 한다.

01 탐색적 조사설계와 기술적 조사설계

1) 탐색적 조사설계

탐색적 조사설계는 연구문제가 불명확할 때 기본적인 통찰과 아이디어를 얻기 위해서, 즉 연구문제의 발견, 변수의 규명, 가설의 도출을 위해 실시하는 조사이다. 전문가의 견해, 사례나 문헌 등을 통해 주로 예비조사의 형태로 실시된다. 탐색적 조사설계는 계량적 방법보다 주로 비계량적 방법으로 자료수집과 분석이 이루어진다.

(1) 탐색적 조사설계 방법

① 문헌조사 : 연구문제 정의나 가설설정을 위한 가장 쉬운 방법으로 학술문헌,

업계문헌, 통계자료 등을 이용할 수 있다. 경우에 따라 학술문헌 등을 통하여 시사점이나 아이디어를 얻을 수도 있다.

② 전문가(또는 경험자) 의견조사 : 연구주제에 대해서 전문적인 지식이나 경험을 가진 사람을 대상으로 실시하는 조사이다. 해당 전문가나 경험자의 인터뷰 시 보통 정형화된 질문 대신 융통성 있는 질문을 실시한다.

③ 사례조사 : 연구하려는 주제와 유사한 사례를 파악함으로써 이를 통해 문제해결 방안을 모색하는 방법이다. 연구문제에 대한 간접적인 경험을 얻을 수 있고, 유사 사례에 대한 깊이 있는 분석이 가능하다.

(2) 탐색적 조사설계의 기법

① 표적집단 면접법(FGI) : 전문지식을 소유한 사회자의 진행 아래 소수(10명 이하)의 참여자가 주어진 주제를 중심으로 토론하는 방법이다. 심도 있는 토론을 위해 사회자는 참여자들을 대상으로 다양한 아이디어를 도출해 내도록 유도하여 필요한 정보를 획득한다.

장점으로는 새로운 아이디어 창출, 행동의 내면적 이유 도출, 조사 의뢰자 참여, 다양한 주제의 자료수집, 전문적 정보를 획득할 수 있다. 반면, 일반화 가능성이 낮고, 자료의 신뢰성 문제, 주관적 해석, 높은 비용과 같은 한계점이 있다.

② 브레인스토밍 : 여러 사람이 모여 문제 해결을 위한 다양한 아이디어를 자유롭게 제시하고, 이러한 아이디어를 취합·수정·보완해 정상적인 사고방식으로는 생각할 수 없는 독창적인 아이디어를 얻는 방법이다.

브레인스토밍을 성공하기 위해서는 타인의 아이디어를 비난하지 말고, 자유분방하게 되도록 많은 아이디어를 서로 내놓도록 한다.

③ 델파이: 전문가들이 집단토의를 하는 경우 발생하는 약점을 극복하기 위해서 개발한, 전문가 의견을 종합하는 기법이다. 참고할 만한 자료가 부족하거나, 미래의 불확실한 상황을 예측하고자 할 경우 사용하는 분석기법 중 하나이다. 응답자의 익명성을 보장하고 반복적인 환류를 통하여 결국은 전문가들이 합의하는 아이디어를 만들도록 유도하고, 이러한 반복적인 피드백을 통한 하향

식 의견 도출로 문제를 해결하는 것이 특징이다.

델파이 기법은 한 사람보다는 여러 사람의 의견을 종합·분석하는 것이 보다 신뢰성 있는 결과를 얻을 수 있다는 가정을 전제로 한다. 따라서 예측하고자 하는 특정 사회현상에 대하여 그 분야의 전문가들에게 설문조사(앙케트)를 통하여 의견을 듣고, 그것을 집계한 결과를 다시 설문조사로 회답자에게 보내어 의견들을 집계한다. 이와 같이 여러 번 설문조사를 반복하여 전문가의 견해를 수렴·분석하여 예측 자료로 삼는다.

2) 기술적 조사설계

기술적 조사설계는 현재 있는 그대로의 실태나 상황분석, 미래를 정확하게 기술하고 예측하는 것을 목적으로 하는 기술적 연구를 위한 설계이다. 기술적 조사설계의 유형은 학자마다 다양하게 분류하고 있으나, 이 책에서는 횡단적 조사설계, 종단적 조사설계로 나누어서 설명한다.

(1) 횡단적 조사설계

횡단적 조사설계는 어느 일정 시점을 기준으로 모든 관련 변수에 대한 자료를 수집하여 여러 가지 특성을 파악하는 설계방법이다. 가급적 연구대상이 지리적으로 넓게 분포되어 있고, 연구대상의 수가 많으며, 많은 변수에 대한 자료를 수집하여야 할 필요성이 높은 경우에 적절하다. 대표적으로 실태조사, 욕구조사, 여론조사 등이 해당하며, 주로 서베이기법을 자료수집방법으로 사용한다. 그 과정은 다음과 같다. ① 개념적 준거 틀 안에 있는 변수들의 측정방법을 결정한다. ② 동일 시점 내에 있는 모든 변수에 대한 자료를 수집한다. ③ 변수에 대한 분석 및 변수들 간의 관계를 검토하기 위해 분석한다.

① 일원적 설계(uivariate design) : 일원적 설계는 특정현상이나 사건을 기술하려고 할 때 이용할 수 있다. 즉, 어떤 사회적 현상의 특성들을 한 번의 관찰을 통해 조사하여 각 변수들의 분포, 비율 등을 알아보는 데 이용하며, 두 변수 이상의 인과관계나 상관관계를 추론하는 데는 적합하지 않다. 전실험설계의

일회 사례연구 형태와 같지만, 사회적 제도나 역사적 사건이 독립변수로 조작되지 않았다는 점에서 차이가 있다. 예를 들면, 사회복지관에서 지역사회 주민들의 욕구를 알아보는 경우 또는 특정지역 저소득층 밀집지역 주민의 욕구를 조사하는 경우가 해당한다.

② 상관관계 설계(correlational design) : 상관관계 설계는 서베이기법에서 가장 많이 이용되는 방법이다. 이 설계는 독립변수로 간주될 수 있는 하나의 변수와 종속변수로 간주될 수 있는 하나의 변수의 속성을 분류하거나 교차시켜 통계적 기법을 통하여 비교하는 방법이다. 자료수집 시 실험집단과 통제집단의 무작위 선정과 독립변수의 조작이 불가능하므로, 독립변수로 간주되는 집단과 그렇지 않은 집단을 구분하여 모두 표본에 포함시켜 동시에 관찰해야 한다.

(2) 종단적 조사설계

종단적 조사설계는 둘 이상의 시점에서 동일한 분석단위를 대상으로 연구하는 것을 말한다. 한 연구 대상을 일정 기간 동안 관찰하여 그 대상의 변화를 파악하는 데 초점을 두고 있기 때문에 연구 대상의 동태적 변화나 발전과정을 연구하는 데 적합하다. 대표적으로 추세 연구, 패널 연구, 코호트 연구(동년배 연구) 등이 있다.

① 추세 조사설계(trend study design) : 상당히 넓은 일반 인구집단을 모집단으로 설정하고, 같은 모집단 내에서 각각 다른 표본을 선정하여 주기적으로 횡단조사를 여러 차례 실시하는 방법이다. 이 설계는 연구의 일차적 목적이 일정한 집단의 태도나 행동의 변화를 기술하거나, 특정정책의 변화 등 자연적 또는 인위적 상황의 효과를 분석 및 평가하려고 할 때, 일정 기간 동안 특정집단을 반복 조사해서 변화 경향을 알아보려는 연구에 적합하다. 예를 들면, 한국인의 장애인에 대한 편견의 변화를 연구하기 위하여 20세 이상의 인구집단을 모집단으로 설정하고, 3년에 한 번씩 각각 다른 사람들로 구성된 표본을 선정하여 이들에게 장애인에 대한 편견 정도를 조사하는 경우가 해당한다. 추세 조사설계에서는 관찰대상이 되는 표본이 매번 다르기 때문에 표본의 동질성을 보장할 수 없고, 내적 타당도를 저해하는 요인들이 많이 작용하여 시간의 변

화 혹은 역사적 사건에 의한 효과를 정확히 분석할 수 없는 것이 단점이다.

② 패널 조사설계(panel study design) : 동일표본을 선정하여 같은 대상에 대해서 일정한 시간 간격을 두고 반복적으로 연구하는 형태이다. 예를 들면, 앞서 살펴본 추세 조사설계와 동년배 집단 조사설계의 예에서 제1차 조사를 위해서 선정된 표본을 그대로 유지하면서 계속해서 반복적으로 관찰하는 것이다. 즉, 장애인에 대한 편견 정도를 조사하기 위해서 1990년에 선정된 표본으로 1995년, 2000년에 동일한 조사를 실시하면 이는 패널 조사설계에 해당된다. 또한, 시간에 따른 가치관 변화를 알아보기 위한 조사에서도 1965~1970년에 출생한 동년배 집단 중 선정된 표본에 대해서 계속적으로 1990년, 2000년, 2010년에 조사를 실시할 수도 있다. 패널 조사설계는 적은 규모의 조사대상자를 토대로 주기적인 정보획득을 통하여 추세정보, 행동과 태도의 변화 등을 조사할 수 있다. 상대적으로 비용이 많이 들고 조사대상자들의 이탈을 관리하기가 어렵다는 점이 있다.

③ 동년배 집단 조사설계(cohort study design) : 같은 연령대의 사람들을 모집단으로 설정하고 일정한 시간 간격을 두고 같은 모집단에서 각각 다른 표본을 선정하여 관찰하는 형태이다. 동년배 집단(cohort)은 특정 역사적인 기간에 태어나서 역사적 사건을 비슷한 방법으로 경험한 연령집단 이다. 예를 들면, 시간의 변화에 따른 가치관 변화를 알아보기 위하여 1965~1970년 사이에 태어난 동년배 집단을 모집단으로 설정하고, 1990년에 20~25세의 집단으로, 2000년에 30~35세의 집단으로, 그리고 2010년에는 40~45세의 집단으로 표본을 선정하여 조사하는 경우가 이에 해당된다. 이 설계는 경향연구의 특수한 한 형태라고 할 수 있지만, 대체적으로 연구대상 집단의 연령층 범위로 구분된다. 즉 경향 조사설계에서 모집단은 어떤 특성을 갖고 있는 다양한 연령층을 포함하고 있지만, 동년배 집단 조사설계에서 모집단은 일정한 연령층으로 한정된다는 차이가 있다. 동년배 집단 조사설계는 성장, 역사, 역사와 피험자 선택의 상호작용 등 내적 타당도를 저해하는 요인들이 작용하고, 각각 다른 집단의 이전상태를 알 수 없으므로 시간의 변화에 따른 변화를 명확히 알 수 없는 단점이 있다. 그러므로 어떤 특정한 역사적 및 사회적 사건을 비슷하게 경험한

것으로부터 오는 동년배 효과를 통제해야 한다.

02 설명적 조사설계

인과관계를 밝히는 것은 과학적 탐구의 목표가 될 수 있으며 타당한 논리적 과정을 제시하므로 지식이나 이론을 확립하는 데 중요한 기반이 된다. 인과관계는 원인과 결과의 관계로 다양한 사회문제나 현상에 대하여 왜 그렇게 나타났는지에 대하여 원인이나 설명요인을 찾고자 한다(우수명, 2008). 그러므로 모든 연구는 대부분 인과관계의 검증으로부터 시작된다고 볼 수 있다. 즉, 모든 연구는 어떤 현상의 특성이나 사건의 발생이 다른 현상의 특성이나 사건의 발생에 결정적인 역할을 하는 요인 중 하나가 된다고 가정함으로써 이루어진다. 이때 한 사건이 다른 사건의 결정요인이 되는 것, 즉 하나가 다른 하나 혹은 그 이상을 일으키는 요인이 되는 관계를 인과관계라고 한다.

설명적 조사설계는 이와 같이 인과관계를 규명하거나 인과관계를 토대로 미래의 사실에 대해 미리 예측하기 위한 조사설계를 말한다. 이와 같은 조사설계의 전형적인 설계는 실험조사설계이다. 이에 대한 구체적인 설명은 제7장에서 다루며, 다음에서는 인과관계의 성립 조건, 설명적 조사설계의 기본적 논리와 구성요소를 중심으로 설명한다.

1) 인과관계 성립의 조건

사회복지 실천현장에서 클라이언트 변화의 원인을 규명하기 위해서는, 그 인과관계를 명확히 밝힐 때 사회복지 실천에서 보다 효과적인 개입방법을 모색할 수 있다. 그러나 사회복지 실천현장에서 이러한 인과관계를 논리적으로 명료하게 증명하는 데는 많은 어려움이 따른다. 따라서 인과관계를 해석하고자 할 때에는 이를 진리나 절대가치로 받아들이는 오류를 범해서는 안 되며, 보다 융통성 있는 해석을 해야 할 것이다(우수명, 2008). 그러므로 조사의 연구문제 혹은 연구가설에 제시되어 있는 독립변수와 종속변수 사이에 인과관계가 성립하기 위해서는 적어도 시간적 우선성, 공변성, 비허위적 관계 등 세 가지 조건을 충족해야 한다(Lazarsfeld, 1959; Rubin & Babbie, 1993 : pp.262-263; Ruane, 2005 : pp.78-82; 김영종, 1999 : pp.82-86; 채서일, 2002).

(1) 시간적 우선성

시간적 우선성은 독립변수는 시간상으로 종속변수보다 선행하여 발생한다는 것이다. 즉, 원인적 요인의 발생은 결과적 요인의 발생보다 시간적으로 선행하거나 거의 동시에 일어나야 한다. 그러므로 한 변수가 원인이고 다른 변수가 결과임을 증명하기 위해서는 두 변수 간에 시간적으로 어떤 변수가 앞서고 어떤 변수가 뒤따른다는 것을 보여줄 수 있어야 한다(황성동, 2012).

(2) 공변성

공변성은 원인과 결과를 추정하기 위하여 서로 간의 논리적, 경험적 연관성이 인정되어야 한다는 것을 의미한다. 공변성은 독립(원인)변수와 종속(결과)변수는 경험적으로 상관관계가 있어야 한다. 즉, 하나의 변수가 변화될 경우 다른 변수도 변화를 나타낼 때 이들 두 현상은 인과적으로 관련 있다고 간주한다. 그러므로 두 변수 사이에 공변성이 있음을 보여주기 위해서는 한 변수가 변화할 때 다른 변수에서도 어떤 식으로든 변화가 관찰되어야 한다(황성동 2012).

(3) 비허위적 관계

비허위적 관계는 독립변수와 종속변수 사이에 측정된 관계는 두 변수와 관련되어 있는 제 3의 변수에 의한 영향으로 설명되어서는 안 된다는 것이다. 즉, 두 변수 사이에 시간적으로 전후관계가 있고 경험적 상관관계가 관찰되었어도 제3의 변수와 상관없이 인과관계가 유효해야 한다(황창순 외, 2012). 그러므로 인과관계에 영향을 줄 수 있는 왜곡요인이나 통제요인을 조사설계 과정에서 제대로 반영하지 않으면 정확한 인과관계의 산출이 왜곡될 수 있으므로 제3의 변수에 대한 통제방법을 고려해야 한다.

2) 설명적 조사설계의 기본적 논리

인과관계를 규명할 수 있는 조사설계의 기본적 논리는 다음과 같다(채구묵, 2007).

(1) 일치법 또는 합의법(method of agreement)

어떤 특정한 현상에 둘 또는 그 이상의 사례들이 공통된 조건을 하나 또는 둘 이상 가지고 있을 때, 그 조건을 현상의 원인 또는 원인의 불가결한 일부분으로 간주하는 방법이다.

- 사례 1에서 ABC가 Z를 발생시키고
- 사례 2에서 CDE가 Z를 발생시킬 때

⇒ C는 Z를 발생시킨다. 즉, C는 원인인 독립변수이고 Z는 결과인 종속변수가 된다.

일치법은 불필요한 요소를 제거하여 간단하게 추리를 해 준다는 장점이 있으나, 두 가지 사례에서 공유하는 요소가 두 가지 이상되면 어느 것이 원인인지 추리하기가 어렵다는 단점이 있다.

(2) 공변법

어떤 현상이 특정한 방식으로 변화할 때마다 다른 현상도 특정한 방식으로 변화하면, 이들 두 현상은 인과적으로 관련되어 있다고 간주하는 방법이다.

- ABC ⇒ abc
- A−BC ⇒ a−bc
- A+BC ⇒ a+bc

⇒ A와 a는 인과적으로 관련되어 있다. 즉, A는 원인인 독립변수이고 a는 결과인 종속변수가 된다.

공변법은 인과관계 전후가 명확할 때 앞에 일어난 것이 원인이라는 것을 쉽게 알 수 있지만, 시간적으로 동시에 일어나는 경우에는 그 원인과 결과를 파악하기 어려워 단지 상호관련성만을 파악할 수 있다는 단점을 가지고 있다.

(3) 차이법(method of difference)

두 개 이상의 사례에서 한 조건에만 차이가 있고 다른 조건들을 공통적으로 포함하고 있을 때, 이들 결과에서 차이가 나타난다면 그것은 두 사례에서 차이가 나는 하나의 요소로 간주될 수 있다.

- 사례 1에서 ABC가 Z를 발생시키고
- 사례 2에서 ABE가 Z를 발생시키지 않을 때

⇒ C는 원인인 독립변수이고 Z는 결과인 종속변수가 된다.

차이법은 일치법과 마찬가지로 차이가 나는 요소가 둘 이상인 경우에는 어느 것이 정확한 원인인지 파악하기 곤란하다는 단점을 가지고 있다.

(4) 잔여법(잉여법)

어떤 현상의 일부에 대해서 다른 선행조건이나 원인임을 알았다면 그 현상의 나머지 부분이 나머지 조건이나 사실의 원인이 될 수 있다고 간주하는 방법이다.

- ABC → abc
- B는 b의 원인임이 알고, C는 c의 원인임이 알고 있다.

⇒ A는 a의 원인이라고 추론할 수 있다.

3) 설명적 조사설계의 구성요소

인과관계 규명을 위한 조사설계는 앞서 언급된 인과적 성립을 위한 3가지 조건을 모두 충족할 수 있도록 설계되어야 한다. 실험조사설계는 이러한 3가지 조건을 모두 충족하고 있는 가장 전형적인 조사설계로 비교, 조작, 통제의 세 가지 기본요소로 구성되어 있다.

(1) 비교

비교는 비교가 될 수 있는 집단(실험집단과 통제집단)을 설정하여 두 집단을 비교하거나 시간적 전후 차이를 비교하는 방법으로 두 변수 사이에 공변성(상관관계)이 존재하는지 확인하는 것이다.

(2) 조작

조작은 독립변수를 의도적으로 개입하거나 변화시켜 종속변수의 변화를 관찰하는 것이다. 이를 통해 종속변수보다 선행하는 독립변수의 변화를 확보함으로써 인과관계 성립조건 중 하나인 시간적 우선성 또는 두 변수 사이의 시간적 차이를 성립시킨다.

(3) 통제

추정된 독립변수와 종속변수 간에 관찰된 공동변화가 제3의 변수의 개입에 의해 발생된 것이 아니라는 것을 입증할 수 있어야 한다. 이를 위해서는 관찰된 공동변화에 제3의 변수가 개입되지 못하도록 통제할 수 있어야 한다. 통제의 절차는 기본적으로 실험집단과 통제집단의 동등성을 확보하는 것으로 실험집단과 통제집단은 독립변수의 개입(실험변수의 처리) 외에는 모든 면에서 동등하도록 구성하여야 한다. 이와 같은 동등성을 확보하기 위한 방법으로는 무작위 배정과 짝짓기가 있다.

① 무작위 배정 : 어떤 한 대상이 실험집단이나 통제집단에 배정될 기회가 동일한 조건하에서 이들 두 집단 중 어느 한 집단에 배정되도록 하는 것이다.

② 짝짓기 : 실험집단과 통제집단을 구성하는 데 연구의 가설과 관련된 변수들을 중심으로 유사한 것끼리 둘씩 짝을 지은 다음, 하나는 실험집단에, 나머지는 통제집단에 배정하는 것이다.

인과관계 성립조건		조사설계의 구성요소
공변성	⇦	비 교
시간적 우선성	⇦	조 작
비허위적 관계	⇦	통 제

[그림 6-1] 인과관계 성립조건과 조사설계 구성요소와의 관계

|RESEARCH| |METHODS| |FOR| |SOCIAL| |WELFARE|

SECTION 03 내적타당도 및 외적타당도

01 내적타당도

1) 개념

캠펠(Campbell)과 스탠리(Stanley)는 조사설계의 타당성을 평가하는 기준을 내적타당도와 외적타당도로 구분하고, 이들에 영향을 주는 다양한 저해요인들을 지적하고 있다. 그러므로 연구자는 조사설계과정에서 이러한 요인들의 영향을 배제하도록 노력해야 한다.

실험설계에 있어서 내적타당도(internal validity)는 인과관계의 정확성을 의미하는데, 연구를 통해 나타난 결과가 가설에 제시되어 있는 독립변수가 종속변수의 원인인지 아닌지 또는 독립변수의 영향으로 인해 종속변수의 변화가 나타난 것인지를 정확하게 기술하고 있다고 확신하는 정도를 말한다. 즉, 원인과 결과 사이에 존재하는 것으로 추정된 인과관계 추론의 정확성 정도이다. 따라서 종속변수의 변화가 순수하게 독립변수의 영향에 의해서 나타난 것이라면 내적타당도가 높다고 할 수 있다. 일반적으로 인과관계 성립조건에서 제시하였던 공변성, 시간적 우선성, 통제성을 모두 충족시키고 있다면 내적 타당성이 있는 것으로 간주한다. 그러므로 독립변수와 종속변수 간에 다른 변수의 영향이 개입되지 않도록 조사설계가 이루어져야 한다.

2) 내적타당도를 저해하는 요인

조사설계의 내적타당도를 저해하는 요인들인 우연한 사건, 성장효과, 검사효과, 도구효과, 통계적 회귀, 표본의 편중, 실험대상의 변동, 개입의 효과를 상쇄하는 보상, 선택과의 상호작용 등을 살펴보면 다음과 같다.

(1) 우연한 사건

'외적 사건' 또는 '역사(history)요인'으로 불리기도 하며, 조사자의 의도와 관계없이 발생하여 종속변수에 영향을 미칠 수 있는 외부사건을 의미하며, 독립변수의 영향과 시간적으로 일치하여 연구결과를 저해하는 경우이다. 따라서 조사기간이 길수록 외적 사건의 영향을 받아 조사설계의 내적타당도가 영향을 줄 가능성이 커진다. 예를 들면, 청소년 쉼터에서 입소해 있는 청소년들이 사회복지서비스를 받기 전과 받은 후의 심리상태를 측정하여 사회복지서비스의 효과성을 평가하고자 한다. 이때 정부의 시설 개선사업이 동시에 이루어졌는데, 이 경우 개선된 환경이 입소 청소년들의 심리상태에 영향을 줄 수도 있다. 사례에서도 볼 수 있듯이 외적 사건, 즉 시설개선사업의 효과성을 고려하지 않은 채 청소년의 심리상태가 호전되어 효과적이라고 단정하는 것은 잘못된 것이다. 실제로 사회복지서비스의 효과성 논의에서 이러한 오류를 범하는 경우를 종종 볼 수 있다.

(2) 성장(maturation)

'성숙' 또는 '시간적 경과'라고 불리기도 하며, 조사기간 또는 사전검사와 사후검사 사이에 조사 대상의 특성이 변화함으로써 종속변수에 영향을 미치는 경우를 의미한다. 즉, 개인의 신체적·심리적 변화가 조사결과에 영향을 미칠 수 있다. 아동의 경우 빠른 성장의 영향이 있을 수 있으며, 노인의 경우에는 급속한 노화가 영향을 미칠 수도 있다. 그러므로 단일집단을 대상으로 한 실험설계를 통해서는 성장효과의 통제가 불가능하므로 실험집단과 통제집단(비교집단)을 동시에 설정하고 조사대상을 무작위로 배치할 필요성이 제기된다. 예를 들면, 장애인시설에서 일하는 사회복지사들의 서비스 수준을 측정하기 위해 장애인들의 재활 정도를 그 기준으로 삼았다. 1년 후 연구대상 집단의 재활 정도를 측정한 결과 1년 전과 비교해서 별다른 변화가 없다고 해서 사회복지사들의 서비스 수준이 낮다고 결론짓기에는 어려움이 있다. 왜냐하면, 장애인들의 낮은 재활정도가 시간적 흐름으로 인해 건강상태가 더 악화되었을 수도 있기 때문이다.

(3) 검사(testing)

검사효과는 사전검사가 사후검사에 영향을 미치게 되어 종속변수의 변화를 초래하는 것을 의미한다. 즉, 측정하고 있는 문제가 전혀 개선되지 않았으면서도 여러 번 검사과정에서 점수가 높아지는 경우이다. 이것은 경험에 의한 영향이라 할 수 있는데, 실험의 실시 전·후에 유사한 검사를 반복하는 경우에 프로그램 참여자들이 사후검사의 측정값에 영향을 미치는 현상이다. 예를 들면, 고용촉진공단에서 재취업훈련과정을 위해 실시한 프로그램이 실직자들의 자격검정시험에 도움이 되는지 알아보기 위해 실시 전후에 유사한 프로그램을 실시하였다. 그 결과 훈련 이후 프로그램 효과가 향상된 것으로 나왔다면 결과적인 측면에서 훈련의 효과일 수도 있으나, 사전검사의 유사한 내용으로 인해 어느 정도 높은 점수를 얻을 수도 있다.

(4) 도구(instrumentation)

사전검사와 사후검사에서 종속변수를 측정하기 위해 사용하는 검사도구의 문제로 인해 독립변수가 종속변수에 영향을 미치고 있는 것처럼 결과에 영향을 미치는 현상이다. 사전검사와 사후검사 사이에 검사도구가 바뀌었거나, 신뢰도가 낮은 동일검사 도구의 경우에 같은 질문이라도 사전조사와 사후조사에서 각각 다르게 이해하여 응답할 수 있기 때문에 종속변수에 변화가 있더라도 이를 독립변수(실험처치)의 영향으로 단정할 수 없다. 예를 들면, 실험집단에 대한 사전, 사후검사 결과 차이가 많이 있는데, 사후검사의 검사도구가 쉬웠다면 그 차이가 실험에 의한 것인지 검사도구의 변화에 의한 차이인지 알 수가 없다는 것이다.

(5) 통계적 회귀(statistical regression)

같은 현상을 반복해서 측정하면 그 값들이 평균값으로 수렴하는 통계학적 특성이 나타나는데, 이처럼 사전검사에서 종속변수의 값이 극단적인 경우에 사후측정에서 독립변수의 영향과 관계 없이 평균값으로 근접하려는 경향을 통계적 회귀라고 한다.

즉, 종속변수의 값이 가장 높거나 가장 낮은 극단적인 사례들을 실험집단으로 선택했을 경우, 실험 이후에 측정한 종속변수의 값들은 평균값으로 회귀하여 독립변수에 의한 효과를 정확하게 평가할 수 없게 만드는 현상이다. 예를 들면, 초등학교에서 방과후 교실을 학업성적이 매우 낮은 아동들을 대상으로 했다면, 사후검사에서 나타난 학업성적의 향상은 프로그램의 영향일수도 있지만, 더 이상 학업성적이 낮아질 수 없는 극단의 아동들을 대상으로 실험했기 때문일 가능성이 있는 경우가 이에 해당된다.

(6) 표본의 편중

표본의 편중은 조사 대상 집단의 대상자를 선정하는데 있어서 실험결과에 영향을 미칠 수 있는 요인이 이미 작용한 사람들을 선택하는 경우에 나타날 수 있는 현상으로 '표본선택의 편의(selection bias)'라고 불리기도 한다. 실험집단과 통제집단 구성원을 표집하는 단계에서 상이하기 때문에 나타나는 실험효과의 왜곡현상이며, 조사자의 임의적 판단에 의해 배치했을 경우나 자발적인 참여자로 구성되었을 때 발생할 가능성이 크다. 사회복지현장에서 서비스 제공의 효과를 평가할 때, 자발적으로 서비스 이용을 선택한 사람과 서비스 이용에 대해 부정적인 생각을 가지고 있는 사람들과 비교할 때 일반적으로 발생한다. 특히, 조사 대상자 자신이 실험집단에 속하게 되었다고 생각하는 경우, 실험대상자는 의식적인 노력을 통해 종속변수의 변화를 가져오는데, 이러한 변화가 독립변수의 영향 때문인지 아니면 실험대상자의 의식적인 노력 때문인지 판단하는 것이 어렵다. 표본의 편중에 의한 내적타당도 저해를 막기 위해서는 무작위 표본추출을 통한 집단배치가 이루어지도록 설계되어야 한다.

(7) 실험대상의 변동(experimental mortality)

실험대상으로 선정되었던 일부 대상자가 조사기간 중에 이사, 사망, 질병, 기타 이유 등으로 탈락하는 경우에 나타나는 왜곡현상을 의미한다. 즉, 사전검사 이후 실험을 실시하는 과정에서 조사 대상의 일부가 탈락하게 되어 조사 대상의 표본구성과 특성이 조사 초기와 달라지는 경우이다. 예를 들면, 청소년의 금연프로그램에서 조절실패로 인해 대상자가 실험 포기를 하는 경우, 프로그램 수료자만을 대상으로 조사한 사후조사결과를 가지고 프로그램의 효과를 평가하는데, 이 경우 독립변수에 의한 효과인지는 정확하지 않다.

(8) 개입의 효과를 상쇄하는 보상

실험을 진행하는 경우에 있어서 통제집단에 포함된 조사 대상에게 불이익이 발생하는 경우에 불이익에 대한 보상을 다른 방식으로 제공하여 통제집단으로서의 기능을 다하지 못하는 현상을 의미한다. 예를 들면, 병원에서 어떤 약에 대한 실험을 하는 경우 통제집단이 된 대상자들이 치료의 혜택을 받지 못하는 경우가 있을 수 있다. 이 경우 병원에서는 통제집단이 된 대상자들에게 치료를 하지 못하는 부분에 대한 보상을 제공하는 경우가 있을 수 있다. 이러한 상황이 발생하면 통제집단이 진정한 통제집단으로서의 의미를 상실하게 된다.

(9) 선택과의 상호작용

표본선택의 편의(치우침)와 다른 내적타당도 저해요인과의 상호작용이 일어나서 종속변수의 변화 원인을 분명하지 않게 만드는 현상으로 표본선택의 편의와 외적 사건(역사요인)의 상호작용, 표본선택의 편의와 성장효과의 상호작용이 문제가 된다. 예를 들면, 아동 가운데 남아를 통제집단으로, 여아를 실험집단으로 구분하여 조기영어 프로그램을 실시한 후 사후검사를 하였을 때 여아들에게 더 효과가 높은 것으로 나타났다면, 이는 실험집단으로 선정된 여아가 언어습득능력의 발달에 남아보다 있어서 상대적으로 빠른 경우 성장효과에 의한 영향일 수도 있다.

02 외적타당도

외적타당도(external validity)는 결과의 일반화 정도를 의미하는데, 연구에서 서술된 인과관계가 해당 연구의 조건을 넘어서서 연구대상인 모집단으로 일반화될 수 있는 정도를 말한다. 즉, 연구결과의 적용대상과 공간적·시간적 확장이 어느 정도 적용 가능한가와 관련이 있다. 이는 조사 대상으로 선정된 표본의 대표성과 실험에 대한 반응성과 관련이 있다. 조사설계의 외적타당도를 저해하는 요인은 다음과 같다.

(1) 표본의 대표성

연구에 있어서 원칙적으로 모집단 전체를 대상으로 조사를 수행해야 하지만, 대부분의 연구에 있어서 모집단이 클 경우에는 비용과 시간적이 제약으로 인해 모집단의 일부를 선택하여 조사한 후 그 결과를 바탕으로 모집단 전체의 특성을 추론하여 이를 일반화시킨다. 모집단 가운데 조사 대상으로 선정된 일부 개체를 표본이라 하며, 모집단의 일부를 표본으로 선정하는 과정을 표본추출(sampling)이라 한다. 표본에 대한 조사를 통해서 발견된 결과를 일반화시키기 위해서는 '표본이 모집단을 얼마나 잘 대표하고 있는가'를 나타내는 표본의 대표성이 고려되어야 한다. 이처럼 조사설계의 외적타당도를 높이기 위해서는 표본의 대표성을 확보해야 하며, 이를 위해서는 표본추출방법을 적절하게 고려해야 한다. 예를 들면, 대학생들이 사회복지정책에 대해 어떻게 의식하고 있는지를 알아보기 위한 조사에서 특정지역의 대학에서 500명을 선정하여 조사하였다면, 이 표본은 전국의 모든 대학생을 대표하는 표본이라 하기에는 문제가 있다. 이 경우 전국의 여러 대학을 지역 및 기타 특성을 고려하여 무작위로 표본추출함으로써 그 대표성을 높일 수 있다.

(2) 생태적 대표성

통제된 실험상황과 실험을 통해 나온 결과가 적용되는 현실상황은 다르기 때문에 일반화하기 어려운 경우를 말한다. 즉, 시간적·공간적 특수성으로 인해 일반화에 한계가 있는 경우이다. 예를 들면, 부산에서 실험을 통해 얻어진 결과가 서울에서도 타당하게 적용될 것인가이다.

(3) 조사에 대한 반응성

조사 대상자가 연구의 대상이 되고 있음을 인식하고 있거나 실험상황 등을 민감하게 의식하여 평소와 다르게 반응을 보이게 됨으로써 실험조사에서 나타난 결과가 자연적인 상황에서 나타나지 않는 경우를 '조사 반응성'이라 한다. 실험적인 환경이나 서베이 조사에서 조사 대상들은 질문이나 실험적 상황의 의도를 파악하려 하고, 그에 대한 적절한 반응을 보이려 하는데, 이러한 조사 반응성은 조사결과의 일반화에 어려움을 준다. 특히, 조사 대상자 자신이 실험집단에 속하게 되는 경우에 자신들이 실험대상이 되고 있음을 알고 의식적인 사고를 통해 종속변수의 변화를 가져오는데, 이는 조사결과에 있어 오류를 범하게 만들고 있다. 특별한 처치를 받고 있음을 인지하고 있다는 것만으로도 발생하는 효과인 플라시보 효과(placebo effect), 실험집단에 선택되었다는 사실과 관찰의 대상이 되고 있음을 인식하고 행동함으로써 나타나는 효과인 호손효과(hawthorne effect), 그리고 선입견 등의 제한된 정보로부터 과장된 일반화를 함으로써 대상을 부정확하게 관찰하는 현상으로 '후광효과' 라고도 하는 할로효과(halo effect)가 이에 해당된다.

03 내적타당도와 외적타당도 사이의 상충성

외적타당도를 높이기 위해서는 최대한 현실과 가까운 조건에서 실험이 이루어지도록 설계해야 한다. 반면, 내적타당도를 높이기 위해서는 실험조건을 엄격히 통제해야 한다. 이처럼 조사연구의 의의를 찾고 인과관계를 정확히 밝히기 위해서는 우선 내적타당도를 높여야 하지만, 사회복지현장에서 실천적으로 문제를 해결하기 위해서는 외적타당도와의 균형을 고려해서 조사설계가 이루어져야 한다. 조사설계 유형별 내적타당도와 외적타당도를 비교하면 다음과 같다.

〈표 6-1〉 조사설계 유형별 내적·외적타당도 비교

구분	순수실험설계	유사실험설계	전실험설계	비실험설계
내적타당도	높음	중간	낮음	낮음
외적타당도	낮음	낮음/중간	낮음/중간	중간/높음

<표 6-1>에서 비실험설계는 순수실험설계에 비해 조사관련 상황이나 조건을 통제할 수 있는 방법이 없으므로 조사결과로부터 인과관계를 추정하는 것은 위험성이 크다. 비실험설계는 독립변수의 조작이나 난선화를 할 수 없으므로 내적 타당도를 저해하는 요인들을 거의 통제할 수 없어 순수실험설계나 유사실험설계보다 내적 타당도가 낮지만, 확률표집으로 표본의 대표성을 높일 수 있고 현실상황과의 적합성이 높으므로 외적 타당도는 높다고 할 수 있다.

요점정리

〈조사연구설계〉

- 조사연구를 효율적으로 수행하기 위한 구체적이고 체계적인 전략과 계획을 수립하는 과정

〈탐색적 조사연구설계〉

- 연구문제가 불명확할 때 기본적인 통찰과 아이디어를 얻기 위해서 실시하는 조사이다. 전문가의 견해, 사례나 문헌 등을 통해 주로 예비조사 형태로 실시

〈기술적 조사연구설계〉

- 현재 있는 그대로의 실태나 상황분석, 미래를 정확하게 기술하고 예측하는 것을 목적으로 하는 기술적 연구를 위한 설계
- 횡단적 조사설계는 어느 일정 시점을 기준으로 모든 관련 변수에 대한 자료를 수집하여 여러 가지 특성을 파악하는 설계
- 종단적 조사설계는 둘 이상의 시점에서 동일한 분석 단위를 대상으로 연구하는 설계

〈설명적 조사연구설계〉

- 설명적 조사설계는 인과관계를 규명하거나 인과관계를 토대로 미래의 사실에 대해 예측하기 위한 조사설계
- 인과관계 성립의 조건 : 시간적 우선성, 공변성, 비허위적 관계
- 설명적 조사설계의 구성요소 : 비교, 조작, 통제

〈내적 타당도, 외적 타당도(★)〉

- 내적 타당도 : 실험이 '과학적'. 연구결과로 한 변수가 다른 변수의 원인인지 여부를 정확하게 기술한다는 것에 대한 확신의 정도
- 내적 타당도의 저해요인 : 우연한 사고, 성장(시간적 경과), 검사, 도구사용, 통계적 회귀(양극단 값은 중앙치로 간다), 표본의 편중, 실험대상의 변동, 개입의 효과를 상쇄하는 보상, 선택과의 상호작용 등
- 조사설계와 내적 타당도와의 관계 : 통제집단이 있거나 무작위 할당의 경우 내적 타당도가 높고, 전실험이 있을 경우 내적 타당도 낮음
- 외적 타당도 : '일반화' 가능성(외부에 적용할 수 있는가?)
- 외적 타당도 저해요인 : 표본의 대표성, 생태적 대표성, 조사에 대한 반응성
- 조사설계와 외적 타당도와의 관계 : 전실험이 있으면 외적 타당도 낮음

실전문제 Korean academy of social welfale

01 내적 타당도를 저해하는 요인이 아닌 것은?

① 성숙 ② 역사적 사건 ③ 통계적 회귀
④ 대상자선정 오류 ⑤ 도구의 사용

해설 내적 타당도 저해요인

- 내적 요인 : 실험연구설계에 의한 실행과정에 직접 관련이 있는 것
- 우연한 사건(역사)
- 성숙 또는 시간의 경과
- 검사
- 도구 사용
- 통계적 회귀 : 극단적인 사람들을 실험집단으로 선택한 경우
- 실험대상자 상실
- 선택과의 상호작용
- 외적 요인 : 실험조사설계에 의한 실행과정과 관련이 없음
- 표본의 대표성, 생태적 대표성, 조사에 대한 반응성

02 사회조사에서 시간의 흐름 때문에 발생하는 조사대상 집단의 특성변화로 내적 타당성을 위협하는 요인은?

① 성숙요인 ② 역사요인 ③ 상실요인
④ 회귀요인 ⑤ 검사요인

03 인과관계의 존재를 추론하는 데 필요한 증거를 얻기 위한 최고의 수단은?

① 조사설계 ② 문헌조사 ③ 현지조사
④ 내용조사 ⑤ 관찰

04 조사설계의 기본적인 요소가 아닌 것은?

① 통제집단 ② 무작위 할당 ③ 독립변수의 조작
④ 사전-사후검사 ⑤ 변수 간의 관계

해설 조사설계의 기본요소

- 통제집단(control group)
- 무작위 할당(random assignment)
- 독립변수(실험변수)의 조작
- 사전-사후검사

05 실험대상의 무작위 할당, 실험변수의 조작, 외생변수의 통제 등 실험조건을 모두 갖춘 실험조사설계는?

정답 1. ④, 2. ①, 3. ①, 4. ⑤, 5. ①

① 순수 실험설계 ② 유사실험설계 ③ 전실험설계
④ 비실험설계 ⑤ 준실험설계

해설 실험조건 충족 정도에 따른 조사설계의 구분

- 순수실험설계 : 실험대상의 무작위 할당, 실혼변수의 조작, 외생변수의 통제를 모두 갖춘 설계
- 준실험설계 : 실험대상의 무작위 할당은 이루어지지 않고, 실험변수의 조작은 가능하거나 조작된 것과 유사하며, 관찰을 여러 번 할 수 있도록 된 설계. 실험설계의 네 요소 중 한두 요소가 결여됨
- 전실험설계 : 실험대상의 무작위 할당이 이루어지지 않고, 비교집단이 선정되지 않거나, 선정되어도 집단 간의 동질성이 확보되지 않으며, 관찰이 한두 번 정도로 제한되는 설계
- 비실험설계 : 실험대상의 무작위 할당과 실험변수의 조작이 모두 불가능한 경우

06 여러 시점에 걸쳐 이루어지는 조사가 아닌 것은?

① 경향조사 ② 동년배 집단조사 ③ 패널조사
④ 횡단조사 ⑤ 종단조사

해설 횡단조사와 종단조사

- 횡단조사 : 일정 시점에서 연령, 교육수준, 소득수준, 인종 등이 다른 인구집단을 조사
- 종단조사 : 시간의 흐름에 따라 조사대상이나 상황의 변화를 측정하며, 장기간에 걸쳐 자료수집. 패널조사, 경향조사, 동년배 조사 등이 있음

07 통제집단 사전사후 검사설계를 기본으로 하여 현실적인 이유로 실험조사설계의 네 가지 기본요소 가운데 한두 요소가 결여된 실험조사설계와 유사한 설계는?

① 준실험설계 ② 전실험설계 ③ 비실험설계
④ 순수실험설계 ⑤ 패널설계

08 사회복지 분야에서 정책적 상황요인을 조사하거나, 표적집단의 욕구나 문제, 그리고 문제해결을 위한 개입방안의 특성을 조사하는 데 활용하는 조사는?

① 설명적 조사 ② 탐색적 조사 ③ 기술적 조사
④ 종단조사 ⑤ 패널조사

해설 기술적 조사

- 정의 : 단순히 무엇이 어떠한가에 대한 해답을 구하는 것, 즉 어떠한 사건이나 현상의 모양이나 분포, 크기나 비율 등 단순 통계적인 것에 대한 해답을 구하기 위해 실시하는 조사. 조사대상의 현황을 전체적으로 나타내고, 영향요인 간에 어떠한 관계가 있는지를 파악하기 위해 실시하는 조사
- 특징

-발생 빈도나 비율을 파악할 때 사용

정답 1. ④, 2. ①, 3. ①, 4. ⑤, 5. ①

실전문제 Korean academy of social welfale

- 관련 변수 간의 상호관계성 파악
- 미래상황에 대한 예측

• 사용

- 통상적으로 탐색조사와는 달리 연구문제와 가설을 설정하고 난 이후 실시
- 기술적 조사는 종단조사와 횡단조사로 구분

09 탐색조사를 수행하기 위해 사용하는 조사유형이 아닌 것은?

① 문헌조사 ② 인과조사 ③ 경험자 조사
④ 전문가 의견조사 ⑤ 특례조사

해설 탐색조사

• 조사를 실시하기 전에 조사의 현실적 가능성, 조사대상에 대한 접근 가능성, 자료수집의 가능성, 표본추출의 실질성, 조사과정의 관리가능성 등에 관하여 실제로 탐색하는 조사
• 탐색 조사하는 방법에는 문헌조사, 경험자 조사 내지 전문가 의견조사, 특례조사 등이 있음

10 OECD 국가의 연금기금 변화를 수년간에 걸쳐 조사하는 것은 어느 유형의 조사에 속하는가?

① 횡단조사 ② 종단조사 ③ 미시조사
④ 전문가 의견조사 ⑤ 특례조사

해설

• 경향조사 : 장기간에 걸쳐 동일한 주제에 대해 반복해서 면접이나 관찰을 행하지만, 응답자는 매번 조사할 때마다 동일하지 않게 이루어지는 조사. 패널조사와 유사하나 조사대상이 매번 동일한 대상자가 아니라는 점에서 차이가 있음

11 서울특별시에서는 2003년 11월 1일부터 11월 10일까지 10일간에 걸쳐 서울특별시에 거주하는 장애인 전체에 대하여 장애인 각각의 사회경제적 특징과 복지욕구를 1회 조사한 후 장애인의 사회경제적 특징이 장애인복지욕구에 미치는 영향을 분석하고 현재 실시되고 있는 장애인복지제도의 내용을 개선하려 하고 있다. 이러한 조사와 관련이 없는 조사는?

① 응용조사 ② 설명적 조사 ③ 횡단조사
④ 미시조사 ⑤ 표본조사

해설 응용조사

• 응용조사는 조사결과를 직·간접적으로 사회 현상에 응용함으로써 문제의 해결이나 개선을 하기 위해 수행하는 조사를 의미

정답 9. ②, 10. ②, 11. ⑤

- 응용조사의 동기는 조사결과를 사회구성원이 안고 있는 실제 문제를 해결하기 위해 구체적으로 이용하는 데 있음
- 사회복지 분야에서 응용조사는 사회복지 프로그램이나 정책대안들이 보다 효과적이고 효율적으로 실시되도록 하기 위한 지식이나 자료를 획득하기 위해 종종 실실됨

미시조사

- 분석단위가 개인이거나 개별적 개체인 조사. 반면, 거시조사는 주(states)와 같은 큰 지역이나 사람들의 집합체를 대상으로 비교하는 조사

  예) 경기도 내 특정 아동복지시설에 수용 중인 아동의 심리적 특성을 하나하나 조사하는 경우는 조사단위가 아동 개인이기 때문에 미시조사에 해당

12 2003년 12월 토익시험에서 상위 1%(99%)에 들고, 2004년 3월에는 16% (84%)에 들었다. 이를 어떻게 설명할 수 있는가?

① 모방　② 검사　③ 통계적 회귀
④ 성숙　⑤ 성장요인

13 인과관계에 관한 설명으로 옳지 않은 것은?

① 원인변수와 결과변수가 동시에 존재하며, 상호독립성을 가지고 변화한다.
② 원인이 결과보다 시간적으로 우선하여야 한다.
③ 일반적으로 개방시스템을 전제로 한다.
④ 결과를 발생시키는 원인이 여러 가지가 있을 수 있다.
⑤ 이론이 확률적일 수밖에 없다.

해설 인과관계의 개념

- 원인변수와 결과변수가 동시에 존재하며, 상호연관성을 가지고 변화
- 원인이 결과보다 시간적으로 우선
- 미시 매개체 수준을 전제로 하지 않음
- 일반적으로 개방시스템을 전제로 함
- 결과를 발생시키는 원인이 여러 가지가 있을 수 있으므로 외생변수의 통제가 필요

14 마약경험이 없이는 마약중독이란 있을 수 없지만, 마약경험이 있다고 해서 항상 마약중독이 되는 것은 아니다. 마약경험과 마약중독 간의 관계로 옳은 것은?

① 마약경험은 마약중독의 충분조건이다.
② 마약경험은 마약중독의 필요조건이다.
③ 마약경험은 마약중독의 필요-충분조건이다.
④ 마약경험은 마약중독의 후행조건이다.
⑤ 마약경험과 마약중독 간에는 상관관계만 존재한다.

정답 12. ③, 13. ①, 14. ②

실전문제 Korean academy of social welfale

해설 필요조건, 충분조건, 필요충분조건

- 필요조건 : X가 Y의 필요조건이면, X 없이는 Y는 존재하지 않지만 X의 존재가 항상 Y의 존재를 의미하지는 않음
- 충분조건 : X가 Y의 충분조건이면, X의 존재는 Y의 발생에 영향을 미치지만 Y는 X가 없어도 발생할 수 있음
- 필요충분조건 : X가 일어나지 않으면 Y는 일어나지 않고, X가 일어나면 Y는 언제나 일어남

15 어떤 현상이 특정한 방식으로 변화할 때마다 다른 현상도 특정한 방식으로 변화하면 이들 두 현상은 인과적으로 관련되어 있다고 간주하는 인과관계 추리방법은?

① 일치법 ② 공변법 ③ 차이법
④ 잔여법 ⑤ 일치-차이병용법

해설 공변법

- 어떤 현상이 특정한 방식으로 변화할 때마다 다른 현상도 특정한 방식으로 변화하면, 이들 두 현상은 인과적으로 관련되어 있다고 간주한다.

16 다음 사례에 드러난 내적 타당도 저해요인은?

보기

학업성적이 지극히 낮은 아동을 대상으로 방과후 교실을 6개월간 시행한 결과, 이 아동의 학업성적이 상승하였다.

① 우연한 사건 ② 시간적 경과 ③ 검사
④ 통계적 회귀 ⑤ 실험대상자 상실

해설

- 학업성적의 향상은 프로그램 실시의 영향일 수도 있지만 더 이상 학업성적이 낮아질 수 없는 극단의 아동을 실험집단으로 했기 때문일 수도 있음

17 내적 타당도를 저해하는 외적 요인의 통제방법으로 옳게 짝지어진 것은?

① 무작위 할당-배합-통계적 통제
② 무작위 표집-배합-통계적 통제
③ 무작위 할당-변수조작-실험실 통제
④ 무작위 표집-배합-실험실 통제
⑤ 무작위 표집-변수조작-통계적 통제

정답 15. ②, 16. ④, 17. ①

실전문제

Korean academy of social welfale

해설 내적 타당도 저해요인 중 외재적 요인 통제방법

- 배합 : 배합은 설정된 가설상의 독립변수와 종속변수에 영향을 미칠 것이라고 가정하여, 조사자가 사전에 알고 있는 외생변수를 실험집단과 통제집단에 동등하게 배치하여 외생변수의 영향을 동등하게 함으로써 실험집단과 통제집단을 동일하게 만드는 방법
- 무작위 할당 : 무작위 할당(배치)은 연구대상자를 실험집단 및 통제집단에 무작위로 배치하는 방법으로, 두 집단이 동질적인 집단이 될 가능성을 가장 높이는, 즉 외생변수를 가장 효과적으로 통제하는 방법
- 통계적 통제 : 일종의 사후통제방법으로 실험이 이루어진 후에 통제를 시도함. 통제해야 할 변수들을 독립변수로 간주하여 실험연구설계에 포함시키고 실험을 실시한 후 결과를 분석하는 데 통계적으로 그 영향을 통제

정답 17. ①

|사|회|복|지|조|사|론|

CHAPTER

07

실험조사설계와 단일사례조사설계

|RESEARCH| |METHODS| |FOR| |SOCIAL| |WELFARE|

|RESEARCH| |METHODS| |FOR| |SOCIAL| |WELFARE|

SECTION 01 실험조사설계

01 실험조사설계의 의의

1) 실험조사의 의의

실험 조사는 한 개 이상의 독립변수와 한 개 이상의 종속변수 간의 인과관계를 밝히는 연구방법이다. 즉, 독립변수를 조작하여 종속변수에 대한 개입의 효과를 측정하는 것이다. 자연과학에서는 실험실에서 이루어지는 연구만 실험연구로 보지만, 사회과학에서는 자연상황에서 일어나는 여러 현상을 조작, 통제하면 실험연구로 본다. 실험조사는 현상의 원인과 결과의 관계를 밝히므로 현상을 잘 설명할 뿐만 아니라 예측도 할 수 있기 때문에 사회과학 분야에서 가장 활발하게 사용한다.

실험이라 하면 물리학이나 화학 등 자연과학에서의 실험을 연상한다. 자연과학에서의 실험은 실험실 내에서 실험연구의 대상이 되는 변수에 영향을 미칠 수 있는 다른 요인들을 통제하여 독립변수와 종속변수의 인과관계를 확인하는 과학 탐구의 원형이라 할 수 있다. 사회과학에서는 자연과학에서의 인과관계 탐구방법의 원리를 도입하여 사회현상에서의 인과관계를 탐구하는 과학적 연구방법으로 실험조사연구설계를 사용하고 있다.

실험의 특징을 살펴보면 다음과 같다(이창희 외, 2007).

첫째, 실험은 효율적이고 효과적으로 변수를 조작하고 통제하려는 것이다. 즉, 실험은 변수 분산을 통제하고, 독립변수의 분산을 최대화하며, 외생변수를 통제하고,

오차분산을 최소화하기 위한 연구이다.

둘째, 실험은 연구대상에 대한 여러 변수 간의 인과관계를 주로 파악한다.

셋째, 실험은 보다 체계적이고 정밀하게 인과관계를 파악하고, 독립변수를 의식적으로 조작한다.

넷째, 실험은 문헌조사, 경험조사, 사례조사 등과 같은 사후연구와 구별된다. 실험은 미래지향적이기 때문에 앞으로 일어날 변수관계에 대해 파악한다.

넷째, 실험은 실태조사의 성격을 가지면서도 사후연구의 성격을 갖는 현장연구와 구별된다. 현장연구는 관찰에서 변수의 통제가 어렵지만, 실험은 변수의 조작과 통제가 가능하다.

2) 실험조사설계의 의의

실험조사설계는 자연과학에서와 같은 실험의 원리를 적용하여 독립변수와 종속변수에 영향을 미칠 가능성이 있는 다른 변수의 영향을 통제하여 독립변수가 종속변수에 인과적인 영향을 미치고 있는가를 확인하기 위한 과학적인 탐구방법이다. 즉, 실험조사설계는 높은 내적 타당성을 갖춘 조사설계로 독립변수가 종속변수에 인과관계를 갖고 있음을 증명하는 데 필요한 비교, 조작, 통제라는 세 가지 요소로 구성되어 있다. 비교 방법을 통하여 두 변수가 상관관계가 있는지를 확인할 수 있으며, 조작 방법을 통하여 독립변수를 의도적으로 적절한 시기에 개입하여 전후관계를 확인할 수 있으며, 제3변수로의 개입 가능성이 있는 변수들을 통제함으로써 인과관계를 설명할 수 있다. 실험조사설계의 기본논리는 한 변인(독립변수)이 두 번째 변인(결과 또는 종속변수)에 변화를 일으킨다는 인과관계 가설로 시작하며, 사전검사에서 종속변수를 측정하고 독립변수를 도입하여, 종속변수의 값에 변동이 있었는가를 재측정하는 것이다.

실험조사설계의 일반 절차를 살펴보면 [그림 7-1]과 같다(Nachmias & Nachmias, 1981; 최성재, 2005).

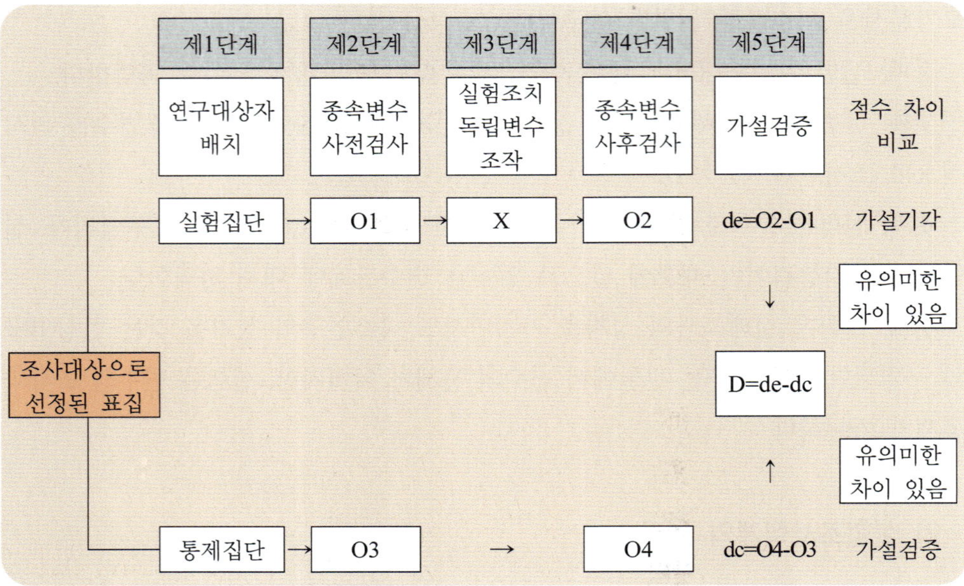

[그림 7-1] 실험조사설계의 기본절차

① 대상선정 : 연구대상을 선정한다.

② 실험환경 선정 : 실험을 실시할 환경을 선정한다.

③ 무작위 표집 : 연구대상자를 무작위로 표집한다.

④ 무작위 할당 : 연구대상자로 추출된 표본을 무작위로 실험집단과 통제집단에 배치한다.

⑤ 사전검사 : 연구대상자의 특성인 종속변수에 대한 사전검사를 실험집단과 통제집단에 실시한다.

⑥ 실험처치 : 실험집단에 대해서만 실험처치를 실시하고 통제집단에 대해서는 실험처치를 하지 않는다.

02 실험조사설계의 유형

실험조사설계는 외생변수의 통제 정도와 독립변수의 조작, 그리고 대상선정의 무작위화에 따라 실험설계, 준실험설계, 전실험조사설계, 그리고 비실험설계의 네 가지로 구분한다. 한편, 실험상황에 따라 실험실 실험과 현장 실험으로 구분하기도 한다. 실험실 실험은 연구자가 연구목적을 위해 인위적으로 구성된 장소에서 실험을 실시한다. 실험실 실험은 비교적 측정이 정확하여 외생변수의 통제가 가능하기 때문에 내적 타당도가 높으나 인위적 상황과 계량화를 강조한다는 단점을 가지고 있다. 반면, 현장 실험은 자연상황에서 실시한다.

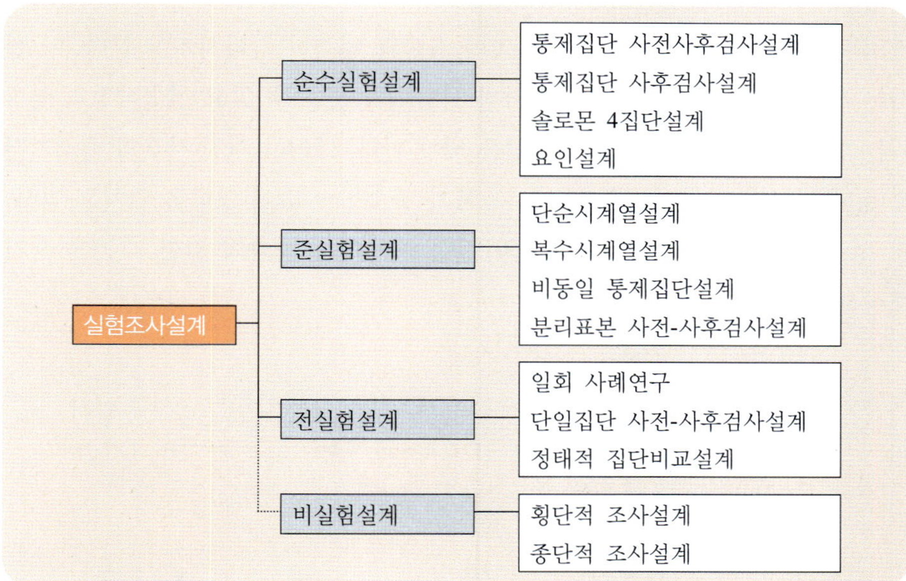

[그림 7-2] 실험조사설계의 유형

1) 진실험설계(순수실험설계)

실험설계는 조사의 목적상 해당변수(원인변수)들만 선별하여 엄격한 외생변수의 통제 하에서 그 변수(실험변수)를 조작함으로써 인과관계를 밝히기 위한 것이다. 순수실험설계에는 통제집단 사전-사후검사설계, 통제집단 사후설계 및 솔로몬 4집단설계가 있다.

(1) 통제집단 사전-사후검사설계(Pretest-Posttest Control Group Design)

하나의 통제집단과 하나의 실험집단이 있고, 이들 집단에 사전-사후검사를 하는 실험설계이다. 사전-사후설계에서는 연구대상자를 실험집단과 통제집단을 무작위로 배치하고 각각 집단의 사전검사를 한 뒤 실험집단에게만 개입을 한다. 다음으로 사후검사 후 각각 집단의 사전-사후 차이를 비교하는 것이다. 이 설계는 통제집단이 있으므로 개입에 의한 변화와 외생변수로 인한 변화를 따로 구분하여 인과적인 관계를 파악할 수 있다. 만약 개입의 영향력이 전혀 없다면 통제집단과 실험집단의 차이는 없고 실험적 차이가 통제차이보다 적다면 인과적인 영향력이 질적이거나 외부영향력의 방향과 상반됨을 의미한다. 그러므로 통제집단에 대해서는 실험변수(개입)의 영향이 전혀 미치지 않도록 실험집단과 엄격히 격리시켜야 한다. 이 설계에서는 두 번의 측정기간 사이에 역사적 사건이 발생할 수 있고 성숙과정의 영향이 생기는 단점 때문에 짧은 시간에 실험을 해야 한다. 그러나 사전-사후의 측정기간이 짧으며, 응답자가 기억하는 등의 검사자체가 종속변수 값에 영향을 미치는 검사 효과가 생긴다. 뿐만 아니라 사전검사와 실험 개입의 효과와의 결합 때문에 생기는 상호작용효과도 있을 수 있다.

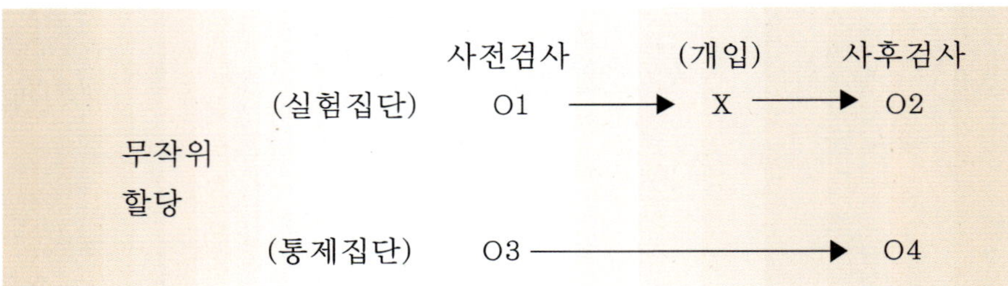

[그림 7-3] 통제집단 사전-사후검사설계

[그림 7-3]에서 통제집단 사전-사후검사설계는 두 집단의 무작위할당을 통해 외생변수의 영향이 동일하게 작용할 것이라는 가정 하에서 이루어진다. 이처럼 대부분의 외생변수는 통제가 가능하지만, 검사와 실험 개입의 조합 때문에 생기는 상호작용 효과는 제거할 수 없다. 예를 들어, 개입의 효과를 측정하고자 하는 특정프로그램이 자존감을 높이려는 목적이 있다는 것을 프로그램 실시 전에 이미 알고 있다면 연구대상자들은 프로그램의 실시 후에 실제와 달리 매우 높은 점수를 받을 가능성이 많다. 따라서, 실험의 결과를 일반화하는 데 있어서 한계가 될 수 있다.

'장애인복지관을 이용하는 장애인들을 대상으로 한 집단활동 프로그램이 장애인의 삶의 질을 높이는 데 효과적일 것이다'라는 가설을 검증하기 위한 실험 조사연구가 있다고 가정해 보자. 장애인복지관 이용 장애인 중 30명을 무작위로 선정하여 실험집단과 통제집단에 15명씩 배치하여 두 집단에 대해 사전검사(삶의 질 수준)를 실시한 뒤 실험집단에 사회복지사의 지드로 일주일에 한 번씩 집단활동 프로그램 실시(개입)한다. 4주일 후에 양 집단에 대해 사후검사(삶의 질 수준)를 실시한 뒤 실험집단과 통제집단의 삶의 질 점수를 비교하여 실험집단의 전후 차이가 높으면 통계적으로 유의미한 차이가 있는 것으로 판단되어 집단활동 프로그램이 장애인의 삶의 질을 높이는데 영향을 미친 것으로 가설을 검증할 수 있다.

(2) 통제집단 사후검사설계

통제집단 사후검사설계(Posttest-Only Control Group Design)는 통제집단 사전-사후검사설계의 변형된 형태로서 사전검사를 하지 않는 형태이다. 사전검사를 하지 않기 때문에 검사 및 검사와 개입의 상호작용에 의한 영향은 자동적으로 배제되고, 두 집단을 무작위로 선정함으로써 외생변수의 영향을 동일하게 받는 것으로 가정할 수 있기 때문에 내적타당도를 저해하는 요인들을 통제할 수 있다. 두 집단의 사후검사 점수 간의 차이는 검사자극과 통제되지 않는 외적 변수의 영향력을 나타낼 것이다.

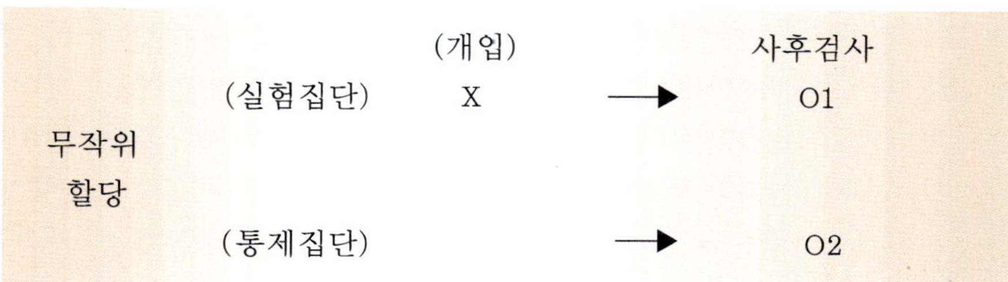

[그림 7-4] 통제집단 사후검사설계

[그림 7-4]에서 통제집단 사후검사설계는 무작위로 선정되어 배치됨으로써 두 집단은 동일하다고 가정할 수 있으나, 사전검사가 이루어지지 않음으로써 두 집단의 성격을 정확히 알지 못하는 단점이 있다. 즉, 종속변수의 효과가 단지 독립변수의 영향에 의한 것으로 단정할 수 없다. 이러한 단점에도 사회복지현장에서는 사전검

사가 불가능한 경우 또는 연구대상이 적은 경우에 실험이 가능하다는 점에서 널리 활용되고 있다.

'자원봉사자가 사회복지사의 지도를 받으면 업무만족도가 높아질 것이다'라는 가설을 검증하기 위한 실험설계가 있다고 가정하자. 사회복지관 자원봉사자 40명을 실험집단과 통제집단에 20명씩 무작위 배치하여 실험집단은 일정기간 동안 자원봉사 프로그램을 실시한 뒤, 두 집단에 대해 프로그램 만족도에 대해 사후검사하여 결과를 비교하는 것이다.

(3) 솔로몬 4집단설계

솔로몬 4집단설계(Solomon Four Group Design)는 통제집단 사전-사후검사설계와 통제집단 사후검사설계를 결합한 형태로 통제집단 전후비교설계의 단점인 사전조사로 인한 영향을 통제하기 위해 통제집단 후비교설계의 사전조사를 실시하지 않는 실험 및 통제집단을 추가하여 4개 집단으로 구성한 형태이다. 사전검사를 한 실험집단과 통제집단의 사후검사의 평균과 사전검사를 하지 않는 실험집단과 통제집단의 사후검사의 평균을 비교하고, 처치를 한 실험집단과 통제집단의 사후검사의 평균과 처치를 하지 않는 실험집단과 통제집단의 평균을 비교한다.

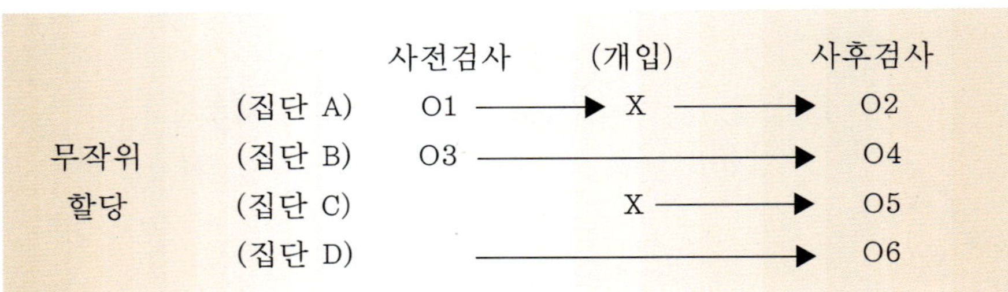

[그림 7-5] 솔로몬 4집단설계

[그림 7-5]에서 솔로몬 4집단설계는 가능한 모든 외생변수를 통제하기 위해 A, B, C, D 4개의 집단을 모두 무작위로 선정하여 A, B집단에 대해서는 사전조사를 실시(통제집단 전후비교설계의 논리)하고, C, D집단에 대해서는 실시하지 않는다(통제집단 전후비교설계의 논리). 또한, A, C집단은 실험집단으로 실험처치를 가하고 B, D집단은 통제집단의 성격으로 실험처치를 가하지 않는다. 사전검사의 영향을 제거

하여 내적 타당도를 높일 수 있고, 사전검사와 개입과의 상호작용의 영향을 배제할 수 있다는 것이 장점이다. 그러나 4집단의 설계는 연구대상의 확보, 많은 검사기간, 실험상의 통제 등의 여러 실질적인 문제가 따른다. 뿐만 아니라 여섯 번의 측정결과를 분석하는 통계적 방법이 없으므로 분석에 어려움이 따른다. 즉, 설계가 복잡하고 집단의 수가 많음으로써 집단 간의 분리가 잘 이루어질 수 없는 경우 효과적인 실험을 할 수 없다.

'장애인복지관 이용 장애인들을 대상으로 한 집단활동 프로그램이 장애인의 삶의 질을 높이는 데 효과적일 것이다'라는 가설을 검증하기 위한 실험설계에서 장애인복지관 이용 장애인 60명을 무작위로 선정하여 15명씩을 난선화로 4개 집단에 배치하고 A, B 두 집단에 대해서만 삶의 질 수준을 사전검사한 뒤 A, C 두 집단에 대해서는 집단활동 프로그램을 실시하고, B, D 두 집단에 대해서는 실시하지 않는다. 4주 후에 4개 집단 모두에 대해 다시 삶의 질 수준을 사후검사를 실시하여 실험결과를 측정하는 경우가 해당된다.

(4) 요인설계(Factorial Design)

독립변수가 두 개 이상일 경우, 각 독립변수의 범주의 조합에 따라 해당되는 특성을 가질 수 있는 모든 집단의 수만큼 할당 행렬을 만들고 난선화 방법에 의해 실험집단으로 설정하여 각각에 대해 독립변수의 특성에 따른 실험처치를 적용하고 결과를 비교하는 설계형태이다. 이 설계의 장점으로는 검사결과의 일반화가 높아 외적타당도가 높으며, 두 독립변수의 상호작용의 효과를 파악할 수 있다. 이때, 상호작용이란 한 독립변수의 영향이 다른 독립변수의 상황에 따라 달라지는 것을 의미한다. 반면, 독립변수가 많은 경우 이들 범주의 조합에 따라 많은 실험집단을 설정해야 하므로 복잡하고 시간과 비용이 많이 들게 되는 단점이 있다.

'금연문제의 해결을 위한 치료방법에 있어서 상담방법(또래상담, 개별상담)과 상담시기(오전, 오후)에 따라 치료의 효과가 달라질 것이다'라는 가설 검증에서 독립변수는 상담방법 및 상담시기 두 가지이다. 실험집단, 즉 또래상담 오전시간(A), 또래상담 오후시간(B), 개별상담 오전시간(C), 개별상담 오후시간(D)의 네 개로 구성할 수 있다. 각 집단별 특성에 따라 여러 차례 상담을 실시하고, 사후검사를 실시하여 집단 간의 효과성을 측정하여 비교하는 경우가 해당된다. 요인설계에서는 각 집단의 차이는 변량분석(ANOVA) 통계기법을 활용한다.

		개입	사후검사
	(집단 A)	X1	O1
무작위	(집단 B)	X2	O2
할당	(집단 C)	X3	O3
	(집단 D)	X4	O4

[그림 7-6] 요인설계

2) 준실험설계(유사실험설계)

실험조사설계의 기본요소인 통제집단과 실험집단, 처치의 조작, 사전-사후검사를 갖춘 순수한 실험을 설계할 수가 없을 때, 즉 한 개 이상의 요소가 결여된 부분적 실험설계를 '준실험' 또는 '유사실험'이라 한다. 준실험설계(quasi-experimental design)는 실험대상과 실험변수 처치 시기의 무작위화가 불가능한 실제상황에서 가능한 한 외생변수를 통제하고 실험변수의 효과를 검증하고자 할 때 주로 이용된다. 그러므로 실험상황은 아니더라도 실험실 상황과 유사한 효과를 얻을 수 있다. 준실험설계는 실험결과의 측정시기 및 특정대상의 통제만 가능하고 실험변수의 노출시기 및 노출대상은 연구자 임의대로 되지 않으므로 통제집단이 실험집단과 동일한 특성을 갖추기가 어렵다. 또한 실험설계에서 필수적으로 요구되는 실험집단과 통제집단의 무작위 할당이 없고, 엄격한 통제집단이 활용되지 않는다. 준실험설계에는 단순시계열설계, 복수시계열설계, 비동일 통제집단설계, 분리표본 사전-사후설계 등이 있다.

(1) 단순시계열설계

단순시계열설계(Time-series Design)는 단일집단을 대상으로 몇 차례의 사전검사를 실시한 후 개입프로그램을 진행시키고 다시 사후검사를 몇 차례 실시한 후 실험변수의 효과에 대해 검증하는 방법이다. 즉, 특정처치(X)를 하기 전에 여러 번의 측정값을 조사하고 나서 처치 후 다시 여러 번의 측정값을 비교함으로써 개입 전후를 비교하는 것이다. 이 설계는 실험변수처치의 효과가 발생하는 시기를 알 수 없을 때나 종단적 연구의 경우에 많이 이용된다.

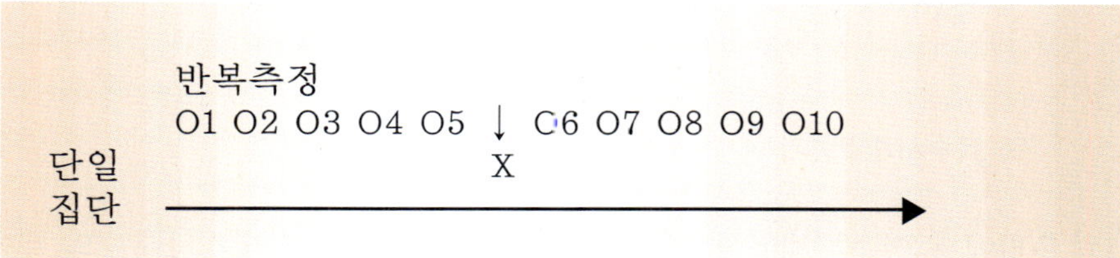

[그림 7-7] 단순시계열설계

[그림 7-7]에서 단순시계열설계는 비교집단을 설정하기 곤란한 경우에 한 집단만을 대상으로 독립변수의 조작 전에 여러 번 이상씩(그림에서는 다섯 번) 검사하고 독립변수 도입 후에 몇 번 이상씩(보통 세 번 이상)을 검사하여 전후의 점수를 비교한다. 이 설계는 독립변수 도입 이전에 있어서 종속변수의 상태를 일정한 시간간격을 두고 여러 차례 관찰함으로써 독립변수 도입 이전의 종속변수의 상태를 알 수 있으며, 독립변수 도입 이후에도 종속변수의 상태를 일정한 시간간격을 두고 관찰이 이루어짐으로써 독립변수 도입 이후의 종속변수 상태도 알 수 있다. 이를 바탕으로 독립변수 도입 전후의 상태를 비교함으로써 변화가 나타났다면 이를 독립변수의 효과에 의한 것으로 간주한다.

단순시계열설계에서는 내적타당도를 저해하는 대부분의 요인들을 통제할 수 있지만, 역사 요인(history)과 같은 외적 사건은 통제가 어렵기 때문에 인과관계를 추정하는 데 상당한 어려움이 있다. 또한, 독립변수 도입 이전에 실시하는 반복검사로 인하여 검사요인과 독립변수가 상호작용을 일으켜 인과관계가 특정조사에만 나타날 수도 있는 단점이 있다.

(2) 복수시계열설계

복수시계열설계(Multiple Time-series Design)는 실험집단과 통제집단을 구성하여 한 집단에 대해서는 독립변수 도입 전후에 여러 번 관찰하고, 다른 한 집단에 대해서는 독립변수의 도입(실험처치) 없이 여러 번 관찰하여 종속변수의 변화를 비교하는 방법이다.

		사전검사	개 입	사후검사
임의적 할당	(실험집단)	O1 O2 O3	X	O4 O5 O6
	(통제집단)	O7 O8 O9		O10 O11 O12

[그림 7-8] 복수시계열설계

[그림 7-8]에서 단순시계열설계의 우연한 사건 등에 의한 내적타당도의 문제를 보완하기 위해 통제집단을 단순시계열설계의 구조에 추가한 것이다.

(3) 비동일 통제집단설계

비동일 통제집단설계(Non-equivalent Control Group Design)는 실험연구설계의 통제집단 사전-사후검사설계와 유사하지만 비교집단이 무작위로 선택되지 않고 임의적인 방법에 의해 선정되는 설계형태이다. 즉, 무작위 이외의 방법으로 실험 및 통제집단을 선정하여 사전검사를 실시한 뒤, 실험집단에는 독립변수를 도입하고 통제집단에는 도입하지 않고서 두 집단에 대해 사후검사를 실시함으로써 그 효과를 비교하는 것이다. 사전검사를 실시함으로써 집단의 동질성에 대해 통제할 수 있다. 그러나 두 집단 간의 통제가 명확하게 이루어지지 않고, 표본의 편중이 외적 사건, 성장, 검사 등과 상호작용을 일으켜 내적타당도를 저해할 수 있으며, 표본의 편중과 독립변수의 상호작용, 조사반응성 등으로 인하여 외적타당도 역시 상당히 저해될 수 있는 가능성이 있다. 사회복지분야에서는 프로그램의 효과성을 평가하는 데 많이 이용된다.

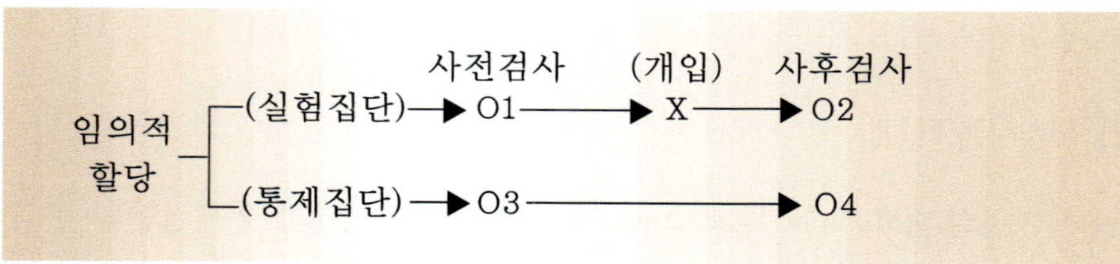

[그림 7-9] 비동일 통제집단설계

(4) 분리표본 사전-사후검사설계

분리표본 사전-사후검사설계(The Separate-Sample Pretest-Posttest Design)는 무작위 방법으로 두 집단을 설정하지만, 사전검사나 사후검사가 동시에 이루어지지 않고 독립변수를 조작할 수 없다는 점에서 실험설계와 다른 점을 가지고 있다. 전실험조사설계의 단일집단 사전-사후설계와 유사한 점이 많지만, 검사효과 및 검사와 독립변수와의 상호작용 효과를 배제할 수 있다는 점에서 단일집단 사전-사후설계보다 효과적이다.

		사전검사	개 입	사후검사
무작위 할당	(집단 A)	O1	(X)	
	(집단 B)		X	O2

[그림 7-10] 분리표본 사전-사후검사설계

3) 전실험설계(원시실험설계)

전실험설계(Pre-experimental design)는 연구자가 실험변수를 조작하기 어려우며 실험변수의 노출시기를 결정하거나 실험대상을 무작위로 선정할 수 없는 설계이므로 엄격한 의미에서는 실험설계라 볼 수 없다. 전실험설계는 가설의 검증보다는 문제의 도출을 위하여 즉, 전실험설계는 변수간의 관계를 인과적인 것으로 타당화시킬 수 있는 구조를 갖추고 있지 못하므로 순수한 실험조사를 수행하기 이전에 시험적으로 실시하는 탐색조사에 적절하다.

(1) 일회 사례연구

일회 사례연구(One-shot Case Study)는 실험변수에 노출된 단일집단에 대해 사후적으로 결과변수를 검사하는 방법으로 실험변수의 조작이나 집단의 무작위화가 이루어지지 않으며 실험자가 임의로 실험대상을 선정하는 형태이다. 즉, 어떤 단일집단에 대해 특정독립변수(실험조치)의 조작을 한 후에 그 집단의 종속변수를 검사하여 그 효과를 측정하는 방법이다.

	개입		사후검사
단일집단	X	⟶	O1

[그림 7-11] 일회 사례연구

[그림 7-11]에서 단일집단에 대한 한 번의 사후검사에 의해서 개입(X)의 효과를 측정하기 때문에, 변수의 결과를 비교해 볼만한 다른 경험적인 준거를 가지고 있지 않기 때문에 개입의 효과에 대해서는 연구자의 직관적인 판단에 의존하게 된다. 이처럼 비교할 경험적인 근거가 부족하고 종속변수의 변화는 독립변수의 조작 이외의 다른 많은 요인에 의해서 일어날 수 있기 때문에, 이러한 설계형태는 인과관계를 추정하는데 신빙성이 약해서 탐색적 목적의 연구에 유용하다.

(2) 단일집단 사전-사후검사설계(One Group Pretest-Posttest Design)

일회 사례연구에 사전검사를 추가한 설계형태로 연구대상으로 한 집단만을 선정해서 실험처치가 이루어지기 전에 사전검사를 하고 처치를 가한 후에 사후검사를 실시하여 두 검사결과의 차이를 살펴봄으로써 개입의 효과를 측정하는 방법이다. 단일집단 사전-사후검사설계는 시간적인 우선성과 비교의 기준이 존재한다는 점에서 개입(X)으로 인한 효과를 추정하는 데 필요한 최소한의 조건을 충족시킬 수 있다. 그러나 단지 한 집단에 대한 사전-사후검사를 실시하여 그 결과를 비교하기 때문에 외부적인 요인들의 영향을 모두 통제할 수 없다. 또한 이 설계는 외생변수들의 개입 여부를 배제하지 못한다는 단점이 있다. 단일집단 전후비교설계를 도식화하여 나타내면 다음과 같다.

	사전검사		(개입)		사후검사
단일집단	O1	⟶	X	⟶	O2

[그림 7-12] 단일집단 사전-사후검사설계

(3) 정태적 집단비교설계

정태적 집단비교설계(Static Group Comparison Design)는 무작위화에 의해서 집단을 선정하는 것이 아니라, 독립변수를 경험한 집단과 그렇지 않은 집단에 대하여 사후검사를 실시하고 두 집단의 측정결과를 비교하는 방법이다. 이 설계는 개입이 끝난 후 한 특정시점에서 개입이 있었던 집단과 없었던 집단 간에 어떤 차이가 있는지를 살펴보는 방법이다. 이 실험설계는 대상을 두 집단으로 나누어 측정하였기 때문에 외적 사건이나 검사효과, 도구효과, 통계적 회귀 등의 내적타당도 저해요인을 일부 제거할 수 있으나, 대상 및 집단의 선정이 무작위로 이루어지지 않기 때문에 집단 자체의 차이가 통제되지 않는다. 그러나 이 설계형태는 실험이 간편하고 시간과 검사비용이 적게 들기 때문에 사회과학분야에서 많이 쓰이고 있다. 따라서 정태적 집단비교설계로는 조사결과에 의해서 변수 간의 인과관계를 추정하는데 한계가 있다.

	개입		사후검사
연구집단	X	——→	O1
비교집단		——→	O2

[그림 7-13] 정태적 집단비교설계

4) 비실험설계

연구의 관심이 되는 현상, 즉 독립변수 또는 종속변수로 될 수 있는 현상 가운데 이미 발생하여 조작이 불가능하게 되어버린 것(교육, 연령, 역사적 사건, 사회복지 프로그램 등), 처음부터 결정되어 조작이 불가능한 것(성별, 인종 등), 윤리적 및 사회적 이유 등으로 조작이 불가능한 것(수입, 사회적 계급, 거주 지역, 질병 등), 오랫동안 형성되어 속성으로 된 것(태도, 성격, 가치관 등) 등이 존재한다. 이처럼 현실적으로 이러한 조사설계를 적용할 수 없는 경우가 많이 존재하는데, 현상 간의 관계를 연구하는 데 독립변수의 조작이 불가능하고 난선화도 불가능한 경우에 적용되는 조사설계를 비실험설계(Non-experimental design)라고 한다.

비실험설계에서는 종속변수를 먼저 관찰하고 독립변수를 종속변수의 관찰 전후 또는 동시에 관찰하게 되는데, 독립변수와 종속변수를 동시에 관찰하는 경우가 많이 나타난다. 또한 비실험설계는 독립변수를 직접적으로 조작할 수 없을 뿐만 아니라 다른 조건들도 통제할 수 있는 방법이 불가능하므로 가설에 대한 확신 정도가 낮다. 따라서 가설 설정이 없는 비실험설계에서 발견된 변수 간의 관계를 해석할 때에는 신중해야 한다. 비실험설계는 독립변수를 조작할 수 없다는 점, 조사대상을 난선화에 의해 무작위로 선정할 수 없다는 점, 부적절한 해석을 할 위험성이 있다는 점에서 한계가 있다. 따라서 비실험설계는 인과관계를 규명하는 연구에서는 적합하지 않은 조사설계이다. 비실험설계의 유형에는 앞서 언급한 횡단적 조사설계와 종단적 조사설계 등이 있으며, 자료수집방법이 서베이 조사(인구주택총조사, 지역사회 욕구조사 등)인 경우에 주로 적용한다.

SECTION

02 단일사례조사설계

01 단일사례조사설계의 개념

단일사례조사(single case study)는 개인, 가족 및 소집단을 대상으로 다양한 사회복지프로그램에 의한 개입이 어떠한 효과를 가져오는지 과학적으로 입증하는 방법이다. 단일사례조사는 준실험설계에 속하는 시계열설계를 사례수가 1인 단일대상에 적용한 것이다. 그러므로 표본의 크기, 분석단위, 표집요소 등은 모두 1이다. 단일사례조사는 1960년대 중반 행동수정연구가 싹트던 시기에 많이 활용되었고, 1970년 이후 사회복지실천 분야에 도입되어 크게 발전되었다. 단일사례조사는 사회복지실천의 효과성을 평가하고 사회사업지식의 개발을 이끌어 내는 유용한 방법으로 사용되어 왔다. 여러 번의 반복된 측정을 통해 문제해결시기와 방법 및 과정을 알 수 있다. 또한 단일사례조사로 사회복지 프로그램의 효과를 평가할 수도 있는데, 이 프로그램에서 서비스를 제공하는 사회복지사들이 클라이언트의 치료결과를 모두 모아서 하나의 집단결과를 낼 수도 있다. 이처럼 사회복지프로그램에 의한 개입이 문제해결에 작용하고 있는지를 평가하는 것은 사회복지실천이론을 과학화시키는 데 있어서 핵심적인 과제라 할 수 있다. 이러한 문제의 대안으로서 단일사례조사는 단일대상에 대한 개입의 효과를 평가하는 데 있어서 과학적으로 증명하는 방법으로 인정되어 사회복지현장에서 널리 적용되고 있다.

단일사례조사를 사용하기 위해서는 세 가지 기본조건이 필요하다. 그것은 클라이언트의 목적을 잴 수 있도록 정하고, 타당도와 신뢰도가 있는 결과 측정도구를 선택해야 하며, 결과를 그래프로 나타낼 수 있어야 한다(Williams et al, 1995). 단일사례조사에서 유용한 연구문제 형태는 개입이 효과를 보이고 있는가, 개입이 모든 문제를 해결하는가 아니면 부분만을 해결하는가, 개입이 효과를 보려면 얼마나 걸리겠는가, 개입이 수행되는 방법이 다양하다면 그 효과는 무엇인가, 개입의 효과는 얼마나 지속되는가, 개입의 효과는 다른 상황에도 일반화될 수 있는가이다. 그러므로 단일사례조사는 인과관계의 검증보다는 개입의 효과성을 입증하는데 초점이 있음을 알 수 있다.

02 단일사례조사설계의 특성

기존의 조사설계들은 대개 연구과정 중에 사용되기 힘들고, 개입이 끝난 후에 그 결과를 두고 평가하게 되지만, 단일사례연구는 개입이 계획되고 실행되는 모든 과정 속에서 개입의 효과성에 대해 지속적인 피드백들을 제공해 준다. 단일사례조사는 시계열설계의 논리를 단일대상에 적용한 것이라 할 수 있으며, 조사연구의 과정과 실천과정이 통합될 수 있다는 점에서 의의를 찾을 수 있다.

1) 개입의 효과성 검증

단일사례조사는 표적행동에 대한 개입의 효과를 관찰하여 분석하는 것으로, 변수 간의 인과관계 검증보다 개입방법의 효과를 검증하는데 초점을 두고 있다. 따라서 클라이언트의 문제들을 표적행동으로 명확히 규정하는 것이 필요하다.

2) 반복측정

단일사례조사는 경향과 변화를 알 수 있도록 반복적인 관찰을 한다. 하나의 사례를 대상으로 반복되는 측정을 통해 종속변수(변화시키고자 하는 표적)값의 변화를 관찰하여 개입이라는 독립변수의 효과를 파악한다. 반복측정을 통해 자료를 수집하는 것은 통제집단을 대신한다는 점에서 좋은 대안이기는 하지만, 반복측정 자체에서 야기되는 조사 대상자의 반응성과 같은 문제들이 발생할 수 있으므로 유의해야 한다.

3) 통제집단과 실험집단의 동일

단일사례조사는 개입 전의 경향을 통제적인 상태로 보고 개입 중 또는 후의 상태를 실험처치 후의 상태로 보아 실험설계의 통제집단 사후검사설계와 같은 논리를 추구한다. 개입 전의 일상적인 상태를 알 수 있을 정도로 여러 번의 관찰을 한다면 이는 동일한 통제집단을 설정하는 것과 같은 효과를 얻을 수 있다.

4) 개입방법의 즉각적인 수정 가능

단일사례조사는 개입 도중 효과를 반복적인 과정을 통해 측정할 수 있으므로 효과가 없는 개입은 수정하여 효과적인 방안을 강구할 수 있다.

5) 개인이나 집단 모두 적용가능

단일사례조사는 개인, 가족이나 특정집단, 지역사회 모두 사례가 될 수 있으며, 사례 수는 '1'이라는 특징을 지닌다. 가족이나 집단 또는 지역사회가 하나의 사례가 되는 경우, 구성원들 각각의 개별적인 정보들은 평균이나 전체빈도 등으로 요약되어 단일한 사례로 취급된다.

03 단일사례조사의 구조

모든 단일사례조사는 두 가지의 기본적인 단계로 구성된다. 하나는 개입 전 단계인 기초선 단계로서 'A'로 표시하며, 다른 하나는 개입단계로서 'B'로 표시한다. 구체적 형태는 기초선 단계(A)와 개입단계(B)의 결합 순서에 따라 다르게 나타난다.

1) 기초선 단계(Baseline Phase)

연구자가 개입활동을 실시하기 전에 클라이언트의 표적행동의 정도를 관찰하는 기간을 의미하며, 이를 기초선(baseline)이라고 한다(Anastas & MacDonald, 1994). 기초선을 설정하는 이유는 개입이 없는 상태에서 클라이언트의 문제정도를 정확히 파악함으로써 개입으로 인하여 어떻게 변화가 되었는지를 알아보기 위해서이다.

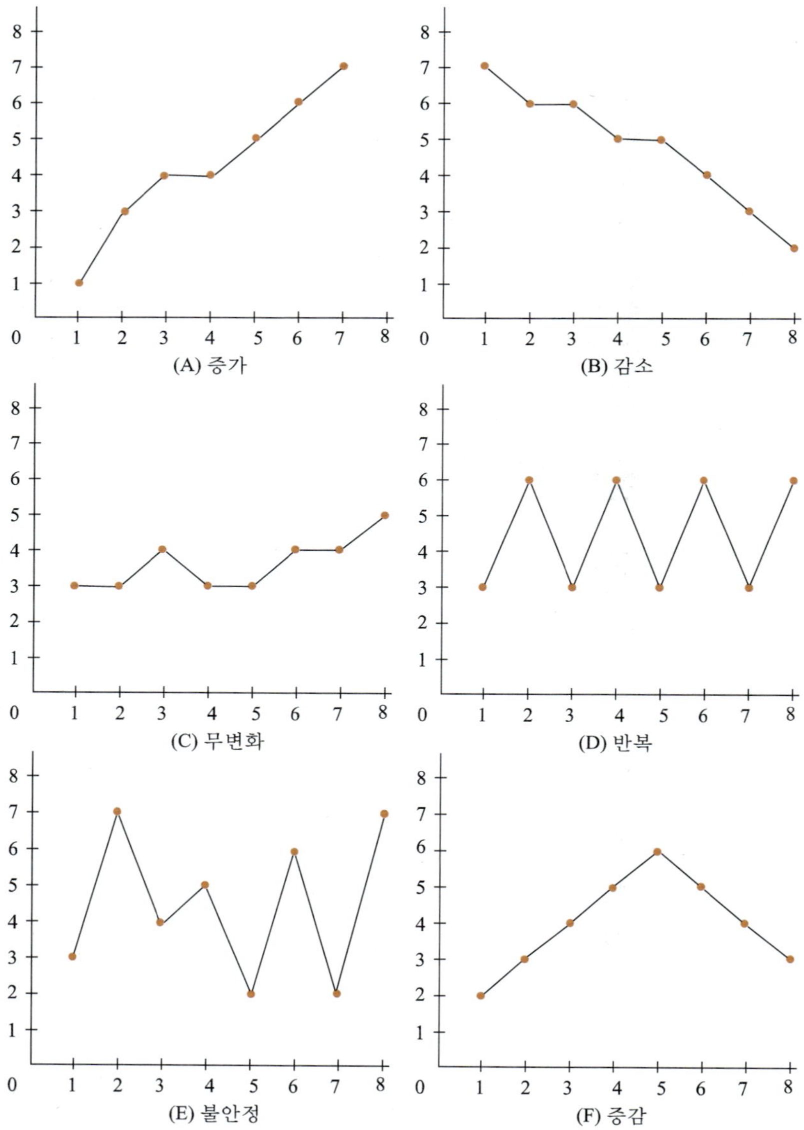

[그림 7-14] 다양한 기초선의 경향

[그림 7-14]에서 표적행동(종속변수)의 유형이 A는 증가, B는 감소, C는 변화가 없으며, D는 같은 형태가 반복되고, E는 주렷한 경향을 알 수 없으며 F는 증감형태이다. 개입 전의 표적행동이 일시적인 변화를 벗어나 안정적인 유형(C)을 보일 때까지 기초선 단계의 측정회수를 늘여야 하지만, 현실적인 제약조건 때문에 기초선 연장이 불가능한 경우가 많다. 그러나 충분히 관찰이 이루어질 때 단일사례조사의 내적타당도가 향상되기 때문에, 적어도 3회 이상의 기초선 측정을 계획하는 것이 바람직하다.

2) 개입단계(Intervention Phase)

이 단계에서는 표적행동에 대한 개입활동이 이루어지며, 표적행동의 상태변화에 대한 관찰이 병행되어야 한다. 측정회수 또는 기간은 기초선 단계와 같은 정도로 하는 것이 바람직하다. 개입단계는 일반적으로 'B', 'C', 'D'로 표시한다.

04 단일사례조사의 과정

1) 문제의 확인 및 정의

연구대상자가 지닌 문제를 먼저 확인해야 하며, 이 과정에서 연구대상자의 주요 문제는 자신이 직접 확인하거나, 아니면 가족 또는 이웃 등에 의해서 확인될 수 있어야 한다. 해결되어야 할 문제가 복잡하고 다양한 경우, 일차적으로 한 가지 또는 두 가지 정도에 초점을 맞추는 것이 필요하다. 해결되어야 할 문제가 확인되고 나면 그 문제는 구체적이고 명확히 규정되어야 한다. 문제가 구체적이고 명확하게 정의되지 못하면, 개입목표를 명확히 설정할 수 없고 문제해결의 과정이 성공적이지 못하다.

2) 사정(assessment) 및 진단(diagnosis)

확인된 문제가 무엇과 관련되어 있는가를 이론적 측면에서 검토하는 것이다. 문헌연구를 통해 개입방법과 연구대상자가 지닌 문제 사이의 관계에 대해 기술한다. 개입의 효과성을 높이기 위해서는 연구대상자의 문제해결에 적합한 개입을 제공하는 것이 매우 중요하기 때문에, 선택한 개입방법이 연구대상자의 문제해결에 효과적인 방법인지를 선행연구 등을 통해 살펴보아야 한다. 아울러 문제해결을 위한 변수를 선정해야 하며 선정된 변수의 속성 중 어느 측면을 측정할 것인지 결정해야 한다.

3) 개입목표 및 표적행동의 설정

문제를 구체적으로 명확히 규정한 후 개입의 목표를 설정해야 한다. 목표는 문제를 제거하거나 문제의 영향을 감소시키거나 또는 문제에 관련된 요인들을 조정하도록 하는 것이다. 이러한 개입의 목표를 관찰 가능한 것으로 조작화하는 대상을 표적행동이라고 한다. 단일사례조사에서 신뢰성 있는 자료들을 산출해 내기 위해서는 먼저 표적행동을 명확하게 규정하는 조작화가 중요하다. 표적행동의 변화를 유발하는 요인이 되는 개입을 독립변수라고 한다면, 표적행동은 개입에 의하여 변화가 나타나는 것이므로 종속변수가 된다. 이러한 종속변수로서의 표적행동은 객관적 특정이 가능한 표출된 행동을 선택하는 것(예 : 가출횟수, 반사회적 행위의 빈도 등)이 좋지만, 때로는 개인의 내면적인 상태(예 : 우울증, 불안, 스트레스 정도 등)가 표적이 될 수 있는데, 이런 경우에는 측정 가능한 여러 지표나 척도들을 활용해야 한다.

4) 조사설계

개입의 목표와 표적행동이 설정되고 나면, 문제를 해결하기 위한 개입의 구체적인 설계(AB, ABA, BAB, ABAB, ABCD형 등)가 수립되어야 한다. 조사설계의 내용에는 구체적인 설계형태, 기초선의 시기와 횟수, 개입의 시기와 기간, 자료 수집방법, 자료의 출처, 자료기록방법 등이 포함되어야 한다.

5) 조사실시

선택된 조사설계에 의하여 개입 전후 및 개입 중에 자료를 수집한다. 수집된 자료는 도표나 그래프로 표시하고 자료의 변화 경향을 검토해야 한다. 검토결과 변화가 없는 것으로 판명되면 개입의 계획 또는 방법 등을 수정할 수 있다.

6) 개입의 평가(자료 분석)

자료 수집이 완료되고 이에 따른 도표나 그래프가 완성되면 일차적으로 도표에 나타난 사항을 토대로 시각적 변화분석, 통계적 분석, 그리고 임상적 관점에서 실질적 분석을 통하여 개입의 효과성을 평가한다.

05 단일사례조사의 유형과 특성

단일사례조사의 구조를 설명하는데 있어서 일반적으로 기초선 단계는 'A'로 표시하고, 개입단계는 'B'로 표시하며, 단일사례조사의 구체적 형태는 A와 B의 결합 순서에 따라 다양하게 나타난다.

1) AB조사(기초선-개입단계)

AB조사는 가장 단순한 단일사례조사의 형태이며, 하나의 기초선 단계(A)와 개입단계(B)로 구성된다. A단계에서는 아무런 개입이 없는 상태에서 표적행동의 변화에 대한 관찰이 이루어지고, B단계는 표적행동에 대한 개입이 이루어진 이후의 변화에 대한 관찰결과이다. 이것은 통제집단 사후검사설계의 논리로서, A단계의 자료 수집은 통제집단의 역할에 속하고 B단계의 자료 수집은 실험집단의 의미를 가진다. 각 단계마다 관찰시점별로 관찰결과를 연결하여 그래프로 표시하여 시각적 변화를 관찰한다.

AB조사는 다른 변수들이 전혀 통제되지 않는 상황에서 조사를 실시하는 것이므로 표적행동의 변화가 반드시 개입에 의한 것이라고 확신할 수 있는 정도가 낮다. 개입 전후 표적행동의 변화를 여러 번 관찰했을지라도 이러한 변화가 개입 때문에 일어났다고 확신하기 어렵기 때문에 신뢰도가 낮다. 이러한 AB조사의 한계에도 불구하고 설계의 편리성 때문에 사회복지실천 현장에서 상당히 유용하게 사용될 수 있다. AB조사의 한계점들은 충분히 반복적으로 측정하고, 동일한 개입에 대한 다양한 AB조사의 연구결과들이 일관성을 보인다면 개입의 효과성을 입증할 수 있다.

[그림 7-15]에서 시간이 흐름에 따라서 표적행동(흡연 행위)의 빈도에 변화가 있는지를 알아보기 위한 20회의 관찰 중, A단계(기초선)와 B단계(개입 이후)가 각각 10차례씩 관찰된다. A단계에서 안정적인 경향을 보이다가 개입이 이루어진 이후 B단계에서 표적행동(흡연 행위)의 빈도가 감소하는 추세를 나타내고 있다. 따라서 이 사례에서는 개입 이후 급격히 개선되고 있기 때문에 개입이 매우 효과적임을 알 수 있다.

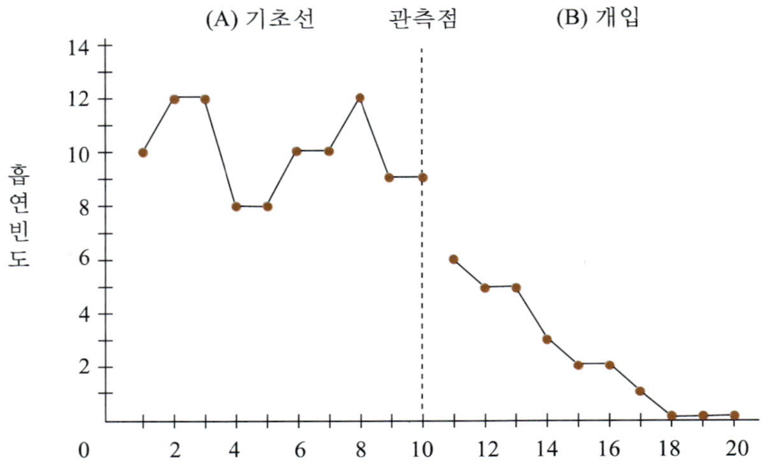

[그림 7-15] 비행청소년에 대한 개입효과 평가(표적행동 : 흡연빈도)

2) ABAB조사(기초선-개입단계-제2기초선-개입단계)

ABA조사는 AB조사에 개입을 중단하는 A단계를 추가하여 AB설계의 단점을 보완한 형태로, 첫 번째 기초선 단계(A)와 개입단계(B) 관찰 이후 개입을 중단한 두 번째 기초선 단계를 설정하여 표적행동을 관찰한다. 이 설계는 두 번째 기초선 단계에서 표적행동이 악화되는 현상을 보이면 개입단계에서의 표적행동 변화는 개입의 효과적이었다고 추정할 수 있다. 반면, 윤리적인 이유로 인해 실제 적용상에 문제가 제기되기도 한다. 즉, 충분한 개입기간을 갖지 않고 효과측정을 위해 도중에 개입을 중단한다는 점과 개입을 중단한 상태로 설계를 종료한다는 점에서 윤리적 문제를 일으키기도 한다. 두 번째 기초선 단계에 표적행동이 다시 악화되지 않는 상황이 발생한다면 문제해결의 측면에서는 바람직하지만, 개입의 효과를 판단하기는 어렵다. 즉, 개입을 중단했음에도 불구하고 표적행동이 악화되지 않는 것은 개입 이외의 다른 요인이 변화를 일으키거나, 개입효과가 지속적으로 작용하고 있음을 의미하는데, 두 가지 경우 가운데 어떤 것인지 판단하기 어렵다.

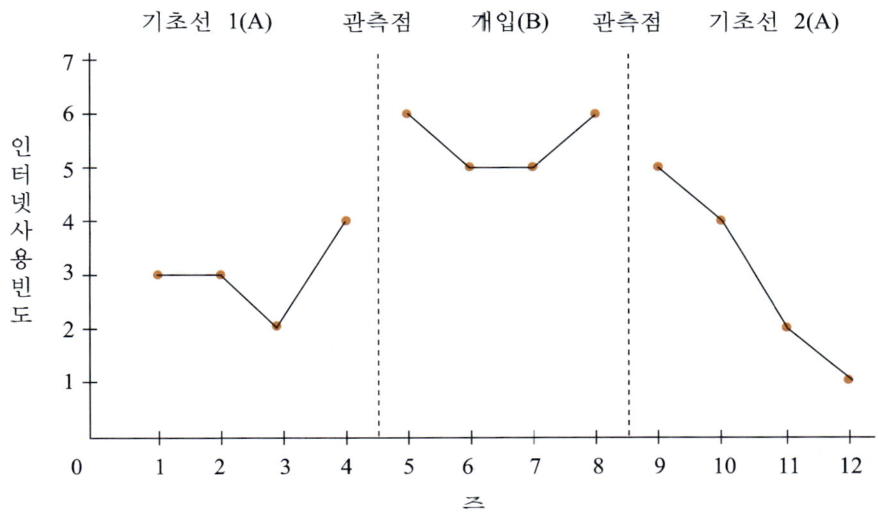

[그림 7-16] 인터넷 중독 학생에 대한 개입효과 평가(표적행동 : 인터넷사용빈도)

[그림 7-16]에서 보듯이 첫 번째 기초선 단계 이후 개입단계에서 표적행동(인터넷사용빈도)의 개선을 보였으나, 개입이 중단된 두 번째 기초선 단계에서는 초기상태로 되돌아갔음을 볼 수 있다. 따라서 이 사례는 개입이 표적행동(인터넷사용빈도)의 개선에 상당한 효과를 미치고 있음을 시사한다.

3) ABAB조사(기초선-개입단계-제2기초선-개입단계)

ABAB조사는 ABA조사의 두 번째 기초선 단계(개입을 중단한 단계)에 이어서 다시 개입을 재개하는 B단계를 추가한 형태이며, 따라서 '반전(reversal)조사' 또는 '철회(withdrawal)조사'라고도 한다. 즉, 외생변수의 영향을 효과적으로 통제하기 위해 기본적인 설계형태인 AB조사에 또 하나의 AB조사(두 번째 기초선 단계와 두 번째 개입단계)를 추가한 구조이다. 이 조사에서는 개입을 하지 않은 상태와 개입을 한 상태를 두 번 관찰함으로써 개입이 변화를 신뢰할 수 있다. ABAB조사는 개입의 효과를 가장 높이 확신할 수 있기 때문에 사회복지실천 현장에서 유용하게 사용될 수 있는 설계이다. 반면, ABAB조사는 첫 번째 개입의 효과가 반전기간(두 번째 기초선 단계)과 두 번째 개입단계에서도 똑같이 지속되는 경우에는 원인을 찾는데 어려움이 있으며, 개입을 시작한 후 중단하는 것이 어려워 설계대로 시행하는 것이 불가능하거나, 첫 번째 개입단계에서 효과가 있음에도 불구하고 연구목적을 위해 개입을 중단하고 일정기간 관찰한 후 다시 개입을 재개하는 것은 비윤리적이라는 문제점을 가지고 있다.

[그림 7-17]에서 보듯이 개입을 반복할 때마다 표적행동(생활만족도)의 상태가 개선되고 있음을 알 수 있다. 두 번째 기초선 단계에서 반전이 없는 것은 외부적 사건이 변화를 가져왔다는 의미가 아니라, 개입을 중단했음에도 불구하고 개입의 효과가 지속됨을 보여준다.

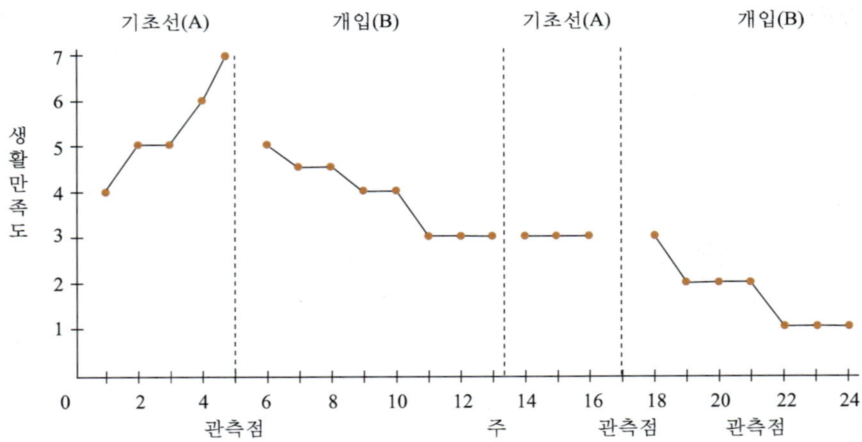

[그림 7-17] 기초생활수급노인에 대한 개입효과 평가(표적행동 : 생활민족도)

4) BAB조사(개입단계-기초선 단계-개입단계)

BAB조사는 기초선 단계의 설정 없이 개입을 먼저하고, 다시 개입을 중단하는 반전의 단계를 거쳐 다시 개입을 실시하는 형태이다. 이 설계는 기초선 단계를 설정할 시간적 여유 없이 개입해야 하는 사례에 적절한 설계형태로서, 사회복지실천 현장에서 위기개입과 같이 긴급하게 개입해야 할 경우에 유용하게 활용될 수 있다.

ABAB조사보다는 약하지만 반복된 개입을 통해서 상당한 정도로 개입의 효과를 가져올 수 있다. 그러나 기초선 단계에서 개입 이외의 다른 요인이 변화를 일으킬 수도 있고, 개입의 효과가 지속적으로 나타나는 경우 개입의 효과를 평가하기 어렵다.

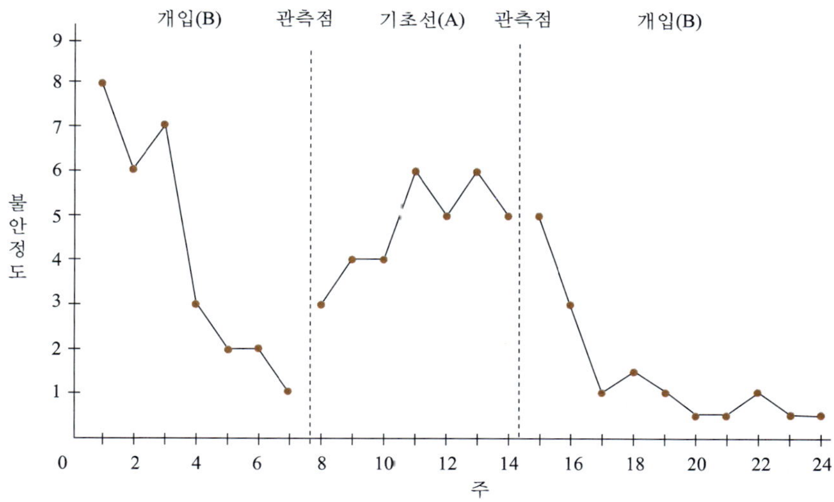

[그림 7-18] 심리적 위기상황에 대한 개입효과 평가(표적행동 : 불안정도)

[그림 7-18]에서 보듯이 심각한 위기상황(불안)에서 개입(B)을 먼저 실시한 후에, 개입의 효과성을 확보하기 위하여 반전(A)단계를 7주간 가지고 다시 10주간 개입을 실시한 사례임을 알 수 있다. 그래프를 통해 볼 때, 개입으로 인하여 불안정도가 상당히 낮아졌음을 알 수 있다.

5) ABCD조사(기초선 단계-서로 다른 개입방법사용 단계)

이 설계는 하나의 기초선 자료에 대해서 다수의 각기 다른 개입방법(B, C, D)을 연속적으로 도입하는 형태로 '다중요소설계'라고도 한다. ABAB설계에서처럼 개입 도중에 기초선 단계를 재설정하고, 그 후에 다시 동일한 개입을 재개하는 것이 아니라, B, C, D라는 각기 다른 개입하는 것이다. 클라이언트에게 도움이 되지 않는 개입을 수정하거나 특정한 개입방법이 실제로 표적행동에 변화를 가져오는지 설명하고자 할 때 유용하다. ABCD설계는 융통성이 있어서 연속적인 단계에서 입증된 대로 개입계획을 변경할 수 있다. ABCD설계의 문제점으로는 이월효과, 순서효과, 우연한 사건 등이 있다. 이월효과는 아래 [그림 8-6]에서 D 개입방법만 효과가 있는 것으로 나타났지만, B와 C 개입방법의 효과가 얼마간의 시간이 지난 후에 D단계에서 나타났을 수도 있고, B와 C 개입방법이 D와 상호작용하여 상승효과를 일으킨 것일 수도 있다. 따라서 각각의 개입방법들이 개별적으로 적용되었을 때에도 동일한 결과를 가져올 것인지 알 수 없다. 순서효과는 D 개입방법을 B 또는 C와 순서를 바꾸어 적용했다면 D 개입방법의 효과가 없는 것으로 나타났을 수도 있다. 즉, 개입방법이 BCD 순서로 적용되었기 때문에 D단계에서 효과를 나타냈을지도 모른다. 우연한 사건은 B, C, D 개입방법이 실제로 모두 효과가 없지만, D 개입방법의 개입 직전 또는 개입과정에서 우연한 외부적 사건 등이 개입되어 효과를 나타냈을 가능성도 있다.

[그림 7-19]에서 보듯이 기초선 단계(A), B, C, D 개입방법을 각각 4주간 실시한 사례로서 시각적 차원에서 볼 때, D 개입방법이 표적행동의 개선에 효과가 있음을 알 수 있다.

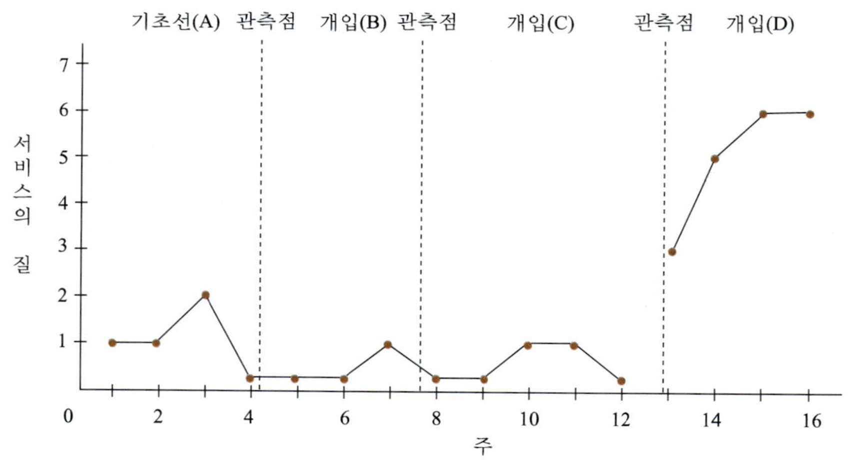

[그림 7-19] 생활시설장애인의 서비스의 질에 대한 개입효과 평가(표적행동 : 서비스의 질)

6) 복수기초선 조사

복수기초선 조사는 몇 가지 AB설계들로 구성되며, 둘 이상의 기초선 단계를 설정하지만 개입을 중단하는 것이 아니라, 둘 이상의 기초선을 동시에 시작함으로써 윤리적 문제점을 개선하면서 개입과 표적행동 변화 간의 인과적 관계를 확실히 추정할 수 있는 방법이다. 복수기초선 조사는 하나의 동일한 개입방법(AB조사)을 복수의 문제(표적행동), 복수의 상황, 복수의 대상자들에게 반복적으로 적용하여 같은 효과를 얻음으로써 표적행동에 대한 개입효과를 추정하는 데 신뢰성을 높이려는 것이다. 복수의 개입단계를 사용하지만 개입은 각 기초선의 서로 다른 관찰점에서 도입된다. 적용대상에 따라 문제 간 복수기초선 조사, 상황 간 복수기초선 조사, 대상자 간 복수기초선 조사로 구분할 수 있다.

(1) 문제 간 복수기초선 조사

하나의 특수한 개입방법이 같은 상황에서 같은 대상자가 가진 두 가지 이상의 문제를 해결하는데 효과가 있는지를 평가하기 위한 방법이다. 예를 들면, 행동에 문제가 있는 7세 여아를 관찰하여 문제를 추출하여 부모로 하여금 아동행동 관리프로그램에 따라 개입방법을 실시한다. 각각의 문제별로 기초선의 설정을 달리하여 개입한다.

(2) 상황 간 복수기초선 조사

하나의 특수한 개입방법이 같은 대상자의 같은 문제를 두 가지 이상의 다른 상황에서 치료하는데 효과가 있는지를 평가하기 위한 방법이다. 예를 들면, 고등학생 B군이 각 상황(등교시간, 귀가시간, 귀가 후 공부시작 시간)별로 약속시간을 제대로 지키지 않는 문제를 가지고 있어서, 시간을 지키면 특별히 용돈을 더 주기로 한다. 각각의 상황별로 기초선의 설정을 달리하여 개입하는 경우이다.

(3) 대상자 간 복수기초선 조사

특정 개입방법이 같은 상황에서 같은 문제를 가진 두 명 이상의 다른 대상자에게 적용될 때 개입방법의 효과를 평가하는 방법이다. 편식하는 습관을 가진 아동 세 명에게 싫어한다고 했던 음식을 먹는 횟수에 따라 컴퓨터 게임을 할 수 있는 시간을 늘려 주기로 한다고 가정할 때 각각의 아동별로 기초선의 설정을 달리하는 경우가 해당된다.

06 개입의 평가

단일사례조사에 의해 도출되는 자료들을 분석 및 평가하는 방법은 시각적 변화분석과 통계학적 분석, 임상적 관점에서의 실질적 분석으로 구분할 수 있다.

1) 시각적 변화분석

시각적 변화분석은 기초선 단계와 개입단계를 그려 놓은 도표나 그래프를 보면서 개입 이전에 비해 개입 이후의 표적행동에 있어서 어떠한 변화가 있었는지를 분석하는 방법이다. 그래프 등 시각적 자료를 바탕으로 일차적 경향과 수준의 변화를 해석하는 시각적 변화분석은 변화의 파동(variability), 변화의 경향(trend), 변화의 수준(level)을 고려해서 파악해야 한다.

(1) 변화의 파동(variability)

관찰된 표적행동의 특성이 시간의 경과에 따라 파동을 일으키며 변화되는 정도를 의미한다. 변화의 파동이 심한 경우에는 관찰의 횟수가 많아야 변화의 일정한 유형을 판단할 수 있다. 설계의 각 국면 내에서 변화의 파동이 적을수록, 그리고 관찰의 횟수가 많을수록 개입의 효과를 확실히 판단할 수 있다.

(2) 변화의 경향(trend)

기초선의 변화 경향을 개입기간의 변화 경향과 연결시켜 검토하는 것을 말한다. 기초선 단계와 개입단계 동안에 점진적인 증가나 감소가 일어날 수 있는데, 이러한 경우 경향의 방향이 일치하면 개입의 영향을 판단하기 어렵지만 서로 상반되면 판단하기 쉽다.

(3) 변화의 수준(level)

관찰된 표적행동의 특성이 나타내는 점수의 위치를 말하는 것으로, 기초선 단계의 수준과 개입단계의 수준 사이에 차이가 클수록 개입의 효과에 대한 확신이 높아진다.

2) 통계학적 분석

통계학적 분석은 시각적 변화분석을 보충하기 위한 것으로, 자료에서 나타나는 변화들이 통계학적으로 의미 있는 것인지 아닌지를 판단하는 분석방법이다. 개입단계에서 나타나는 변화들이 기초선 단계에서의 경향에 근거해서 볼 때 우연히 나타날 수 있는 정도인지 아닌지를 판단하는 것이다.

(1) 평균 비교

기초선 단계에서 나타나는 측정치들의 평균과 개입단계 측정치의 평균값들을 비교하는 방법이다. 기초선 단계의 평균을 기준으로 개입단계의 평균이 기초선의 평균으로부터 어느 정도만큼 벗어나 있으며, 그것이 통계학적으로 의미가 있는지를 판단하는 것이다. 대개, 개입단계의 평균이 기초선 단계의 평균에서 ±표준편차의 2배 이상 벗어난다면 통계적으로 유의미한 차이가 있다고 간주한다.

(2) 경향성 접근

기초선 단계가 불안정하게 형성되어 있어서 일종의 경향성을 가지고 있을 때에는 단순한 평균 비교가 어려울 때 경향성 접근방법으로 분석한다. 이 방법도 평균 비교와 마찬가지로 기초선 단계의 정보를 토대로 개입단계와의 차이를 평가하는 것이지만, 경향선은 변화의 폭과 기울기까지를 동시에 고려할 수 있다는 장점을 가지고 있다.

(3) 임상적 관점에서의 실질적 분석

표적행동의 변화가 검증된 개입과 연관되어 있다면 그 변화가 임상적 관점에서도 중요한가를 평가하는 것이다. 시각적 변화분석이나 통계학적 분석을 통하여 개입에 의해 변화가 발생하였다는 것을 확인할지라도, 그것이 실질적으로 어떤 가치를 지니고 있는지 분석해야 한다. 시각적·통계학적 변화가 클라이언트에게 의미 있는 변화를 가져왔는지를 여러 가지 현실적인 문제들을 고려하여 개입의 변화를 파악하는 것이 필요하다.

07 자료기록방법

단일사례조사는 체계적인 자료의 수집과 분석으로 완료되며, 이때 자료는 개입 전, 개입 도중, 개입 후에 있어서 표적행동의 변화를 비교할 수 있도록 계량화되어 기록되어야 한다.

1) 자료기록 규정

단일사례조사에 있어서의 자료기록방법은 조사 실시 전에 미리 결정되어야 하고, 표준화된 양식에 의하여 관찰되고 기록되어야 한다. 표적행동에 대한 구체적인 판단기준과 자료기록규정을 조사시작 전에 준비하여야 하는데 이를 행동관찰규정이라 한다. 여기에는 표적행동에 대한 조작적 정의, 기록원칙, 기록의 예 등이 포함된다.

2) 관찰 및 기록자의 선정

표적행동은 직접적인 관찰에 의하여 기록되어야 한다. 관찰기록자는 개입상황에서 자연적으로 관찰이 가능한 자, 개입의 자연적 환경에 속하지 않는 외부관찰자, 조사연구자 또는 클라이언트 자신이 될 수도 있다. 외부관찰자를 사용하는 경우에는 비용이 많이 들고, 조사상황이 외부관찰자로 인해 변화되어 개입에 영향을 미칠 가능성이 존재하므로 신중해야 한다. 어떤 형태의 자료측정과 기록방법을 선택하든지 단일사례조사에서는 반복적인 측정이 필수적이며, 반복측정 과정에서 관찰자의 존재로 인해 나타나는 효과 등, 즉 연구대상자들의 반응성을 최소화하는 것이 타당성 있는 자료를 산출하는데 매우 중요하다. 단일사례조사의 자료 관찰 및 자료기록방법은 시간간격 기록, 빈도 기록, 지속시간 기록, 정도 기록, 간헐적 점검 기록, 영구적 생산물 기록 등 6가지로 구분할 수 있다.

(1) 시간간격 기록(interval recording)

일정한 관찰기간을 동일한 간격의 시간으로 나누어 조사 대상자의 표적행동을 기록하는 방법이다. 즉, 정해진 시간간격 내에 표적행동이 일어났느냐 일어나지 않았느냐를 기록하는 것으로, 빈도가 아주 높은 행동의 관찰에 적합하다. 이 때, 시간간격이 짧으면 짧을수록 더 정확히 관찰될 수 있다. 정해진 시간간격 내에서 처음 일어나는 행동만 기록하고, 그 후에 일어난 것은 기록하지 않는다.

(2) 빈도 기록(frequency recording)

정해진 관찰기간 동안에 일어난 모든 표적행동의 회수를 기록하는 방법이다. 빈도 기록은 시간간격 기록보다는 쉬운 방법으로, 빈도가 높은 행동이나 낮은 행동 모두에 대해서 관찰 및 기록이 가능하다. 관찰기간을 길게 할 수 있는 것이 특징이다.

(3) 지속시간 기록(duration recording)

정해진 관찰기간 동안에 모든 표적행동이 나타난 이후 지속된 시간을 직접 관찰하여 기록하는 방법이다. 지속시간 기록은 표적행동의 지속시간이 관심의 대상이 될 때 사용되며, 일반적으로 빈도와 같이 관찰된다.

(4) 정도 기록(magnitude recording)

정해진 관찰기간 내에 발생한 표적행동의 양, 수준 또는 정도 등을 관찰하여 미리 설정한 정도 측정 척도에 의하여 판단하여 정도를 나타내는 수치를 기록하는 방법이다.

(5) 간헐적 점검 기록(spot check recording)

특정의 관찰시간을 정하여 관찰하는 순간에 표적행동이 나타나고 있는지 아닌지를 기록하는 방법으로 간헐적인 관찰을 통해 기록한다. 간헐적 점검 기록은 가장 쉬운 기록방법으로, 점검시간을 정하는 것은 연속되는 시간 가운데 적절한 시점을 선택할 수도 있다. 이 방법은 사회적 상호작용, 놀이, 노동 등 오래 지속되는 행동이나 빈도가 높은 행동을 관찰하는 데 적절하다.

(6) 영구적 생산물 기록(permanent product recording)

영구적 생산물 기록은 표적행동의 발생여부에 대해 반드시 직접적으로 관찰을 필요로 하지 않으며 표적행동에 의하여 만들어진 결과를 관찰하여 표적행동이 일어났음을 확인함으로써 이루어진다. 이 방법은 기록이 남는 행위 등의 관찰에 적합하다. 출석기록, 범죄행위기록 등은 직접행위를 관찰하지 않고 그 기록을 보고 행위를 판단할 수 있는 좋은 예라 할 수 있다.

요점정리

〈실험조사〉

- 실험조사설계 : 과학적 조사방법, 실천적인 조사방법
- 실험조사설계의 기본요소 : 비교, 독립변수의 조작, 외생변수의 통제, 실험대상의 무작위화
- 실험조사설계 기본절차 : 대상선정 → 실험환경 → 무작위표집 → 무작위할당 → 사전검사→ 실험조치 → 사후검사 → 비교-검증

〈실험조사설계의 유형(★)〉

- 실험설계(순수실험설계) : 내적타당도를 저해하는 요인들을 최대한 통제한 설계. 통제집단, 무작위할당, 독립변수의 조작, 사전-사후 검사가 기본요소
  - 통제집단 사전사후검사 : 인과관계 추정을 위한 가장 전형적인 방법, 내적타당도는 높으나 사전검사가 실험대상자에게 영향을 미쳐 발생하는 주 시험효과를 제거할 수 없으므로 외적타당도는 낮음
  - 통제집단 사후검사 : 통제집단 사전사후검사설계에서 사전 검사를 실시하지 않는 방법. 사전검사를 실시하지 않으므로 시험효과가 존재하지 않아 외적타당도 높음. 실험집단과 통제집단을 사용함으로 내적타당도 저해요인 제거. 무작위 할당으로 선택의 편의도 통제
  - 솔로몬 4집단설계 : 통제집단 사전사후검사+통제집단 사후검사. 네 개의 집단을 무작위로 선정하는 어려움과 복잡성, 비용 문제 등으로 인해 사용하기 어려움
- 준실험설계(반실험설계) : 무작위 할당이 없으며 통제집단 사전사후검사설계를 기본으로 하고 이것과 유사한 설계 형태. 실험설계의 기본요소 중 한두 가지가 결여된 설계
  - 단순시계열설계 : 실험변수를 노출시키기 전후에 일정한 기간을 두고 정기적으로 몇 차례의 결과 변수에 대한 측정을 하는 방법. 통제집단을 갖지 않고 동일집단 내에 여러 번에 걸쳐 실시된 사전검사를 통해서 확인. 비교적 높은 내적타당성을 가지고 있지만 통제집단을 사용하지 않기 때문에 우연한 사건들의 영향일 가능성을 배제하지 못함. 검사도구 효과로 인한 외적타당도가 저해될 가능성
  - 복수시계열설계 : 단순시계열설계의 우연한 사건 등에 의한 내적타당도의 문제점을 개선하기 위해 통제집단 추가. 비슷한 특성을 지닌 두 집단을 선택하여 비교. 통제집단을 사용함으로써 내적타당도 저해요인을 감소시킬 수 있으나 무작위할당이 이루어지지 않으므로 실험집단과 통제집단이 이질적일 가능성. 반복된 사전 검사로 외적타당도 저해
  - 비동일 통제집단설계 : 순수실험설계의 통제집단 사전사후 검사설계와 유사. 무작위 할당이 아닌 점이 다름. 양집단을 선정하고 사전사후 검사를 실시하여 종속변수의 변화를 비교. 실험집단과 통제집단이 사용되어 내적타당도 저해요인은 통제할 수 있으나

요점정리

임의적 할당으로 선택의 편의가 발생하고 우연한 사건, 성숙, 검사도구, 시험효과 등으로 외적타당도 저해

- 전실험설계(원실험설계) : 무작위 할당이 없음. 조사 대상과 비교집단이 선정되지 않거나 동질성이 없어 내적·외적타당도 저해요인을 거의 통제하지 못함
- 1회 사례연구 : 주로 탐색적 연구나 질적 연구에서 활용. 단일집단에 실험처치를 하고 그 후에 집단의 종속변수의 특성을 검사하여 결과를 평가하는 방법. 비교 관찰이 없어 인과관계를 추론하는 데 문제
- 단일집단 사전사후검사설계 : 조사 대상자의 사전검사를 실시하고 독립변수를 도입한 후 사후검사를 실시하여 인과관계 추정. 내적·외적타당도 저해요인 작용
- 정태적 집단비교 설계 : 통제집단 사후검사에서 무작위 할당만 제외된 형태. 무작위 할당이 아니므로 선택적 편의와 같은 외적 타당성 저해요인 작용

〈단일사례 조사의 특성과 기본 구조〉

- 단일사례조사의 특성 : 단일사례조사의 1차적인 목적은 가설검증이 아니라 어떤 표적행동에 대한 개입의 효과성 분석. 조사 대상이 되는 사례를 개인 또는 집단. 반복적인 관찰. 개입효과의 규명
- 단일사례조사의 구조
- 기초선 단계(baseline phase) : 개입하기 이전 단계로 전 표적행동의 상태를 관찰하는 기간
- 개입단계/개입국면(intervention phase) : 표적행동에 대한 개입이 이루어지는 기간. 개입국면을 일반적으로 'B'로 표시
- 단일사례 조사의 수행과정 : 문제의 확인 및 정의 → 변수의 선정 → 측정대상 → 개입목표 및 표적행동의 설정 → 조사설계 → 조사설시 → 개입평가

〈단일사례 조사의 종류와 특성〉

- AB조사(기초선→개입단계) : 기초선과 개입의 두 국면으로 이루어진 단일사례설계의 가장 기본적인 유형. 세 개 이상의 관찰점, 측정점이 필요. 반복적으로 관찰하지만 외생변수에 대한 통제가 없으므로 개입이 표적행동 변화에 미치는 효과의 신뢰도가 낮음
- ABA조사(기초선→개입단계→제2기초선) : AB조사에 개입을 중단하는 제3의 국면 A를 추가하여 AB조사에서 볼 수 없었던 변화가 개입 때문에 일어난 것인지를 확인할 수 있도록 한 방법. AB조사의 낮은 신뢰도 문제를 극복

요점정리

- ABAB조사(기초선→개입단계→제2기초선→거입단계) : 외생변수를 좀 더 효과적으로 통제, 철회, 반전설계, 개입의 효과를 가장 높이 확신할 수 있기 때문에 실천현장에서 유용한 설계. 연구목적을 위하여 개입을 중단하고 일정기간 관찰한 후 다시 개입을 재개한 것은 윤리적 문제 유발
- BAB조사(개입단계→기초선→개입단계) : 처음에 기초선 기간을 설정하지 않고 바로 개입단계로 들어가고 다시 개입을 중단하는 기초선 단계를 가지고 다시 개입을 재개하는 단계. 반복된 개입을 통해 개입의 효과를 가져올 수 있고 바로 개입단계에 들어감으로써 조속한 개입에 유용. 단점은 외생요인을 통제하기 어려운 것과 개입의 효과를 평가하기 어려움
- ABCD조사(기초선→서로 다른 개입방법사용 단계) : 다중요소설계. 하나의 기초선 자료에 대해서 여러 개의 각기 다른 방법을 개입하는 방법. 클라이언트에게 도움이 되지 않는 개입을 수정하거나 실제로 표적문제에 변화를 가져오는지 설명하고자 할 때 유용. 단점은 이월효과, 순서효과, 우연한 사건과 관련된 제한점
- 복수기초선조사 : 하나의 동일한 개입방법을 여러 문제, 여러 상황, 여러 사람들에게 적용
  - 문제 간 복수기초선 조사 : 하나의 특수한 개입방법이 같은 상황에서 같은 대상자의 다른 문제해결에 효과가 있는지를 평가
  - 상황 간 복수기초선 조사 : 하나의 특수한 개입방법이 같은 대상자의 같은 문제를 두 가지 이상의 다른 상황에서 치료하는 데도 효과가 있는지를 평가하기 위한 것
  - 대상자간 복수기초선 조사 : 특정개입방법이 같은 상황에서 같은 문제를 가진 두 명 이상의 다른 대상자에게 적용될 때 개입방법의 효과를 평가하는 방법

〈개입의 평가〉

- 개입의 평가기준 : 변화의 파동(variability), 변화의 경향(trend), 변화의 수준(level)

실전문제

Korean academy of social welfale

01 인과관계의 확인을 위해 유사실험설계를 하려고 한다. 유사실험설계에 대한 서술 가운데 옳지 않은 것은?

① 실험설계보다 내적타당도가 떨어진다.
② 사회복지의 영역에서는 실험설계에 비해 윤리적인 문제를 더 발생시킨다.
③ 무작위로 선택된 실험집단과 통제집단을 사용한다.
④ 시계열분석을 사용한다.
⑤ 사회복지의 영역에서는 실험설계보다 더 많이 사용된다.

02 순수조사에 필요한 요건으로 바른 것은?

보기

A. 무작위 할당 B. 통제집단 C. 독립변수조작 D. 기초선 설정

① A, B, C ② A, C ③ B, D
④ D ⑤ A, B, C, D

03 사회적응도를 측정하고자 할 때 장애아동에게 사회적응 프로그램을 실시한 후 적응도를 측정한 것을 어떠한 방법인가?

① 통제집단 사전사후 검사 ② 사례관리 ③ 사후관리
④ 통제집단 사후검사 ⑤ 시계열 조사

해설 서열척도통제집단 사후검사

- 통제집단 사전사후검사설계에서 사전검사를 실시하지 않는 방법

04 순수실험설계의 특징을 모두 묶은 것은?

보기

A. 자연적인 현상에 대한 조사이다.
B. 일반화하기가 어렵다.
C. 주관성을 갖는다.
D. 독립변수와 종속변수의 관계를 알기 위해 통제집단을 설정한다.

① A, B, C ② A, D ③ B, D
④ D ⑤ A, B, C, D

정답 1. ③, 2. ①, 3. ④, 4. ③

실전문제

Korean academy of social welfale

05 실험집단과 통제집단이 차이는?

① 집단크기의 차이 ② 집단 구성원의 차이 ③ 집단 구성 시기의 차이
④ 검사 여부의 차이 ⑤ 실험처치 유무

06 인과관계를 검증할 때, 가장 적합한 조사설계는?

① 일회사례연구 ② 단일집단 전후비교 설계
③ 횡단연구 ④ 통제집단 전후비교 설계
⑤ 비동일 통제집단 비교

해설 통제집단 사전검사후검사설계·전후시험 통제집단 디자인·통제집단 전후비교 설계

- 인과관계 추정을 위한 가장 전형적인 방법
- 연구대상을 실험집단과 통제집단에 무작위 배치, 실험집단에 독립변수를 실험처치하기 전에 양 집단을 사전 검사함
- 실험처치한 후 양 집단을 사후 검사함

07 실험의 목적으로 적합하지 않은 것은?

① 두 변수 간의 상관관계를 규명한다.
② 가설에 대한 검증을 시도한다.
③ 이론체계의 정립에 궁극적 목적이 있다.
④ 새로운 가설이나 연구문제를 발견한다
⑤ 기존의 이론을 지지하거나 반증한다.

해설 실험의 목적

- 다른 변수들을 통제하면서 독립변수가 종속변수에 미치는 효과, 즉 인과관계를 규명하는 것
- 기존 이론으로부터 도출된 가설이 검증
- 새로운 가설이나 연구문제를 발견하는 데 기여

08 실험실 실험의 장점으로 보기 어려운 것은?

① 측정의 정확성 ② 내적타당도 확보 ③ 외생변수의 통제
④ 연구의 무한가능성 ⑤ 무작위화

해설 실험실 실험의 장점과 단점

- 장점 : 측정의 정확성, 내적타당도 확보, 외생변수의 통제, 무작위화, 조작이 용이 재현 가능
- 단점 : 인위적 상황, 계량화에 집착, 지나친 정밀성, 외적 타당도의 결여, 연구 불가능한 현상, 조작하기 어려운 변수, 윤리·도덕적 문제, 현실성 부족, 동시조작의 한계, 가식적 관계

정답 5. ③, 6. ④, 7. ①, 8. ④

실전문제 Korean academy of social welfale

09 실험설계를 위한 기본조건으로만 구성되어 있는 것은?

① 독립변수의 조작-외생변수의 통제-실험대상의 무작위화
② 종속변수의 조작-내생변수의 통제-실험대상의 유의표집
③ 종속변수의 조작-외생변수의 통제-실험대상의 무작위화
④ 매개변수의 조작-외생변수의 통제-실험대상의 유의표집
⑤ 독립변수의 조작-내생변수의 통제-실험대상의 무작위화

해설 실험설계를 위한 기본조건

- 독립변수의 조작 : 독립변수를 실험자가 인위적으로 변화함
- 외생변수의 통제 : 독립변수와 종속변수 이외의 종속변수에 영향을 미칠 수 있는 변수의 영향을 제거
- 실험대상의 무작위화 : 무작위 표집 또는 무작위 할당(무작위 배치)

10 연구대상이 되는 현상 가운데 원인이 되는 변수와 결과변수 이외의 기타 변수들로서, 결과변수에 영향을 미칠 수 있는 변수들을 무엇이라고 하나?

① 독립변수 ② 종속변수 ③ 매개변수
④ 외생변수 ⑤ 실험변수

해설 외생변수

- 연구대상이 되는 현상 가운데 원인이 되는 변수와 결과변수 이외의 기타 변수들로서, 결과변수에 영향을 미칠 수 있는 변수
- 외생변수가 종속변수에 미치는 영향을 제거하지 못하면 독립변수와 종속변수 간의 인과관계를 정확하게 파악할 수 없음
- 실험연구설계를 통해 외생변수의 영향을 제거하여야 함

11 실험설계에서 독립변수를 의도적으로 특정 시기에 도입하거나 실행시킨 후 종속변수의 변화를 관찰함으로써 독립변수의 도입 이전과 이후의 관계를 파악할 수 있든가, 또는 의도적으로 하나 또는 둘 이상의 집단에는 독립변수를 도입하고 다른 한 집단에는 독립변수를 도입하지 않고, 독립변수의 도입과 그에 따른 종속변수의 변화관계를 규명하는 것을 무엇이라고 하는가?

① 비교 ② 조작 ③ 통제 ④ 도입 ⑤ 검사

해설 인과관계의 증명을 위한 실험연구설계 기본요소

- 비교 : 실험조치를 실시한 집단과 실시하지 않은 집단 간에 종속변수를 비교하거나, 특정집단의 사람들에게 실험을 실행하기 전과 실행한 후의 종속변수를 비교

정답 9. ①, 10. ④, 11. ②

- 조작 : 독립변수를 의도적으로 특정 시기에 실행시켜 종속변수의 변화를 관찰하거나 일부 집단에만 독립변수를 도입하여 다른 집단과 종속변수의 차이를 관찰
- 통제 : 실험의 타당도를 저해하는 요인의 영향을 예방 또는 제거하는 것

12 실험설계에서 종속변수에 미치는 독립변수의 효과를 무엇이라고 하는가?

① 주시험효과 ② 상호작용시험효과 ③ 주효과
④ 상호작용효과 ⑤ 외생변수효과

해설 실험효과의 종류

- 시험효과(사전 검사와 직접 관계되는 효과)
- 주시험효과 : 독립변수와 관계없이 사전검사가 사후검사에 미치는 영향
- 상호작용시험효과 : 실험조치를 가하기 전에 실시한 검사가 독립변수에 미치는 영향
- 주효과 : 순수실험효과, 독립변수 각각이 종속변수에 미치는 영향
- 상호작용효과 : 두 개 이상의 독립변수들이 결합되어 종속변수에 미치는 영향

13 질적 연구로 할 수 있는 실험설계는?

① 1회 검사 사례연구 ② 통제집단 전후비교설계 ③ 요인설계
④ 패널연구설계 ⑤ 솔로몬식 네 개 집단 비교설계

14 독립변수가 두 개 이상인 경우에 이들 독립변수의 속성에 따라 할당행렬을 만들고, 행렬상의 각 범주에 따라 실험집단과 통제집단을 설정하고 개별 독립변수와 종속변수 간의, 그리고 두 개 이상의 독립변수가 상호작용하여 종속변수와 갖게 되는 인과관계를 검증하기 위한 실험설계는?

① 시계열설계 ② 통제집단 사후검사설계 ③ 솔로몬의 4집단설계
④ 요인설계 ⑤ 가실험 통제집단설계

해설 요인설계

- 두 개 이상의 독립변수와 한개의 종속변수 간의 교차분석 또는 평균비교가 가능한 설계
- 상호작용 효과분석이 가능한 것이 특징

15 어떤 일정한 표본을 선정하여 동일한 표본에 대해서 일정한 시간간격을 두고 반복적으로 계속 관찰하는 실험설계는?

① 단순시계열설계 ② 경향설계 ③ 솔로몬의 4집단설계
④ 요인설계 ⑤ 패널설계

정답 12. ③, 13. ①, 14. ④, 15. ⑤

실전문제

Korean academy of social welfale

해설 서열척도

- 패널조사란 장기간에 걸쳐 동일한 주제에 대해, 동일한 응답자에 대해, 반복해서 면적이나 관찰을 행하는 조사. 즉, 특정 조사 대상들을 선정해 놓고 이들에 대해 일정 기간 동안 매번 반복적으로 실시하는 조사방법을 말함.

16 조사설계 중 기초선과 개입단계를 가지고 있는 것은?

① 원시실험설계 ② 유사실험설계 ③ 실험설계
④ 단일사례연구설계 ⑤ 요인설계

17 동일사례와 동일 개입방법을 각기 다른 환경들에서 어떻게 나타나는지, 혹은 동일사례와 동일 환경을 두고서 각기 다른 표적행동들에서는 어떤 효과가 나타나는지를 확인하는 데 적절한 단일사례 조사는?

① AB조사 ② ABCD조사 ③ ABAB조사
④ 복수기초선조사 ⑤ BA조사

18 단일사례조사의 특성으로 맞는 것은?

① 변수 간의 관계 규명이 주목적이다.
② 개입이 없는 단계가 반드시 필요하다.
③ 실용적인 요도보다는 이론적인 용도로 주로 사용한다.
④ 단 한 번의 추정으로 효과를 평가한다.
⑤ 외적 타당도가 높다.

19 개인, 가족 및 소집단을 대상으로 이들이 갖고 있는 문제를 해결하기 위한 개입이 어떠한 효과를 갖고 있는지를 과학적인 방법으로 입증하기 위한 실험설계는?

① 단순시계열설계 ② 단일사례조사 설계 ③ 솔로몬의 4집단설계
④ 요인설계 ⑤ 패널설계

20 단일사례 조사는 실험조사 설계의 어떤 방법을 단일대상에 적용한 것이다. 어떤 방법인가?

① 통제집단 전후 비교설계 ② 경향연구 설계 ③ 요인설계
④ 1회검사 사례연구 ⑤ 시간연속 설계

21 단일사례 조사에서 연구자가 개입활동을 실시하기 전에 표적행동의 상태를 관찰하는 기간을 의미하기도 하고, 때로는 관찰된 표적행동의 상태를 나타내는 자료를 의미하는 것은?

정답 16. ④, 17. ④, 18. ②, 19. ②, 20. ⑤, 21. ①

① 기초선 ② 개입단계 ③ 사전측정
④ 반전단계 ⑤ 외생변수효과

해설 단일사례 조사의 기초선

- 개입 전의 표적행동의 상태를 관찰하는 기간 또는 관찰된 표적행동의 상태를 나타내는 자료
- 개입 이전에 클라이언트의 표적 문제의 정도를 파악하고, 이러한 문제가 외생요인에 기인한 것인지, 어떠한 경향을 보이고 있는지를 파악하기 위한 것
- 일반적으로 5~10번 정도, 기초선이 안정되어 있으면 3~5번 정도가 적당

22 다음 사례에서 기초선 단계는 무엇인가?

보기

화가 나면 머리를 벽이나 땅에 부딪혀 우는 아동을 의뢰받아 개입을 시작하였다. 개입 후 일주일 동안 머리 부딪치는 횟수가 점차 줄어들어 1~2회 정도로 되었는데, 개입을 중단한 반전기간 동안 다시 증가하여 5~6회 정도까지 되었다. 그 후 다시 개입을 재개하였더니 크게 줄어들었고 머리 부딪치는 버릇이 거의 없어지게 되었다.

① 아동을 의뢰받은 단계 ② 첫 번째 개입 단계 ③ 개입을 중단한 반전기간
④ 개입을 재개한 단계 ⑤ 기초선 단계가 없다.

23 개입의 평가기준으로 옳게 짝지어진 것은?

① 변화의 파동, 변화의 경향, 변화의 수준
② 변화의 파동, 변화의 속도, 변화의 수준
③ 변화의 파동, 변화의 경향, 변화의 요인
④ 변화의 간격, 변화의 경향, 변화의 요인
⑤ 변화의 간격, 변화의 경향, 변화의 수준

해설 개입의 평가기준

- 변화의 파동 : 표적행동이 시간의 경과에 따라 파동을 일으키며 변화하는 정도
- 변화의 경향 : 증진, 감퇴의 경향
- 변화의 수준 : 관찰된 행동특성의 점수의 위치

24 단일사례조사에서 개입결과를 분석하면서 제기되는 개입의 유의성을 모두 묶은 것은?

정답 22. ③, 23. ①, 24. ①

실전문제 Korean academy of social welfale

보기

A. 시각적 유의성 B. 통계적 유의성 C. 실질적 유의성 D. 감각적 유의성

① A, B, C ② A, C ③ B, D
④ D ⑤ A, B, C, D

해설 개입의 유의성 분석

- 시각적 유의성 : 이는 시각적 분석을 통해 평가되는 것으로 오로지 개입이 도입되거나 중단된 후에만 표적문제의 수준과 경향의 변화하는 일련의 사건들을 보여주는 시각적 유형이 그래프 상에 나타나 있는가에 관한 것
- 통계적 유의성 : 이는 통계학적 분석을 통해 평가되는 것으로 개입단계에서 관찰된 자료가 기초선을 연장하고 개입을 도입하지 않아도 일어날 것이라고 기대할 수 있었던 파동이 될 통계적 확률은 얼마나 되는가를 말함
- 실질적 유의성 : 이는 실용적 분석을 통해 평가되는 것으로 만일 표적문제의 변화가 시험적으로 시도된 개입과 관련되었다면 개입으로 인한 표적문제의 변화 양이 실질적이거나 임상적 관점에서 볼 때 중요한가에 관한 것

25 단일사례조사의 자료 관찰 기록방법 가운데 어느 방법에 속하는가?

보기

노인요양시설에서 관찰대상 노인의 서비스 이용기록, 상담원의 기록, 비워진 쓰레기통을 관찰하여 기록한다.

① 시간간격 기록 ② 지속기간 기록 ③ 정도 기록
④ 간헐점검 기록 ⑤ 영구생산물 기록

해설 자료 관찰 및 기록방법

- 시간간격기록 : 일정한 관찰기간을 같은 간격의 짧은 시간으로 나누어 조사 대상자의 표적행동을 직접 관찰-기록하는 것
- 빈도기록 : 정해진 관찰기간 동안에 일어난 표적행동의 빈도를 기록하는 것으로 빈도가 높은 행동이나 낮은 행동의 관찰에 적절하며 관찰기간을 길게 할 수 있는 것이 특징
- 지속기간기록 : 정해진 관찰기간 동에 일어난 모든 단위행동의 지속시간을 직접 관찰하여 기록하는 방법으로 문제행동의 지속기간이 관심의 대상이 될 때 사용되며 일반적으로 빈도와 같이 관찰됨
- 정도기록 : 정해진 관찰기간 내에 발생한 표적행동의 양, 수준 또는 정도 등을 관찰하여 미리 설정한 정도측정척도에 의하여 판단하여 정도를 나타내는 수치를 기록하는 것
- 간헐점검기록 : 간헐적으로 특정한 관찰시간을 정하여 관찰하는 순간에 표적행동을 하고 있는지 아닌지를 기록하는 것으로 가장 쉬운 기록방법

정답 25. ⑤

- 연구적 생산물기록 : 반드시 직접관찰을 필요로 하지 않으며 표적행동에 의하여 만들어진 것을 관찰하여 표적행동이 일어났음을 확인함으로써 이루어짐

26 조사설계에 있어서 조사결과를 일반화할 수 있는 정도로 표본의 대표성과 관련된 것은?

① 내적 타당도 ② 외적 타당도 ③ 내적 신뢰도
④ 외적 신뢰도 ⑤ 조작화

해설

측정도구의 타당도와 조사설계의 타당도를 반드시 구분해서 이해할 필요가 있다. 여기에서 외적 타당도는 연구결과의 일반화와 관련이 있다.

27 인과관계의 성립요건이 아닌 것은?

① 최소한 두 개 이상의 변수가 있어야 한다.
② 원인이 결과보다 시간적으로 선행해야 한다.
③ 원인과 결과 사이에 상관관계가 있어야 한다.
④ 원인과 결과가 가식적 관계가 아니어야 한다.
⑤ 원인과 결과가 모두 사회적으로 중요한 문제여야 한다.

해설

사회적 중요성이 인과관계 성립의 직접적인 요건은 아니다. 독립변수와 종속변수 등 최소한 두 개 이상의 변수가 있어야 하고 독립변수(원인)가 종속변수(결과)보다 시간적으로 앞서 일어나야 하며(시간적 우선성), 독립변수 변화와 종속변수 변화가 서로 관련되어 있어야 한다(공변성). 또한 독립변수와 종속변수가 가식적 관계가 아니어야 하기 때문에 조사설계 시 통제변수를 적절히 설정해야 한다.

28 다음 보기는 인과관계의 추리방법 가운데 어느 방법에 관한 설명인가?

보기

A, B, C 요인이 Z라는 현상을 야기하고 A, B요인이 Z라는 현상을 야기하지 않으면 요인 C는 현상 Z의 원인이다.

① 일치법 ② 공변법 ③ 차이법
④ 잔여법 ⑤ 일치-차이병용법

해설 서열척도

어떤 요인 C가 개재되는 경우에는 항상 특정 사건 Z가 발생하지만 요인 C가 개재되지 않으면 특정 사건 Z는 발생하지 않을 경우 요인 C는 특정 사건 Z의 원인임

정답 26. ②, 27. ⑤, 28

실전문제

Korean academy of social welfale

29 인과관계를 추론하는 근거중 주어진 현상에 관한 두 개 또는 그 이상의 사례들이 공통된 하나의 조건을 가지고 있을 때 그 조건을 현상의 원인 또는 결과로 간주하는 방법은?

① 일치법　② 공변법　③ 차이법
④ 잔여법　⑤ 시간적 선행성

30 내적 타당도의 저해요인을 통제하는 방법에 속하지 않는 것은?

① 배합　② 난선화　③ 통계적 통제
④ 통제집단 사용　⑤ 조작화

해설

내적 타당도란 독립변수의 변화가 실제로 종속변수의 변화를 야기하는 정도를 의미한다.

31 실험조사설계에서 인과관계 추론을 위한 요건으로 알맞은 것은?

보기

가. 시간적 선행성　나. 통계적 관계성
다. 기존 연구와의 일치성　라. 가식적 관계의 포함

① 가, 나, 다　② 가, 다　③ 나, 라
④ 라　⑤ 가, 나, 다, 라

해설

인과관계 추론의 요건에는 원인적 요인의 발생은 결과적 요인의 발생보다 시간적으로 앞서야 한다는 점, 변수간의 인과관계가 통계적으로 의미가 있어야 한다는 점, 기존의 연구결과에서 나타난 인과관계와 일치한다는 점 등이 있다.

32 사건-사후검사에서 서로 다른 척도를 사용해서 발생하는 타당도 저해요인은?

① 성숙효과(maturation)　② 테스트효과(testing effect)
③ 조사반응성(research reactivity)　④ 도구효과(instrumentation)
⑤ 통계적 회귀(statistical regression)

해설

도구효과는 사전조사와 사후조사에서 조사도구가 바뀌게 되거나 측정도구 자체의 신뢰도가 낮아 응답자가 같은 조사항목에 대해 다르게 이해하여 응답할 수 있다는 것이다. 이러한 경우 종속변수의 변화가 독립변수의 영향인지 아니면 조사도구의 문제로 인한 것인지 불분명해져 내적 타당도를 저해요인이 될 수 있다.

정답 29. ①, 30. ⑤, 31. ①, 32. ④

실전문제

Korean academy of social welfale

33 단일사례설계 중 ABCD설계에 관한 설명으로 옳은 것을 모두 고른 것은?

보기

가. 기초선형성후 서로 다른 복수의 개입방법을 연속적으로 도입한다.
나. 우연한 사건은 개입효과에 영향을 미치지 않는다.
다. 서로 다른 개입방법의 효과성을 비교한다.
라. 다중기초선설계는 순서효과(order effect)를 통제할 수 있게 한다.

① 가, 나, 다　② 가, 다　③ 나, 라
④ 라　⑤ 가, 나, 다, 라

해설

ABCD설계는 하나의 기초선 자료에 대해서 여러 개의 각기 다른 방법(BCD)으로 개입하는 방법이다. 각 개입방법의 효과를 개별적으로 살펴봄으로써 클라이언트에게 도움이 되지 않는 개입을 수정하거나 실제로 표적문제에 변화를 가져오는지 설명하고자 할 때 유용하다.

34 솔로몬 연구설계에 관한 설명으로 옳은 것을 모두 고른 것은?

보기

가. 네 개의 집단으로 구성한다.
나. 사후측정만 하는 집단은 두 개이다.
다. 검사와 개입의 상호작용효과를 도출할 수 있다.
라. 통제집단 사전사후검사 설계와 비동일 비교집단 설계를 합한 형태이다.

① 가, 나, 다　② 가, 다　③ 나, 라
④ 라　⑤ 가, 나, 다, 라

해설

솔로몬 연구설계는 사건검사로 인한 주시험효과의 영향을 통제하기 위해 통제집단 사전사후검사 설계에 사전검사를 실시하지 않는 또 다른 실험집단과 통제집단을 추가한 설계다. 즉, 4개의 집단을 선정하며 집단 간 전후검사의 점수 차이를 계산함으로써 전검사의 영향 및 전검사와 실험처치의 상호작용의 영향을 배제할 수 있어 개입의 순수한 주효과를 밝힐 수 있다.

35 다음 가설을 검증하기 위해 적합한 실험설계방식은?

보기

ADHD 아동에게 프로그램 유형(놀이치료·음악치료)과 실시시기(낮 시간·밤 시간)를 달리함에 따라 개입의 효과가 달라질 것이다.

정답 33. ②, 34. ①, 35

실전문제 Korean academy of social welfale

① 1회검사 사례설계 ② 통제집단 사후검사 설계 ③ 요인설계
④ 복수시계열설계 ⑤ 단일집단 사건사후검사 설계

해설

요인변수는 독립변수가 두 개 이상일 때 적용되는 설계로서 각 변수의 분류 항목의 조합의 수만큼 실험집단을 설정하고 개별 독립변수-종속변수, 두 개 이상의 독립변수-종속변수의 인과관계를 검증하는 방법이다. 두 개 이상의 독립변수가 상호작용하면서 종속변수가 미치는 영향을 파악할 수 있고 조사결과의 일반화(외적 타당도) 정도가 높은 장점이 있다.

36 타당도 중 요인분석과 관련된 타당도는?

보기

가. 수렴타당도 나. 구성타당도 다. 판별타당도 라. 내용타당도

① 가, 나, 다 ② 가, 다 ③ 나, 라
④ 라 ⑤ 가, 나, 다, 라

해설

개념타당도를 측정하는 한 방식으로 확인적 요인분석을 시행할 수 있다. 미리 이론적으로 A라는 척도가 어떠한 차원으로 구성될 것이라는 것이 확립되면 표본을 얻어 요인분석을 시행한 후 이론적 기대대로 그 척도의 하위요인이 구분되었는가를 확인한다. 구성타당도는 판별타당도로 분리해서 이야기하기도 한다.

37 다음 실험설계에 있어서 내적타당도가 가장 높은 방법은?

① 솔로몬 4집단비교설계 ② 비동일통제집단설계 ③ 1회사례연구
④ 단일집단사전사후검사설계 ⑤ 시계열설계

해설

사전검사로 인한 주시험효과를 통제하기 위해, 사전검사를 실시하지 않는 또 다른 실험집단과 통제집단을 추가한 설계방법이다. 네 개의 집단을 선정하는 과정의 복잡성과 어려움으로 인해 현실적으로 이용하기는 어려움이 있다.

38 〈보기〉에서 설명하는 것은?

보기

인과관계를 파악하기 위한 가장 보편적인 방법, 연구대상을 실험집단과 통제집단에 무작위로 배치, 개입 전후 두 집단에 대한 검사 실시

정답 36. ①, 37. ①, 38. ①

① 통제집단 사전사후검사설계 ② 통제집단 사후검사설계
③ 솔로몬 4집단설계 ④ 시계열설계
⑤ 단일사례 사전사후설계

39 내·외적 타당도 저해요소에 대한 설명으로 틀린 것은?

① 우연한 사건 : 사전사후 검사 사이에 발생하는 통제 불가능한 사건
② 통계적 회귀 : 시간적 우선성의 불확실함
③ 테스트 효과 : 두 번이상의 테스트를 실시하는 경우, 테스트 자체가 다음 테스트 결과에 미친 영향
④ 호손 효과 : 연구대상자들이 긍정적인 방향으로 자신의 행동을 바꾸는 경향
⑤ 중도탈락 : 실험도중에 대상자가 탈락

해설

통계적 회귀 : 지나치게 낮은 결과가 나온 사람들을 대상으로 프로그램을 진행할 경우에 다음에는 프로그램 효과에 상관없이 상승할 수도 있다.

40 다음 제시 문에 해당하는 것은?

보기

운동을 많이 할수록 비만도가 작고, 비단도가 적을수록 운동을 많이 한다.

① 일치법 ② 공변법 ③ 차이법 ④ 대칭적 관계 ⑤ 시간적 우선성

41 다음에서 나타날 수 있는 내적 타당도 저해요인으로 가장 가까운 것은?

보기

50명 학급에 사전검사를 통해 학습능력이 가장 저조한 학생들 10명을 대상으로 테스트를 실시하였다. 그 결과 평균 3점이 향상되었다.

① 역사요인 ② 실험대상 변동 ③ 통계적 희귀
④ 선정 요인 ⑤ 표본의 디표성

42 언어치료집단을 사전검사하고 사후 검사하였다. 이에 해당하는 설계는?

① 시계열 설계 ② 정태적 설계
③ 통제집단 사전검사 ④ 단일집단 사전사후검사
⑤ 통제집단 사전사후검사

정답 39. ②, 40. ④, 41. ③, 42. ④

실전문제 Korean academy of social welfale

43 솔로몬4집단설계의 특징으로 옳은 것은?

보기

가. 검사효과는 계산하지 못한다.
나. 통제집단사전사후검사설계와 통제집단사후검사설계를 한꺼번에 한다.
다. 내적타당도 저해요인은 계산하지 못한다.
라. 설계의 타당도는 높으나 실험의 어려움이 있다.

① 가, 나, 다 ② 가, 다 ③ 나, 라
④ 라 ⑤ 가, 나, 다, 라

44 조사설계의 내적 타당도에 영향을 미치는 것은?

보기

가. 실험집단의 통제집단의 무작위할당
나. 전검사와 후검사의 검사도구가 다른 것
다. 표본중일부의 이탈
라. 검사 재검사

① 가, 나, 다 ② 가, 다 ③ 나, 라
④ 라 ⑤ 가, 나, 다, 라

45 재활치료를 받은 사람이 완치되었고 재활치료를 받지 않은 사람이 완치되지 않았다. 이때 재활치료가 완치의 원인이라고 판단내리는 것을 무엇이라 하는가?

① 일치법 ② 공변법 ③ 잔여법
④ 차이법 ⑤ 대립법

46 단일사례연구설계에 대한 특성이 아닌 것은?

보기

가. 인과관계를 밝히는 데 주로 사용한다.
나. 개입의 효과설을 알기 위한 설계이다.
다. 일반화의 가능성이 매우 높다.
라. 통제집단을 사용할 수 없을 때 사용한다.

① 가, 나, 다 ② 가, 다 ③ 나, 라
④ 라 ⑤ 가, 나, 다, 라

정답 43. ③, 44. ①, 45. ④, 46. ②

47 순수실험설계를 포기하고 유사실험설계를 해야 하는 이유는?

① 독립변수를 조작하지 못할 경우
② 통제집단 설정이 어려울 경우
③ 실험집단과 통제집단을 무작위할당을 할 수 없을 경우
④ 내적·외적 타당도 저해요인이 많아서
⑤ 사전 사후 검사를 할 수 없어서

48 다음의 사례내용과 내적 타당도 저해요인을 옳게 나타낸 것은?

보기

사례 1 : 동일한 지역 내의 두 복지관 가운데 한 복지관에서 효과가 높았던 여가프로그램이 다른 복지관에서는 높지 않은 것으로 나타났다.
사례 2 : 노인을 대상으로 물리치료 프로그램을 1년 동안 실시한 후 프로그램의 성과를 평가한 결과 노인들의 신체적 건강상태에 변화가 없는 것으로 나타났다.

① 개입확산 성숙효과 ② 플라시보효과 개입확산 ③ 통계적 회귀 개입확산
④ 성숙효과 개입확산 ⑤ 통계적 회귀 플라시보효과

49 다음 내용과 관련하여 A 사회복지사가 간과하고 있는 인과관계의 조건은?

보기

아동보호전문기관의 A 사회복지사는 지역사회의 아동학대 발생을 줄이기 위해 예방프로그램을 실시하였다. 프로그램을 시행한 후 지역사회의 아동학대 발생 비율을 조사한 결과 그 비율이 줄어들었음을 발견하고 예방 프로그램이 효과적이라고 판단하였다.

① 공변성 ② 논리성 ③ 간결성
④ 통제성 ⑤ 시간적 우선성

50 다음의 조사연구 설계에서 간과하고 있는 내적 타당도의 저해요인은?

보기

방과 후 프로그램의 담당자는 현재의 수업방식이 아동들의 성적 향상에 효과적인지를 알아보기 위해 프로그램 전, 후의 성적을 측정하였다. 그 결과 아동들의 성적이 향상되었음을 발견하고 현재 수업방식이 효과적이라는 결론을 내렸다.

정답 47. ③, 48. ①, 49. ④, 50. ②

실전문제 Korean academy of social welfale

① 반응성(reactivity) ② 외부사건(history) ③ 개입확산(diffusion)
④ 완충(buffering) 효과 ⑤ 플라시보(placebo) 효과

51 실험설계에서 외생변수가 종속변수에 미치는 효과를 통제하기 위한 방법으로 옳지 않은 것은?

① 무작위 집단할당 방법을 이용한다.
② 동질적 집단할당을 위해 표본의 크기를 작게 한다.
③ 사전에 집단의 특성을 파악하여 이질적 구성요소를 최소화한다.
④ 실험집단과 통제집단에 피실험자들을 동일 비율로 할당한다.
⑤ 피실험자들을 대상으로 제비뽑기 방법을 이용하여 실험집단과 통제집단으로 구분한다.

52 단일사례설계에 관한 설명으로 옳은 것을 모두 고른 것은?

보기

가. 개입과정의 변화 정보를 제공한다.
나. 주로 하나의 클라이언트 체계 변화를 측정한다.
다. 기초선은 안정화될 때까지 반복적으로 측정해야 한다.
라. 둘 이상의 문제에 대해 개입할 때 다중기초선설계를 활용한다.

① 가, 나, 다 ② 가, 다 ③ 나, 라
④ 라 ⑤ 가, 나, 다, 라

정답 51. ②, 52. ⑤

CHAPTER 08

표본추출

|RESEARCH| |METHODS| |FOR| |SOCIAL| |WELFARE|

SECTION 01 표본추출의 의의

01 표본추출[1]의 의미와 관련용어

---

1) 표본추출 관련용어

① 전 대상(universe)이란
특정 연구를 위해 정의된 대상 집단 전체를 의미한다. 이론적으로 구체화되어 있지 않기 때문에 조사과정에서 실제 유용하지 않은 개념이다.

② 모집단(population)이란
연구자가 실제 연구하고자 하는 대상 전체를 의미하며 연구자가 일반화시키려고 규정한 사건이나 사물, 혹은 대상의 전체를 말한다. 즉, 전수조사를 통해 특성을 파악하거나, 조사수행을 위해 표본을 추출하는 전수로서 규정되는 집단이다. 전 대상과 달리, 모집단은 시간적·공간적으로 제한된다. 모집단은 조사 대상 전체를 뜻하는 이론적 모집단(population)과 하위개념으로서 실제 표본이 추출되는 연구모집단(study population)으로 나눌 수 있다.

③ 연구모집단(study population)이란
모집단 가운데 표본이 실제로 추출되는 모집단 이론적 모집단에 대한 조작화에 의해 설정된다. 즉, 모집단에 대한 영역이나 범위를 구체적으로 정해서 실제로 조사 대상자를 표본추출할 때 기준이 되는 모집단이다.

④ 표본추출 요소(sampling element)란
모집단을 구성하고 있는 개별적 개체로서 자료가 수집되는 대상의 단위로서 자료 분석의 기초가 된다. 표본추출요소는 자료 분석 시 분석단위(unit of analysis)와 일치하는 경우가 많으며, 대체로 개인, 가족, 집단, 조직, 지역 등이 표본추출의 요소가 될 수 있다.

⑤ 표본추출 단위(sampling unit)는
표본추출의 여러 단계에서 표본추출 대상이 된 요소들의 단위를 의미한다. 대체로 표본추출 단위는 개인이 되지만, 경우에 따라서는 개인이 아닌 집합체가 표본추출 단위가 될 수 있다.

⑥ 관찰 단위(observation unit)란,
직접적인 조사 대상으로 자료가 수집되는 요소 또는 요소들의 집합체이자 자료 수집단위이다. 관찰 단위는 분석 단위와 대체로 일치하지만 반드시 일치하지는 않는다.

⑦ 표본추출 틀
표본이 추출되는 연구대상 모집단 전체 또는 표본추출 단위의 실제적이고 구체적인 목록(list)을 의미한다. 예를 들면, 특정지역에서 지역주민을 표본추출한다면 행정기관의 지역주민 명부, 사회복지사에 대한 조사를 할 경우 전체 사회복지사에 대한 인명부 등이 표본추출 틀(sampling frame)이 된다.

⑧ 표본추출 간격(sampling interval)이란
모집단으로부터 표본을 추출할 때 추출되는 요소와 요소 간의 간격을 의미하며, 표본추출 유형 가운데 체계적 표본추출(systematic sampling)에서 사용되는 개념이다.

⑨ 표본추출률(sampling ratio)이란

사회과학에서 어떤 현상에 대한 연구를 할 때 연구목적을 완벽하게 대표할 수 있는 연구대상을 선정하여 필요한 정보를 얻어내는 것은 쉬운 일이 아니다. 그러한 연구대상을 선정했다고 할지라도 연구대상 전체를 조사하고 분석하기에는 시간과 비용 등 현실적인 문제가 존재한다. 연구를 할 때 특정한 어느 한 집단에 국한하여 그 집단 전체를 조사 대상으로 선정하여 연구하는 경우와, 전체를 모두 조사하지 않고 그 중의 일부만을 뽑아서 연구하는 경우가 있다. 연구자들은 전체 모집단으로부터 특정 연구의 대상이 되는 일부 사람이나 집단을 선택하여 연구를 수행하게 되는데, 이렇게 연구대상으로 선정한 일부 개체를 '표본(sample)'이라 한다. 즉, 표본은 어떤 대상의 전체를 대표하도록 하기 위해 전체로부터 선택해 낸 것이다. 이렇게

연구대상 전체인 모집단에서 개별요소 하나가 선택될 비율을 의미한다.

⑩ 표본추출 오차
표본을 추출해 가는 과정에서 나타나는 오류로 모집단과 표본과의 통계적 차이를 말한다. 표본추출 오차가 클수록 표본이 모집단을 대표하는 정확도가 낮아진다. 표본추출 오차는 체계적 오차(systematic error)와 무작위 오차(random error)로 구분된다. 체계적 오차는 표본을 추출하는데 사용된 방법과 절차에 문제가 있을 경우 발생하며, 표본추출 방법과 과정을 변경함으로써 오차를 줄일 수 있다. 무작위 오차는 적절한 표본추출 절차를 사용했을지라도 모수치와 통계치 간에는 항상 오차가 있게 마련인데, 이는 주로 모집단을 구성하는 요소들이 표본으로 선택될 수 있는 기회의 차이로 인해 발생한다. 체계적 오차는 측정의 타당도에 영향을 미치며, 무작위 오차는 측정의 신뢰도에 영향을 미친다. 표본추출 오차(sampling error)를 줄이기 위해서는 확률이론에 근거하여 같은 모집단으로부터 동일한 무작위 표본추출의 과정을 거쳐 같은 크기의 표본을 무수히 반복해서 추출해야 한다. 일반적으로, 표본의 평균값들이 모집단의 평균치를 중심으로 고르게 분포되어 있고, 표본의 통계치의 평균(즉 표본평균의 평균)은 모집단의 평균치와 동일하다고 가정한다. 즉, n개의 표본을 추출했을 때 표본마다 1개씩 총 n개의 평균치가 나오는데, 이러한 표본의 통계치(주로 표본평균)들의 분포를 표본추출 분포(sampling distribution)라 한다. 이러한 확률분포인 표본추출 분포를 기준으로 실제 조사에서 얻은 표본의 통계치와 모수치와의 차이, 즉 표준 오차(standard error)를 계산할 수 있는데, 이러한 의미에서 표준오차는 '표본추출분포의 표준편차'로 볼 수 있다. 표준 오차는 표본의 크기와 반비례하는데, 표준 오차가 작을수록 모수치에 근접할 가능성이 크다. 이처럼 확률이론을 바탕으로 얻은 표본추출 분포를 기준으로 실제 관찰한 표본의 통계치가 모집단의 모수치를 추정할 수 있다.

⑪ 변수 대 상수
변수(variable)란, 모집단의 요소가 갖는 속성으로, 변수는 반드시 두 개 이상의 값을 가지고 있어야 하며 변수가 가지고 있는 속성들을 변수 값(values)이라 한다. 만일 모집단의 모든 요소가 동일한 속성을 가지고 있을 때를 그 모집단의 상수(constant)라고 한다.

⑫ 모수치
모집단을 구성하는 요소가 갖는 특정변수의 값으로 현실적으로 모집단 전체를 조사하는 것이 불가능하며, 통상 모수치(parameter)는 표본추출을 통해 조사된 표본의 통계치를 근거로 추정된다. 전수 조사가 이루어졌다면 각 변수의 빈도나 평균 등과 같은 수치는 곧 모수치가 된다.

⑬ 통계치(statistic)
실제 표본 조사를 통해서 나타난 표본의 특성을 요약한 수치로, 대부분의 연구 조사에서 사용하는 수치. 일반적으로 모집단을 조사하는 것은 비효율적이고 어렵기 때문에 표본의 통계치를 근거로 모집단의 모수치를 확률적으로 추정한다.

⑭ 신뢰수준과 신뢰구간
신뢰수준(confidence levels)은 표본의 결과를 통해 추정하려는 모수치가 어느 정도 신뢰성을 갖는지를 말하며, 신뢰구간(confidence interval)은 모집단의 모수치가 일정한 확률을 가지고 갖게 될 값의 범위를 의미한다. 신뢰수준과 신뢰구간은 표본 오차 추정의 두 가지 중심이 되는 구성요소이다. 신뢰수준과 신뢰구간은 표본의 통계치가 모수치로부터 어느 정도 차이가 나는지를 보여줄 때 사용된다.

모집단의 일부를 표본으로 선정하는 과정을 '표본추출(sampling)' 또는 '표집'이라 한다(Warwick & Lininger, 1975). 또한 전체 연구대상으로 조사를 하는 경우를 전수조사라 하며, 그 가운데 일부 개체인 표본을 추출하여 이들을 대상으로 조사를 하는 경우를 표본조사라고 한다.

표본추출에 있어서 가장 중요한 점은 모집단 전체를 가장 잘 대표할 수 있는 표본의 대표성과 어느 정도 규모의 표본을 선정하는 것이 일정한 수준의 정확성을 보다 효율적으로 확보할 수 있는가 하는 적절성이다. 표본의 대표성은 추출된 표본의 특성이 모집단의 집합적 특성과 일치하는 정도에 의해 평가되며, 이와 같은 표본의 대표성 정도는 표본을 연구한 결과가 모집단 전체를 연구한 결과와 같다는 점을 합리적으로 주장할 수 있는 근거를 제공해 줄 수 있다. 그러나 아무리 정교하게 선택된 표본도 모집단의 특성을 완전하게 가지고 있다고 할 수는 없으며, 표본은 모집단을 대표하는데 있어서 일정한 오차를 가지고 있다. 이러한 오차를 최소화시키기 위해서는 가능한 한 무작위로 표본을 추출하고, 표본의 수를 늘리는 것이 좋으며, 표본추출을 하기 전에 집단을 동질화시킬 수 있으면 동질적인 집단으로 분류한 다음에 표본을 추출할 필요가 있다.

02 바람직한 표본의 요건

표본의 적절성 확보를 위해서는 다음의 몇 가지 사항을 고려해야 한다(이만갑·한완상·김경동, 1982).

첫째, 편견이 들어가지 않고 충실히 전체를 대표할 수 있는 표본을 얻도록 해야 한다.

둘째, 비용이 허락하는 범위 내에서 가장 효과적으로 필요한 정보를 얻을 수 있어야 한다.

셋째, 표본이 어떤 층을 포함하는가, 또는 포함하지 않는가를 분명히 알아야 한다.

넷째, 반드시 표본의 규모가 커야 하는 것은 아니지만, 일반적으로 표본의 규모는 필요한 통계학적인 신뢰도를 확보할 수 있을 만큼은 커야 한다.

다섯째, 표본은 가급적으로 현장에서 현장조사원이 뽑는 것보다 연구실에서 충분히 자료를 토대로 일정한 절차에 따라 뽑는 것이 좋다.

여섯째, 조사 대상이 어떤 특성을 가진 사람이고, 그에 따라서 어떤 형의 표본을 뽑아야 하며, 또 조사가 거절당하거나 불가능할 경우 어떻게 대처해야 할 것인가를 미리 생각해 두어야 한다.

|RESEARCH| |METHODS| |FOR| |SOCIAL| |WELFARE|

SECTION 02 표본추출의 과정

표본추출의 과정은 모집단 확정, 표본추출 틀 결정, 표본추출 방법 결정, 표본의 크기 결정, 표본추출 시행 등 크게 5단계로 구성할 수 있다.

① 모집단 확정

↓

② 표본추출 틀 결정

↓

③ 표본추출 방법 결정

↓

④ 표본의 크기 결정

↓

⑤ 표본추출 시행

01 모집단 확정

조사연구의 대상이 되는 모집단을 결정하는 단계이다. 모집단을 규정하기 위해서는 연구대상, 표본추출단위, 조사범위와 기간 등을 확정해야 한다. 연구대상은 정보가 얻어지는 대상으로서 연구목적에 의해 결정된다. 표본추출 단위는 개인 또는 집단 등으로, 조사범위와 기간은 연구결과의 타당성과 신뢰성을 고려하여 적정수준에서 결정되어야 한다.

02 표본추출 틀 결정

모집단이 결정되고 나면, 실제로 조사 가능한 표본추출 틀을 결정하고, 이러한 표본추출틀(sampling frame)이 모집단을 대표하는가를 평가해야 한다. 모집단과 표본추출 틀이 일치하지 않을 때 표본추출 틀 오차가 발생한다. 오차발생은 표본추출 틀이 모집단 내에 포함될 때, 모집단이 표본추출 틀 내에 포함될 때, 포함관계에 있지 않고 일부분만 일치할 때 나타난다. 표본추출틀 오차를 줄이기 위해서는 표본추출 틀과 모집단이 상호 일치하도록 재규정하거나, 자료 수집과정에서 선별적 질문을 통해 조사시작 전에 부적합한 대상은 제거하거나, 자료 분석과정에서 수집된 자료에 가중치를 적용하여 자료를 조정해야 한다.

03 표본추출방법 결정

표본추출 틀이 결정되면 어떤 방법으로 모집단을 대표할 수 있는 표본을 확보할 것인지에 대한 검토가 있어야 한다. 대표성은 추출된 표본의 특성이 모집단의 집합적 특성과 일치하는 정도를 의미하는데, 대표성을 갖추기 위해서는 충분한 표본의 크기와 타당한 표본설계가 필요하다. 또한 대표성을 갖추기 위한 표본의 크기는 모집단 동질성, 표본추출 방법, 신뢰도 등에 따라 달라진다.

04 표본의 크기 결정

표본추출이 결정되었으며 모집단의 크기, 모집단의 성격, 연구목적 및 방법, 측정의 신뢰수준, 측정의 정확성, 조사기간과 비용, 조사인력 등을 고려하여 적정수준으로 표본의 크기를 결정해야 한다. 표본의 크기란 모집단으로부터 추출한 표본추출단위의 총수이다. 타당한 표본의 크기는 모집단의 성격과 연구의 목적에 의해 달라진다.

일반적으로 모집단이 클수록 표본도 커야 하며 모집단이 이질적일수록 표본도 커야 한다. 또한 조사의 시간, 비용, 그리고 실제 표본추출 가능성도 표본의 크기 선정에 고려되어야 한다. 확률 표본추출이든, 비확률 표본추출이든 표본조사를 통해 모집단의 특성을 추정하기 위해서는 모집단을 가장 잘 대표할 수 있는, 즉 표본의 대표성 정도가 높은 표본을 추출하도록 노력해야 한다. 표본추출 과정에서 표본의 크기에 영향을 미치는 요인, 즉 표본의 크기를 결정할 때 고려해야 할 사항은 크게 연구목적과 방법, 모집단의 크기, 모집단의 성격, 측정의 신뢰수준, 측정의 정확성, 통계적 검증력, 조사주제와 관련하여 분석하고자 하는 변수의 수, 시간과 비용의 제약 등 여덟 가지로 구분할 수 있다.

첫째, 연구목적 및 방법으로 기본적으로 연구의 목적과 주제, 전체적인 연구수행 절차와 방법 등을 고려해야 한다.

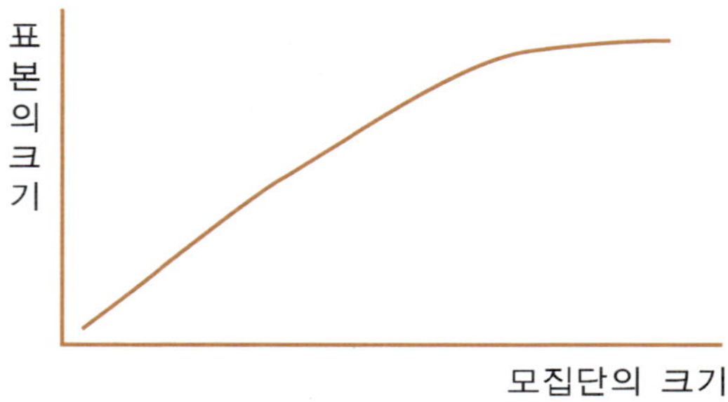

[그림 8-1] 모집단의 크기와 표본의 크기

둘째, 모집단의 크기로서 일반적으로 모집단의 크기가 크면 표본의 통계치가 모집단의 모수치에 근접할 확률이 높다. 그러므로 상대적으로 표본의 크기를 크게 하는 것이 바람직하다. 그러나 표본의 크기가 반드시 모집단의 크기에 비례해서 무한히 커져야 하는 것은 아니다.

셋째, 모집단의 성격이 동질적인가 이질적인가의 정도에 따라 표본의 크기가 달라진다. 모집단이 동질적인 경우 표본의 크기가 작아도 되지만, 이질성이 높은 모집단의 경우에는 표본의 크기를 증가시켜 이질적 속성들을 잘 반영할 수 있도록 해야 한다.

넷째, 측정의 신뢰수준으로 표본의 통계치에 의한 모집단의 모수치 추정 시 신뢰수준의 범위 등을 고려하여 표본의 수를 결정해야 한다.

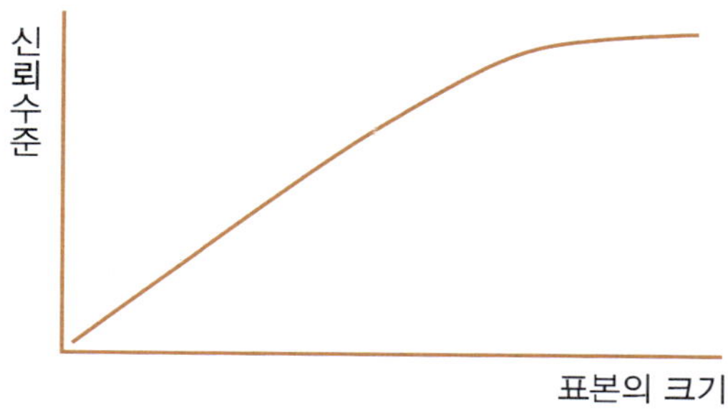

[그림 8-2] 표본의 크기와 신뢰수준

다섯째, 측정의 정확성으로 측정의 정확성을 높이기 위해서 연구에서 설정한 최대허용오차에 고려하여 표본의 크기를 결정해야 한다.

여섯째, 통계적 검증력으로 통계적 검증력을 높이기 위해서는 표본의 크기를 증가시켜야 한다.

일곱째, 연구주제와 관련된 분석변수의 수로서 연구주제와 관련된 분석변수의 수가 많은 경우 상대적으로 표본의 크기를 늘려야 한다.

여덟째, 시간과 비용 등 현실적인 제약으로서 연구내용의 분석에 제약을 받지 않는 범위 내에서 시간과 비용 등 현실적인 한계를 고려하여 표본의 크기를 결정해야 한다. 대개 표본의 크기가 클수록 자료 수집 및 처리에 드는 비용과 시간이 증가하기 때문에 이를 고려해야 한다.

이상의 고려사항들을 염두에 두고 연구자는 표본의 크기를 결정해야 하며, 무엇보다도 중요한 것은 표본의 크기가 어떻게 결정되든지 추출된 표본이 모집단을 잘 대표하여 연구자가 조사를 통해 밝히고자 하는 것을 최대한 정확하게 추론할 수 있어야 한다는 것이다. 통계적 자료 분석에서는 표본의 크기가 최소 30이면 가능하지만 실제연구에서는 100을 최소크기로 잡는다. 왜냐하면, 연구는 보통 여러 변수들을 여러 개의 하위집단으로 나누어야 되기 때문이다. 이 때 표본수가 작으면 각 집단에 해당되는 연구대상 수가 아주 작아져 분석이 불가능해진다.

05 표본추출

표본추출에서는 결정된 표본추출 방법의 과정에 따라 표본을 수집한다.

|RESEARCH| |METHODS| |FOR| |SOCIAL| |WELFARE|

SECTION 03 표본추출 방법

표본추출의 유형은 크게 두 가지 범주로 나누며, 하나는 확률 표본추출법, 다른 하나는 비확률 표본추출법이다. 확률 표본추출은 모집단의 요소들이 표본으로 추출될 확률이 알려져 있는 경우를 말하며 다시 단순무작위 표본추출, 계통적 표본추출, 층화 표본추출, 집락 표본추출로 구분되며, 비확률 표본추출은 확률이 일정하지 않은 경우이며 편의 표본추출, 유의 표본추출, 할당 표본추출, 눈덩이 표본추출로 나눌 수 있다(양정하 외, 2006). 이를 도식화하면 다음과 같다.

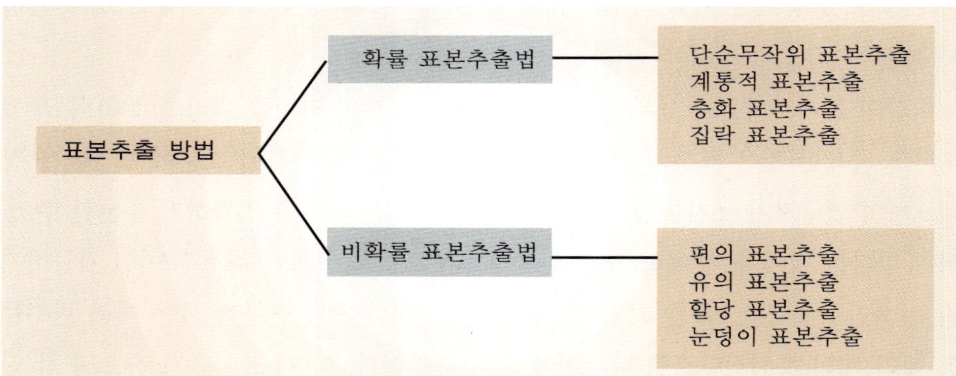

[그림 8-3] 표본추출 방법

01 확률 표본추출 방법

확률 표본추출은 모집단을 구성하고 있는 모든 요소들이 표본추출되는데, 영이 아닌 어떤 확률을 갖고 있다는 것을 전제로 특정한 표본추출을 얻을 확률을 객관적으로 할 수 있도록 설계하여 표본추출하는 방법을 말한다. 일반적인 통계적 추리는 확률적 표본추출을 전제로 하고 있다. 확률 표본추출은 모든 연구대상이 표본에 포함될 확률이 같을 때 사용되며 표본의 추출 때는 무선의 방법을 적용한다는 것이 전제된다. 확률 표본추출의 적용은 그 특성 때문에 시간과 비용이 많이 드나 반드시 표본추출오차가 적다고는 볼 수 없다. 확률 표본추출의 장점은 비확률 표본추출에 비해 보다 대표성 있는 표본을 얻을 수 있으며, 확률 표본추출에 의한 표본은 조사자로 하여금 표본오차, 즉 조사결과의 통계처리에 의해 모집단의 특성을 얼마나 확신하고 예측할 수 있는가를 계산할 수 있다. 확률 표본추출법에는 확률적 근거에 기반하며 표본추출의 원형이 되는 단순무선 표본추출과 확률적 근거와 함께 다른 기준이 적용되는 계통적 표본추출, 층화 표본추출, 집락 표본추출 등이 포함된다.

1) 단순무작위 표본추출

단순무작위 표본추출은 제비를 뽑을 때처럼 특별한 선정의 기준을 마련하지 않고 무작위로 뽑기 때문에 이론적으로 모집단의 특성을 가장 잘 반영할 수 있는 표본추출 방법이다. 모집단의 규모가 크거나 파악이 어려워 일련번호를 모두 부여하는 것이 불가능한 경우, 혹은 모집단의 경계를 설정하기 어려운 경우에는 단순무작위 방법을 사용하기 어렵지만 단순무작위 표본추출을 활용할 수 있는 조건이 갖추어진 경우 가장 흔히 쓰이는 것이 난수표를 이용하는 방법이다. 이 방법은 확률 표본추출 방법 중에서 가장 널리 쓰이고 있으며 또한 다른 확률적 표본추출 방법의 기초가 된다. 단순무작위 표본추출에서는 모집단의 각 요소가 표본으로 뽑힐 확률이 동일하다는 원리를 가지고 있으며 각 표본요소가 선택될 동등한 기회를 갖는다. 연구자가 모든 표본요소를 작성하여 번호를 부여한 뒤 무작위과정에 의해 선택하므로 쉽게 이용되지 않는 방법이기도 하다. 단순무작위 표본추출의 장점은 모집단의 모든 요소가 동등하게 추출될 확률을 가지므로 연구자의 편견이 개입될 확률이 적고 모집단에 대한 사전지식을 필요로 하지 않아도 되며, 표본오차의 계산이 용이하다. 단점으로는 사전에 반드시 표본추출 틀이 확보되어야 하며, 모집단에서 그 수가 적은 요소는 표본으로 추출될 수 없다.

2) 계통적 표본추출

모든 표본요소에 번호를 부여하여 일정한 간격으로 선택하는 방법이다. 표본추출 간격은 모집단 크기와 표본 크기에 의해 정해진다.

$$\text{표본추출간격(k)} = \frac{\text{모집단 크기}}{\text{표본 크기}}$$

계통적 표본추출은 '체계적 표본추출'이라고 하며, 무작위 표본추출의 장점을 살리면서 모집단 목록에서 일정한 순서에 따라 매 k번째 요소를 표본으로 추출하는 방법이다. 계통적 표본추출의 절차를 살펴보면, 첫째, 전체 모집단에 무작위표본추출의 표본추출 틀과 같이 일련번호를 부여하고, 둘째, 전체 모집단 총수를 원하는 표본의 크기로 나누어 표본추출 간격을 결정하며, 셋째, 최초 표본 무작위 선택하여, 넷째, 결정된 표본추출 간격에 따라 모집단에서 일정한 간격으로 표본을 반복적으로 추출하면 된다. 예를 들면, 모집단의 총수가 700명인 경우 표본을 70명으로 결정했다면, 표본추출 간격(k)은 10(=700/70)이 된다. 최초 표본은 난수표 등을 사용하여 무작위로 결정하며, 여기서부터 출발하여 매 10번째 사례가 표본으로 결정된다. 계통적 표본추출의 장점으로는 표본추출이 용이하고, 모집단 전체에 걸쳐 균일하게 표본이 추출되므로 모집단을 잘 대표할 수 있다. 단점으로는 표본이 편중될 가능성이 존재한다는 점이다.

3) 층화 표본추출

모집단이 가지고 있는 중요한 특성을 기준으로 하여 모집단을 서로 중복되지 않은 층으로 나눈 뒤 각 층으로부터 무선으로 추출하는 방법이다. 이 때, 각 층은 동질적인 하위체계를 이루고 있다고 가정하여 가능한 표본추출 오차를 줄임으로써 모집단의 대표성을 더욱 정확하게 증가하는 방법이다. 일정한 기준에 따라 나누어 놓은 모집단의 각 층들을 층화라고 한다. 층화 표본추출은 단순무작위 표본추출과 계통적 표본추출의 변형이라고 할 수 있는데, 표본추출의 현실성을 높여 주고, 가능한 표본추출오차를 줄여 주면서 대표성을 높여주는 방법이 될 수 있다. 층화 표본추출은 모집단의 속성에 대한 지식을 바탕으로 하는데, 모집단에 대해 알고 있는 속성을 기초로 계층을 나눈 후, 각 층별로 표본을 추출한다. 이 경우 계층으로 구분하는 속성은 관찰하고자 속성에 근거해야 하며 계층집단 사이에는 의미 있는 차이를 나타내야 한다. 층화 표본추출을 하는 주요 이유는 모집단이 어떤 특성에 의하여 확연히 구별될 때, 그러한 특성을 고려하여 골고루 표본추출함으로써 좀더 대표적인 표본추출이 되도록 하는 데 있다. 층화 표본추출의 장점은 꼭 필요한 집단을 배제시키지 않고 표본에 포함시킬 수 있으며, 표본의 정확성을 보다 적은 비용으로 확보할 수 있다. 즉, 모집단의 속성을 대변하는 하위집단(계층)의 분류를 통해 적은 수의 표본으로 정교한 표본의 확보가 용이하므로 현실성이 높다. 단점은 층화에 대한 자료 확보와 층화분류의 초점이 중요하다. 따라서 의미 있는 하위집단(계층)이 너무 많거나 혹은 적은 경우에는 활용하기 어렵다.

층화 표본추출은 다시 비례층화 표본추출과 비비례층화 표본추출으로 나누어진다. 비례 층화표본추출은 모집단에서 각 계층이 차지하는 크기에 비례하여 표본의 크기를 정하는 방법으로 각 층의 표본추출비율을 동일하게 하는 것으로 단순무작위표본추출이나 계통적 표본추출보다 대표성 있는 표본을 얻을 목적으로 사용되며, 모집단의 특성 자체를 반영하려는 조사의 경우에 유리하다. 이러한 방법으로 표본추출을 하려면 먼저 모집단을 중요하다고 판단되는 특성에 따라 분류해야 한다. 유층화할 수 있는 특성은 연구의 성격에 따라 성별, 거주 지역, 교육수준, 종교 등 다양하다. 이렇게 어떤 기준에 따라 분류를 한 다음 각 하위집단의 구성 비율을 파악한다.

비비례층화 표본추출은 하위집단의 크기에 비례하여 표본추출을 하는 것이 아니라 필요한 수만큼 의도적으로 각 집단에서 뽑는 방법이다. 이 방법은 주로 전체 모집단의 특성보다는 각 층이 대표하는 부분집단의 특성을 보고자 할 때 많이 사용된다. 이는 모집단을 구성하는 어떤 특성을 갖는 요소의 수는 적지만, 분석에 있어서 그 특성이 중요한 의미를 지닐 경우 표본의 유효성을 높이고자 할 때 주로 이용된다. 따라서 모집단에서의 구성 비율이 그대로 표본추출에 반영되지는 않는다. 이 경우 모집단의 구성과 관계없이 표본비율을 차등 적용하므로 표본의 불균형성의 문제가 발생하지만, 이는 가중치를 부여하는 방법 등을 통해 극복할 수 있다.

4) 집락 표본추출

모집단을 구성하고 있는 요소를 하나하나 뽑는 것이 아니라, 이러한 개별 요소가 한데 묶인 집단을 단위로 하여 표본추출하는 방법이다. 모집단이 대단히 클 경우 그 속에 흩어져 있는 개별 사례들을 하나씩 표본추출하는 것보다 집락을 단위로 해서 표본추출하는 것이 훨씬 편리하다. 여기서 집락은 학교, 학급, 학과 등의 집단이 되거나, 혹은 시·군·구 등의 지역이 될 수도 있다. 다시 말하면, 분류한 집락(cluster)을 기초로 해서 몇 개의 집락을 먼저 뽑은 다음 선택된 집락에서만 표본을 추출하는 방법이다. 집락 표본추출은 대규모 조사를 하는 경우에 모집단 전체를 표본추출 틀로 갖추어 모집단의 총목록(list)을 구하기 어렵거나 표본들이 지리적으로 분산될 가능성이 크고, 조사의 시간이나 비용측면에서 효율성이 떨어질 때 많이 활용된다. 집락 표본추출 방법의 장점은 광범한 모집단에 대해 이용가능하며 시간과 비용이 절감된다. 즉, 전체 모집단의 표본추출 틀(목록)을 작성하지 않아도 되며 추출된 집락에 대해서만 표본추출 틀을 작성할 수 있다. 단점은 각 집락의 이질성을 확보하기 위한 분류의 기준설정이 어렵다. 단순무작위 표본추출보다 특정집단의 특성을 과대 또는 과소하게 나타낼 위험성이 높기 때문에 표본오차가 더 커질 가능성이 있다. 집락 표본추출은 집락의 단계에 따른 구분에 따라 한 번 추출된 집락을 근거로 그 집락에서 무작위로 표본을 추출하는 단순 집락표본추출과 몇 단계에 걸쳐 집락을 무작위로 표본추출한 다음 최종 표본추출 단위에서 표본을 무작위로 추출하는 다단계집락 표본추출으로 구분할 수 있다. 다단계집락 표본추출은 표본조사에서 많이 활용되고 있다.

02 비확률 표본추출 방법

비확률 표본추출은 모집단의 요소들이 뽑힐 확률을 고려하지 않고 연구자의 주관적 판단에 의해서 임의적으로 표본추출하는 방법을 말한다. 즉, 모집단의 범위를 한정할 수 없거나, 모집단의 범위는 분명하지만 표본추출 틀을 구할 수 없는 경우에는 불가피하게 비확률 표본추출을 사용하게 된다. 사회복지조사에서는 확률 표본을 선정할 수 없는 상황에서 활용되는 경우가 많으며 주로 사용하게 되는데, 주로 탐색적 연구단계에서 많이 활용된다. 일반적으로 표본추출에 따른 오차가 어느 정도 되는지를 계산할 수 없기 때문에 비확률 표본추출은 확률 표본추출보다 신뢰수준이 낮은 단점이 있지만 사용하기 쉽고 비용이 적게 드는 장점이 있다. 비확률 표본추출의 구체적 방법에는 편의 표본추출, 유의 표본추출, 할당 표본추출, 눈덩이 표본추출이 있다.

1) 편의 표본추출

편의 표본추출은 '우발적 표본추출' 또는 '임의 표본추출'이라고 하며, 모집단을 정의할 수 없거나 또는 표본 간에 별로 차이가 없을 것이라고 가정할 때 표본추출하기 쉬운 사람을 대상으로 표본추출하는 방법으로 대표성의 정확도는 떨어지지만 시간과 돈이 절약된다. 즉, 쉽게 접근할 수 있거나 이용 가능한 대상들을 표본으로 선정하는 방법이다. 편의 표본추출의 이러한 임의적인 성격 때문에 표본이 얼마나 적절히 모집단을 대표하는지는 알 수 없으며, 편의 표본추출은 확률 표본추출이 어렵거나 꼭 필요하지 않은 경우에 주로 활용된다. 시간과 비용이 가장 적게 드는 장점이 있지만 일반화 가능성의 제약과 많은 편견이 개입될 수 있는 단점을 가지고 있다. 많은 사람들이 오고가는 길거리나 대중이 모인 장소에서 연구자가 아무나 선정하여 인터뷰하는 방식이 편의 표본추출의 대표적 예라고 할 수 있다.

2) 유의 표본추출

유의 표본추출은 연구자의 주관적 판단에 의해서 모집단을 잘 대표하리라고 믿는 사례들을 의도적으로 표본추출하는 방법이다. 즉, 유의 표본추출에서는 대개 연구자가 가지고 있는 과거 경험이나 전문적 식견에 바탕을 두고 표본추출하게 된다. 유의 표본추출은 의도적 표본추출 또는 목적적 표본추출, 판단적 표본추출이라고 하며 연구자의 의도 또는 판단에 따라 표본을 추출하기 때문에 표본은 연구목적과 주요 분석변수들을 가장 잘 반영한다. 연구자가 연구문제에 관련된 사전지식을 충분히 가지고 있을 경우에 유용하게 사용될 수 있다. 그러나 이렇게 선정된 표본이 모집단을 대표하는 사례는 될 수 있지만, 확률 표본추출 절차를 따른 것이 아니므로 결과의 일반화에 한계가 있다. 장점은 간편하게 표본추출을 할 수 있고 비용이 적게 들며, 편의 표본추출보다 연구목적을 충족시키는 요소를 더 고려할 수 있다. 단점으로는 연구자의 주관적 판단이 잘못되었을 경우에 표본의 대표성을 확인할 방법이 없고, 모집단에 대한 충분한 사전지식을 갖추고 있어야 한다.

3) 할당 표본추출

할당 표본추출은 모집단의 여러 특성을 대표할 수 있도록 몇 개의 하위집단을 구성하여 각 집단에 알맞은 표본추출의 수를 할당하여 그 범위 내에서 임의로 표본추출하는 방법이다. 즉, 추출된 표본이 모집단을 잘 대표할 수 있도록 미리 모집단의 특성을 나타내는 하위집단별로 표본의 크기를 배정한 다음 표본을 추출하는 방법이다. 할당 표본추출은 층화 표본추출의 방법과 유사하지만 할당된 표본의 수를 무작위 표본추출이 아닌 임의표본추출이라는 점에서 차이가 있다. 확률 표본추출법의 하나인 층화 표본추출과 비교할 때, 할당기준을 정함에 있어 연구자의 의도나 편견이 작용할 가능성이 크다는 단점이 있지만, 모집단의 특성을 일정 정도 감안하여 할당한다는 의미에서 층화 표본추출과 비슷한 효과를 나타낸다. 할당을 하는 기준으로는 대개 연령, 성별, 교육수준, 직업, 지역분포 등을 사용한다. 할당 표본추출의 장점으로는 같은 크기의 무작위 표본추출보다 적은 비용으로 표본을 추출할 수 있고, 빠른 결과를 원할 때 적절하며, 각 집단을 어느 정도 대표하는 층화 효과가 있다. 단점으로는 무작위성을 보장하는 수단의 결여로 일반화가 어려우며, 할당을 위한 정보를 얻기가 쉽지 않고 조사자의 의도나 편향으로 인해 표본추출오차가 커질 가능성이 높다. 할당 표본추출의 대표성은 모집단의 특성을 반영하는 할당 표본추출 틀의 정확도에 달려 있다. 그러나 할당 표본추출 틀에 대한 최신 정보를 얻기 어려운 경우가 많이 있으며, 모집단에서 각 하위집단의 비율을 정확하게 예측했어도 특정 항의 표본요소를 선정하면서 연구자의 의도나 편견이 작용할 수 있다.

4) 눈덩이 표본추출

표본추출 방법이 눈덩이를 굴리는 것과 같은 형태로 진행된다는 의미로 최초의 단서가 되는 소수의 표본으로부터 시작하여 점차 관련이 있는 사람이나 조직으로 표본을 확대해 나가는 방법이다. 특히, 상호작용을 하는 연결망을 가진 사람들이나 조직들을 대상으로 연구할 때 많이 사용된다. 주로 약물중독자의 중독경로 연구, 비행 청소년집단의 관계망 특성, 노동자 등을 연구할 때 활용된다. 눈덩이 표본추출의 장점으로는 하나의 연결망을 가진 사람들의 특성을 파악하고자 할 때 적절한 표본을 추출할 수 있으며, 모집단에 대한 적절한 정보가 없는 경우 사용할 수 있다. 단점으로는 일반화가 어렵고, 편견이 개입될 소지가 많다. 따라서 양적연구보다는 질적연구 혹은 현장연구에서 많이 사용된다.

이상의 표본추출을 요약하면 <표 8-1>과 같다(이향련 외, 2007).

〈표 8-1〉 표본추출의 개요

표본추출방법		표본추출의 용의성	편중의 위험	표본의 대표성
비확률 표본추출	편의 표본추출	매우 용이	어떤 다른 표본추출 방법보다 위험이 큼	표본이 자의 선택인 경향이 있으므로 대표성이 문제됨
비확률 표본추출	할당 표본추출	비교적 용이	외적 타당도에 영향을 주는 알 수 없는 근원의 편중의 가능성 있음	관심 있는 모집단에 관한 지식을 사용함으로서 어느 정도의 대표성이 수립됨
비확률 표본추출	유의 표본추출	비교적 용이	모집단의 이질성이 클수록 편중이 증가됨 : 의식적인 편중이 위험요소가 됨	표본이 연구자의 의도에 의해 선정되므로 일반화 능력이 매우 제한됨
확률 표본추출	단순무작위 표본추출	매우 어려움	낮음	대표성이 가장 높음. 표본의 크기가 증가함에 따라 대표성은 더욱 높아짐
확률 표본추출	층화 표본추출	시간소모가 큼	낮음	높음
확률 표본추출	집락 표본추출	단순무작위나 층화 표본추출보다 시간소모는 적음	단순무작위나 층화 표본추출보다 표본추출 오차가 더 클 수 있음	단순무작위나 층화 표본추출보다 대표성은 낮음
확률 표본추출	계통적 표본추출	단순무작위, 층화, 집락 표본추출보다 편리하고 효율적임	비확률성 면에서의 편중이 우연히 개입될 수 있음	편중이 비확률성의 결과로 일어난다면 대표성이 낮음

01 확률 표본추출과 비확률 표본추출의 비교

확률 표본추출과 비확률 표본추출을 연구대상이 표본으로 추출될 확률, 표본추출, 모수치 추정, 모수치 추정 가능성, 오차측정 가능성, 시간과 비용, 모집단의 규모와 성격 측면으로 구분하여 비교하면 다음과 같다.

〈표 8-2〉 확률 표본추출과 비확률 표본추출의 비교

기준	확률 표본추출	비확률 표본추출
연구대상이 표본으로 추출될 확률	동등함, 알려져 있을 때	동등하지 않음, 알려져 있지 않음
표본추출	무작위적 표본추출	인위적 표본추출
표본의 통계치로 모집단의 모치수 추정	편의가 없음	편의가 있음
모치수 추정 가능성	추정 가능	추정 불가능
오차측정 가능성	측정 가능	측정 불가능
시간과 비용	많이 소요	절약
모집단의 규모와 성격	명확히 규정	불명확 또는 불가능
종류	단순무작위표본추출, 체계적표본추출, 층화표본추출, 집락표본추출 등	편의표본추출, 유의표본추출, 눈덩이 표본추출, 할당표본추출 등

요점정리

〈표본추출〉

- 표본추출 : 표본추출(표집)은 모집단(연구대상) 가운데 자료를 수집할 일부의 대상으로 표본으로 선택하는 과정
- 표본추출의 장단점
  - 장점 : 경제성, 신속성, 가능성, 정확성, 응답률, 조직적 반발의 방지, 신뢰도
  - 단점 : 모집단을 대표할 수 있는 표본을 찾기 어려움. 모집단의 크기가 작은 경우에는 표집의 큰 의미가 없음.
- 표본추출의 과정 : 모집단 확정 → 표본추출 틀 설정 → 표본추출 방법 결정 → 표본추출 크기 결정 → 표본추출
- 표본추출 관련용어
  - 모집단 : 실제 연구의 대상이 되는 전체 집단, 분명하게 규정된 모집단은 대표성을 지닌 표본을 선택할 확률을 높임
  - 모수치 : 모집단에서 특정변수가 갖고 있는 특성을 요약하고 묘사한 것
  - 통계치 : 조사 표본에서 특정변수가 가지고 있는 특성을 요약하고 묘사한 것
  - 표집단위 : 표집 과정의 각 단계에서 표집대상이 된 요소들의 단위
  - 변수 : 변수는 모집단의 요소가 가지는 상호 배타적이고 서로 다른 속성을 말함. 변수는 반드시 두 개 이상의 값을 가져야 함
  - 신뢰수준 : 표본의 통계치가 모수치로부터 어느 정도의 차이가 나는지

〈표본추출의 유형(★)〉

- 확률 표본추출법 : 무작위 추출
  - 단순무작위 표본추출법 : 가장 잘 알려진 무작위 표본. 난수표 이용. 각 사람은 표본으로 선택될 동일한 확률을 가짐. 표본추출 틀에서 각 사람이나 표집단위에 번호를 할당하여 조사자가 일정한 유형 없이 단순무작위로 뽑는 것
  - 계통적(체계적) 표본추출법 : 모집단 목록에서 일정한 순서에 따라 매 k번째 요소를 표본으로 추출하는 방법
  - 층화 표본추출법 : 모집단의 요소들을 '계층들'이라 불리는 중복되지 않은 집단들로 분리하고 각각의 계층 내에서 표본을 뽑는 방법
  - 집락 표본추출법 : 표본들을 집락이나 집단으로 묶어 이들 집락이나 집단을 선택하고 다시 선택된 집단 안에서 표본을 무작위로 추출

요점정리

- 비확률 표본추출법 : 모집단으로부터 선택될 확률이 미리 알려지지 않은 경우, 모집단 자체가 무한 모집단이거나 시간과 비용이 많이 드는 확률 표본추출에 대한 대안 (장점 : 표본추출 절차가 복잡하지 않으며 적은 비용. 통계의 복잡성이 없으며, 활용 가능한 응답자를 즉석에서 활용 / 단점 : 연구의 일반화에 제한. 표본이 모집단을 대표하고 있다고 말할 수 없음)
  - 편의표본추출(임의표본추출) : 조사자가 임의대로 표본을 추출. 모집단에 대한 정보가 전혀 없는 경우이거나 모집단의 구성요소들 간의 차이가 별로 없다고 판단될 때 효율적. 표본의 대표성 문제와 표본추출의 편의가 문제
  - 유의 표본추출(판단 표본추출) : 조사자가 모집단에 대한 지식이 많을 경우. 무작위 표본추출 시 모집단을 대표할 수 없는 표본이 선정되는 것을 방지할 수 있어 효과적
  - 할당 표본추출 : 모집단의 속성을 몇 개의 범주로 구분하고 각 범주에 해당하는 모집단의 수를 결정하고 범부의 할당량에 비례해서 각 범주로부터 일정 수의 표본을 임의적으로 추출. 모집단을 대표하는 표본을 얻음
  - 눈덩이 표본추출 : 모집단이 명확하지 않을 때 집단 내 성원의 네트워크를 활용하여 입에서 입으로 전함. 눈에 잘 띄지 않는 하위문화 연구, 질적 연구에서 많이 활용

실전문제

Korean academy of social welfale

01 다음 중 표본설계절차가 올바로 연결된 것은?

① 표본크기 결정 → 모집단 확정 → 표본추출 틀 선정 → 표본추출 방법 결정 → 표본추출
② 모집단 확정 → 표본크기 결정 → 표본추출 틀 선정 → 표본추출 방법 결정 → 표본추출
③ 모집단 확정 → 표본추출 틀 설정 → 표본추출 방법 결정 → 표본크기 결정 → 포본추출
④ 모집단 확정 → 표본추출 방법 결정 → 乇본추출 틀 선정 → 표본크기 결정 →표본추출
⑤ 표본추출 틀 선정 → 모집단 확정 → 표본추출 방법 결정 → 표본크기 결정 → 표본추출

해설 표본설계절차

- 모집단 확정 : 가능한 한 완전하고 정밀한 모집단의 규정
- 표본추출 틀 선정 : 최종적인 표본을 추출하게 될 표집틀 선정
- 표본추출 방법 결정 : 구체적으로 표본을 선정할 방법의 결정
- 표본크기 결정 : 표본추출 방법, 모집단의 성격, 시간과 비용, 연구자 및 조사원의 능력 등을 고려하여 결정
- 표본추출 : 결정된 표본추출 방법으로 표본을 수집

02 확률적 표본추출 방법이 아닌 것은?

① 집락 표본추출 ② 단순무작위 표본추출 ③ 층화 표본추출
④ 유의 표본추출 ⑤ 계통 표본추출

해설 확률 표본추출방법

- 모집단이 각 표본추출단위가 모두 추출될 기회를 가지고 있고 각각이 표본추출단위가 추출될 확률을 정확히 알고 어떤 형태의 무작위방법에 기초하여 표집할 경우 이를 확률 표본추출이라 하며 이렇게 추출된 표본을 확률표본이라 함
- 확률 표본추출로는 단순무작위 표본추출, 계통 표본추출, 층화 표본추출, 집락 표본추출 등이 있음

03 확률표본이 아닌 것은?

① 할당 표본추출 ② 층화 표본추출 ③ 계층 표본추출
④ 집락 표본추출 ⑤ 단순무작위 표본추출

04 사회복지조사에서 대상자의 이름이 모두 적힌 목록표를 만든 후 일정간격으로 대상자를 뽑는 방법은?

① 다단계지역 표본추출 ② 단순무작위 표본추출 ③ 체계적 표본추출
④ 층화 표본추출 ⑤ 집락 표본추출

정답 1. ③, 2. ④, 3. ①, 4. ③

실전문제 Korean academy of social welfale

- 체계적 표본추출은 무작위 표본추출보다 표본추출 틀을 정확성에 더 의존. 단순함 이외에 무작위 표본추출에 대해 체계적 표본추출이 갖는 또 다른 이점은 미리 표본추출 틀을 완성하지 않아 표본추출 과정에서 또는 면접과정에서 표본추출 틀을 작성해야만 할 때 훨씬 더 실용적일 수 있음
- 체계적 표본추출에서는 편재 가능성에 관해 주의를 해야 함. 편재 가능성은 표본추출 틀의 표본추출 단위가 어떤 특징적 경향을 따라 배열되어 있어서 이것이 표본추출 간격에 맞추어 작용하게 됨으로써 일어날 수 있음

05 다음과 같은 표본추출 방법은?

보기

모집단을 구성하고 있는 구성요소들이 자연적인 순서 또는 일정한 질서에 따라 배열된 목록에서 매 k번째의 구성요소를 추출하여 형성한 표본이다.

① 할당 표본추출 ② 계통적 표본추출 ③ 층화 표본추출
④ 집락 표본추출 ⑤ 단순무작위 표본추출

06 일련번호를 붙인 표본추출 틀에 입각하여 표본의 크기에 따라 표본추출 간격을 산출하여 무작위로 하나를 추출한 후 표본추출 간격에 따라 표본 수만큼 표본을 추출하는 방법은?

① 층화 표본추출 ② 계통적 표본추출 ③ 단순무작위 표본추출
④ 편의 표본추출 ⑤ 집락 표본추출

07 사회복지조사에서 대상자의 이름을 모두 적어 넣고 추첨방식으로 하는 표본추출 방법은 무엇인가?

① 단순무작위 표본추출 ② 계통 표본추출 ③ 층화 표본추출
④ 집락 표본추출 ⑤ 다단계 표본추출

해설 단수무작위 표본추출

- 확률표본추출 방법의 가장 잘 알려진 형태. 무작위 표본에서 전대상 내의 각 사람은 표본으로 선택될 동일한 확률을 갖고 있고 수집된 동일 크기의 사람들마다 실제 표본이 될 동등한 확률을 갖고 있음. 이러한 사실은 그들이 동일한 전 대상의 구성원인 한, 그들 간의 유사점이나 차이점에 상관없이 적용됨
- 무작위 표본추출에서 일반적인 절차는 표본추출 틀에서 각 사람이나 표본추출단위에 번호를 할당하여 사람들이 호칭, 이름 또는 다른 확인기준에 의해 편견을 받을 수 없게 한 후, 이론상 조사자가 일정한 유형 없이 생각나는 대로 단순히 번호를 무작위적으로 뽑는 것
- 보다 보편적인 절차는 컴퓨터로 만든 무작위번호표 내지 난수표를 사용하는 것

정답 5. ②, 6. ②, 7. ①

08 확률 표본추출방식이 아닌 것은?

① 할당 표본추출 ② 단순무작위 표본추출 ③ 층화 표본추출
④ 집락 표본추출 ⑤ 체계적 표집

해설 확률 표본추출 방법과 비확률 표본추출 방법

	확률 표본추출방법	비확률 표본추출방법
모집단의 개별 구성요소들이 표본이 추출될 확률	• 동등함 • 알려져 있음	• 동등하지 않음 • 알려져 있지 않음
표본추출	• 무작위 표본추출	• 독단적, 의도적 표본추출
종류	단순무작위 표본추출, 체계적 표본추출, 층화 표논추출, 집락 표본추출 등	편의 표본추출, 유의 표본추출, 눈덩이 표본추출, 할당 표본추출 등

09 표본의 크기를 결정하는 데 영향을 미치는 것을 모두 고르면?

보기

A. 신뢰수준 B. 보고서 작성 C. 분석변수의 수 D. 측정도구

① A, B, C ② A, C ③ B, D
④ D ⑤ A, B, C, D

10 다음에 해당하는 표본추출 방법은?

보기

모집단을 하위집단(성별, 지역사회별 등)으로 나누고 각 하위집단에서 표본을 추출한다.

① 계층 표본추출 ② 단순무작위 표본추출 ③ 집락 표본추출
④ 층화 표본추출 ⑤ 눈덩이 표본추출

해설 층화 표본추출법

- 모집단 전체에서 표본을 추출하는 것이 아니라, 모집단의 요소들을 계층이라는 집단들로 분리하고, 각 계층 내에서 단순무작위 표본추출 방법이나 체계적 표본추출방법으로 적절한 수의 표본을 뽑는 방법

정답 8. ①, 9. ④ 10. ④

실전문제 Korean academy of social welfale

11 다음 중 비확률 표본추출 방법은?

보기

A. 눈덩이 표본추출 B. 계통 표본추출 C. 편의 표본추출 D. 집락 표본추출

① A, B, C ② A, C ③ B, D
④ D ⑤ A, B, C, D

12 많은 사회조사자들이 모집단보다는 표본을 사용하는 주된 이유로 볼 수 없는 것은?

① 경제성 ② 신속성 ③ 가능성
④ 응답률 ⑤ 일반화

해설 표본추출의 장단점

- 장점 : 경제성, 신속성, 가능성, 정확성, 응답률, 신뢰도
- 단점 : 일반화 가능성이 낮음, 모집단 크기가 작은 경우 표집이 무의미함, 표본 설계가 복잡한 경우 시간과 비용의 낭비를 가져옴

13 지역사회 주민들이 복지의식을 조사하려고 할 경우 이용할 수 있는 표본추출 틀로서 적당한 것은?

① 주민등록증 ② 호주명단 ③ 주민등록명부
④ 가구주 리스트 ⑤ 국민연금 수혜자명부

14 조사표본에서 특정 변수가 가지고 있는 특성을 요약하고 묘사한 것을 무엇이라 하는가?

① 통계치 ② 모치수 ③ 표본추출
④ 모집단 ⑤ 변수

해설 모수치와 통계치

- 모수치(모수) : 모집단에서 특정 변수가 갖고 있는 특성을 요약하고 묘사한 것
- 통계치 : 조사표본에서 특정 변수가 갖고 있는 특성을 요약하고 묘사한 것

15 표본의 통계치들이 모집단의 모치수와 정확히 일치하지 않고 그 주위에 분산되어 있는 정도를 무엇이라고 하는가?

① 표본추출 간격 ② 표본추출 오차 ③ 표본추출 틀
④ 신뢰구간 ⑤ 표본추출 간격

정답 11. ②, 12. ⑤, 13. ③, 14. ①, 15. ②

해설 표본추출 오차

- 표본의 통계치들이 모집단이 모치수와 정확히 일치하지 않고 그 주위에 분산되어 있는 정도
- 통계치가 모수치와 다른 정도
- 표본의 특성치에서 모집단의 특성치를 추정하는 과정에서 발생

16 어느 유형의 표본추출인가?

보기

"눈을 감고 연필을 굴려서 연필 끝이 지시하는 난수표 상의 숫자를 출발점으로 하여 행을 따라 옆으로 가거나 종을 따라 아래로 가거나 하면서 표본에 포함된 숫자를 수집한다. 수집은 모집단의 자릿수대로 다라 가면서 난수표 상의 숫자가 모집단이 총수보다 작은 숫자를 필요한 수만큼 표본으로 선택한다."

① 단순무작위 표본추출 ② 체계적 표본추출 ③ 층화 표본추출
④ 할당 표본추출 ⑤ 집락 표본추출

해설 단순무작위 표본추출

- 확률표본추출 법 중 가장 기본적이고 단순한 유형
- 각 요소가 표본으로 뽑힐 확률이 동일하다는 원칙하에 수행
- 편견을 상쇄하고 표집오류를 측정하기 위한 통계적 수단을 제공

17 어느 유형의 표본추출인가?

보기

"일련번호를 붙인 표본추출 틀을 마련하고 모집단 총수를 요구되는 표본수로 나누어 표본추출 간격을 구하며, 표본추출 간격 안에 들어 있는 숫자 가운데 하나를 무작위로 선택하여 추출된 것을 최초의 표본으로 삼고 나머지 표본들은 기계적으로 정해진 표본추출 간격에 따라 추출한다."

① 우연 표본추출 ② 체계적 표본추출 ③ 층화 표본추출
④ 공간 표본추출 ⑤ 집락 표본추출

해설 체계적 표본추출

- 표본추출 틀에서 일정한 순서에 따라 매 k번째 요소를 표본으로 추출하는 방법
- 표본추출 간격은 모집단의 크기를 표본의 크기로 나눈 숫자임

정답 16. ①, 17. ②

실전문제 Korean academy of social welfale

18 어느 유형의 표본추출 방법에 관한 설명인가?

보기

"모집단 전체에서 표본을 추출하는 것이 아니라, 모집단이 요소들을 '계층들'이라 불리는 중복되지 않는 집단들로 분리하고, 그리고 나서 각각의 계층 내에서 단순무작위 표본추출방법이나 체계적 표본추출방법으로 적절한 수의 표본을 뽑는 방법이다."

① 전략적 제보자 표본추출　② 체계적 표본추출　③ 층화 표본추출
④ 가용 표본추출　⑤ 집락 표본추출

해설 층화 표본추출

- 모집단을 상호 배타적이고 포괄적인 소집단들로 나누고, 각 소집단별로 단순무작위 표본추출 방법이나 체계적 표본추출방법으로 적절한 수의 표본을 뽑는 방법
- 동질적인 집단 내의 표본추출 오차가 이질적인 집단의 표본추출 오차보다 더 작다는 확률분포논리에 기초함
- 모집단을 층화할 변수는 연구목적, 가설, 연구자의 개인적 관심, 변수의 사용가능성 및 상대적 중요성 등을 고려하여 결정

19 표본들을 집단으로 묶어 이들 집단들을 선택하고, 다시 선택된 집단 안에서 표본을 무작위추출하는 표본추출 방법은?

① 구조적 표본추출　② 체계적 표본추출　③ 층화 표본추출
④ 공간 표본추출　⑤ 집락 표본추출

해설 집락 표본추출

- 군집 표본추출이라고도 함
- 모집단을 상호 배타적인 소집단으로 분류하여, 분류된 소집단 중에서 무작위로 일부 소집단을 선정하고, 다시 각각의 소집단에서 표본을 무작위로 선정하는 방법
- 집락은 주로 지리적 구획과 같이 행정적으로 또는 조직체계상 구분된 단위들임
- 다단계 집락 표본추출 : 집락 표본추출을 여러 단계에 걸쳐 실시하는 것

20 조사자는 성계층화 현상을 조사하기 위해 성인여성을 다음의 순서에 따라 추출하였다. 이는 어느 유형의 표본추출 방법에 속하는가?

보기

인구조사 표준지역 일부 → 도시구획 일부 표본추출 → 가구 일부 표본추출 → 성인여성 표본추출

정답 18. ③, 19. ⑤, 20. ④

① 유의 표본추출 ② 체계적 표본추출 ③ 층화 표본추출
④ 다단계집락 표본추출 ⑤ 할당 표본추출

21 조사자가 모집단과 조사문제에 대한 충분한 사전지식에 기초하여 연구목적의 달성에 도움이 될 수 있는 요소들을 모집단으로부터 자신이 주관적 판단에 따라 의도적으로 추출하는 표본추출 방법은?

① 유의 표본추출 ② 편의 표본추출 ③ 집락 표본추출
④ 층화 표본추출 ⑤ 가용 표본추출

해설 유의 표본추출

- 충분한 사전지식에 기초하여 연구자의 주관적 판단에 따라 의도적으로 추출하는 방법
- 판단 표본추출이라고도 함
- 본조사를 실시하기 전 설문지의 내용 및 수준을 검토하고 타당도를 향상시키기 위해 실시하는 예비조사에서 주로 사용함

22 표본의 크기를 결정하는데 실제적으로 고려해야 할 요인으로 적당한 것을 모두 고르면?

보기

A. 모집단의 동질성 B. 소요비용
C. 표본추출 방법 D. 통계분석기법

① A, B, C ② A, C ③ B, D
④ D ⑤ A, B, C, D

해설 표본 크기의 실제적 결정요인

- 모집단의 동질성 : 모집단이 이질적일수록 표본이 커야 함
- 표본추출 방법 및 조사방법의 유형 : 표본추출 방법과 조사방법에 따라 다름
- 분석범주 및 변수 수 : 분석범주와 변수 수가 많을수록 표본이 커야 함
- 이론과 표본설계 : 이론에 잘 기반하고 표본설계가 잘 구성되면 적은 표본으로도 정확한 정보 제공이 가능함
- 소요비용, 시간, 인력 : 대체로 표본이 클수록 비용은 증가하지만, 규모의 경제가 존재하기도 함

23 표본조사에 있어서 대표성을 높일 수 있는 조건은?

정답 21. ①, 22. ①, 23. ②

실전문제 Korean academy of social welfale

보기

가. 표본의 크기를 늘린다.
나. 표본설계를 복잡하게 만든다.
다. 확률표집방법을 사용한다.
라. 비확률표집방법을 사용한다.

① 가, 나, 다 ② 가, 다 ③ 나, 라
④ 라 ⑤ 가, 나, 다, 라

24 다음 보기에서 표본추출과 관련된 용어와의 연결이 틀린 것은?

보기

서울시 소재 4개 종합사회복지관 이용자 중에서 2004년부터 2008년 2월 1일 현재까지 부부대상 프로그램을 이용한 경험이 있는 20~40세 미만 남녀를 대상자로 하였다. 조사 대상자 선정을 위해, 해당 종합사회복지관 의 부부대상 프로그램 참여자 명부로부터 이용남녀의 성비에 따라 할당표집(quota sampling)하여, 종합사회복지관마다 50명씩 200명의 남녀를 표본으로 추출하였다.

① 모집단-서울시 소재 4개 종합사회복지관 이용자
② 표집틀-프로그램 참여자 명부
③ 표집방법-할당표집
④ 관찰단위-20세~40세미만 남녀
⑤ 표집단위-200명

25 표집방법의 성격이 다른 것은?

① 프로그램의 이용자의 일련번호 목록으로부터 난수표를 이용하여 표집한다.
② 유료, 무료 프로그램 별로 이용자를 나눠서 각각 무작위표집한다.
③ ○○시에서 구→동→번지→호에 따라 각각 무작위로 표집한다.
④ 아파트 단지 내 모든 세대에 일련번호를 부여한 후 매회 20번째에 표집한다.
⑤ 남녀 비율을 각각 50%씩 할당한 후 비율이 채워질 때까지 유의표집한다.

해설

비확률표집방법(할당표집)이다. 일반적으로 표집방법은 표본추출과정이 확률이론에 기반하고 있는지 여부에 따라 확률표집방법과 비확률표집방법으로 구분할 수 있다. 확률표집방법에는 단순무작위표집, 체계적 표집, 층화표집, 집락표집 등이 있고, 비확률표집방법에는 편의표집, 유의표집, 눈덩이표집, 할당표집 등이 있다.

정답 24. ⑤, 25. ⑤

26 여자500명 남자500명, 총 1000명의 모집단 인원에서 100명을 표본으로 선정할 때 남자 중 50명, 여자 중 50명을 무작위로 추출하였다. 이 표본추출 방법은?

① 임의표집 ② 계통표집 ③ 집락표집
④ 층화표집 ⑤ 할당표집

27 눈덩이표집에 대한 설명으로 옳은 것을 모두 고르시오.

보기

가. 일반화가 어렵다.
나. 표본의 대표성을 확보하기 어렵다.
다. 연결되어 있는 사람들의 특성을 파악하기 용이하다.
라. 모집단에서 고르게 표집할 수 있다.

① 가・나・다 ② 가・다 ③ 나・라
④ 라 ⑤ 가・나・다・라

28 표집과 관련된 용어설명으로 옳지 않은 것은?

① 통계치 : 모집단 전체에 대한 변수의 값
② 모집단 : 연구하려는 이론상의 전체집단
③ 표본 : 모집단 중 추출한 일부
④ 표본오차 : 표본 수치와 모집단 수치의 차이
⑤ 연구모집단 : 표집의 기준이 되는 집단

29 모집집단을 소집집단으로 나누고 소집단을 다시 단순무작위 표집이나 체계적 표집으로 표본을 추출하는 방법은?

① 할당표집 ② 집략표집 ③ 충화표집
④ 유의표집 ⑤ 눈덩이표집

30 소득실태 조사를 위해 서울시의 구 (區) 중에서 세 구를 선정하고 ,선정된 구 중에서 다시 세 동을 선정하여 선정된 동의 모든 주민을 조사 대상으로 하는 표집 방법은?

① 유의집단 ② 집락표집 ③ 체계적 표집
④ 할당표집 ⑤ 임의표집

정답 26. ④, 27. ①, 28. ①, 29. ③, 30. ②

실전문제

Korean academy of social welfale

31 표본오차를 설명한 것 중 옳은 것은?

보기

가. 표본의 크기가 크면 줄어든다.
나. 표본오차는 표본값과 모수의 차이이다.
다. 표준오차로 추정할 수 있다.
라. 신뢰도가 높을수록 표본오차가 크다.

① 가 · 나 · 다　② 가 · 다　③ 나 · 라
④ 라　⑤ 가 · 나 · 다 · 라

32 표집에 관한 설명으로 옳지 않은 것은?

① 신뢰수준은 표집오차와 관련된다.
② 표본의 크기를 결정한 후 모집단을 정한다.
③ 확률표집은 조사자의 주관성을 배제할 수 있다.
④ 표집은 모집단으로부터 조사 대상을 선정하는 과정이다.
⑤ 표집은 연구목적, 문제형성 등 연구과정을 고려하여 실시해야 한다.

33 다음의 내용에서 표집관련 용어의 연결이 옳지 않은 것은?

보기

2010년 12월말 현재 맞춤형 건강관리프로그램 서비스를 이용한 경험이 있는 65세 이상 노인을 대상으로 조사를 실시하였다. 표본은 맞춤형 건강관리 프로그램 이용자 명부로부터 무작위로 500여 명을 추출하였다.

① 모집단 : 건강관리프로그램 서비스 이용 노인　② 표집틀 : 65세 이상 노인
③ 표집단위 : 개인　④ 표집방법 : 무작위
⑤ 관찰단위 : 개인

정답 31. ⑤, 32. ②, 33. ②

CHAPTER 09

질문지 조사

|RESEARCH| |METHODS| |FOR| |SOCIAL| |WELFARE|

SECTION 01 질문지 조사의 의의

01 질문지 조사의 의의

질문지법은 연구의 주제에 맞는 질문지를 연구대상자로 하여금 직접 기재하게 하는 방법으로 사회조사에서 가장 많이 쓰이고 있는 자료 수집방법이다. 전체 모집단을 대상으로 조사하면 센서스라고 한다. 질문지(questionnaire)는 조사하고자 하는 어떤 문제나 사물에 관한 속성을 측정하기 위하여 만든 일련의 문항들을 체계적으로 조직하여 작성한 조사도구이다. 사회복지조사를 통해 얼마나 의미 있는 결론을 도출할 수 있는가는 질문지가 얼마나 잘 만들어졌느냐에 달려 있다고 볼 수 있기 때문에, 질문지 작성은 자료 수집과정에 있어서 사회조사의 성패를 좌우하는 중요한 작업이다. 다양한 요인들로 구성되어 있는 사회현상을 정확하게 측정할 수 있는 도구 또는 질문지를 만드는 것은 쉬운 일이 아니며, 질문지법을 사용하는 경우 중요하게 다루어져야 하는 과정이다. 그러므로 질문은 혼란을 피하기 위하여 가능한 한 단순하고 직설적이어야 한다. 질문지법은 심오하고 복잡한 연구보다는 단순한 주제, 즉 개인들이 가지고 있는 의견 또는 태도를 알아보고자 할 때 대개 질문지를 사용한다. 면접법도 질문지를 사용한다는 점에서 광의의 질문지법에 포함된다고 할 수 있다. 그러나 질문지법이 응답자로 하여금 직접 내용을 기입하도록 하는 반면, 면접법은 응답자에게 직접 질문지가 주어지지 않고 응답자에게 질문을 읽어 주고 그 답을 조사자가 기입한다는 점에서 차이가 있다. 한편, 질문지법과 면접법은 응답자와 언어적 교환을 통해 응답자로부터 질문에 대한 응답의 형식으로 자료를 얻는다는 점에서 관찰법이나 내용분석법과 다르다.

02 질문지 조사의 장단점

1) 장점

첫째, 다른 방법에 비하여 일시에 많은 대상으로부터 필요한 정보를 얻을 수 있으며, 비용이 적게 들고 제작이 간편하다. 필요에 따라서는 우편이나 전화로 조사할 수도 있고, 동시에 많은 사람에게 실시할 수도 있으므로 시간·노력·비용이 적게 소요된다.

둘째, 표준화된 언어구성, 질문순서, 지시 등으로 인해 상황에 따라 변하지 않고 질문의 일관성을 기할 수 있다.

셋째, 응답자가 익명으로 응답할 수 있으므로, 자유롭게 응답할 수 있다. 특히, 사회적으로 바람직하지 못하거나 민감한 조사에서 익명으로 대답하게 하면 진솔한 답을 얻을 수 있다.

넷째, 응답자가 시간적 여유가 있기 때문에 심사숙고하여 정확하게 응답할 수 있다.

다섯째, 질문지법은 응답자의 과거행동이나 개인적 행위에 관한 정보도 얻을 수 있다.

2) 단점

첫째, 응답자의 문장이해력과 표현능력에 크게 의존하기 때문에 이러한 능력이 부족한 대상에게는 적용하기 어렵다.

둘째, 필요에 따라 질문의 요지를 설명할 수 없어 융통성이 결여된다.

셋째, 질문지에 응답한 내용의 진위를 확인하기 어렵다. 필기에 의한 응답만을 취급하기 때문에 비언어적 행위나 개인적인 특성에 관한 자료를 수집할 수 없다. 즉, 응답자가 응답한 내용만을 그대로 활용하기 때문에 응답자의 심리상태 등 응답자에 대한 지식을 활용할 수 없다.

넷째, 질문지법은 응답에 비밀이 보장되기 때문에 무응답에 대한 통제가 어렵다.

다섯째, 응답자가 응답할 의사를 가지고 있고, 응답할 수 있는 부분에 대해서만 자료를 수집할 수 있다.

여섯째, 연구자가 직접 응답자들에게 질문지를 실시하는 경우에는 별로 문제가 없지만 질문지를 우송하는 경우에는 일반적으로 회수율이 낮아진다.

SECTION 02 질문지 작성절차 및 고려사항

질문지 작성에 있어서 일정한 틀은 없지만, 대체로 7단계의 과정을 통해서 작성된다.

① 질문지 작성의 목적 및 범위 확정

↓

② 질문항목의 선정

↓

③ 질문의 형태 선정

↓

④ 질문 문항의 작성

↓

⑤ 질문 문항의 순서 결정(질문 문항의 배치 및 구성)

↓

⑥ 사전검사(pre-test)

↓

⑦ 질문지 편집 및 인쇄

[그림 9-1] 질문지 작성절차

01 질문지 작성의 목적 및 범위 확정

질문지를 제작하기 전에 우선 결정해야 할 사항은 질문지를 작성하려는 목적이 무엇이며 어떠한 조사의 내용과 범위를 가지고, 어떤 대상에게 실시할 것인가를 명백하게 규정해야 한다. 특히, 적용대상이 특정집단인 경우에는 그들의 성별, 연령, 교육수준, 경제수준, 가치관 등을 고려해야 한다.

02 질문항목의 선정

질문지를 작성하는 목적과 범위가 확정되었으면 우선 질문지에 포함될 내용을 큰 범주로 나누고, 그 범주별로 세부내용을 작성하는 것이 바람직하다. 조사항목 및 세부사항을 선정할 경우 고려해야 할 사항을 살펴보면 다음과 같다.

첫째, 조사에 직접 관계되며 분석에 이용할 내용만 선정하도록 해야 한다.

둘째, 다른 곳에서 보다 더 정확한 자료를 수집할 수 있는 경우에는 조사항목 또는 세부사항에서 제외해야 한다.

셋째, 양적조사의 경우에는 통계처리를 염두에 두고 조사항목과 세부사항을 선정해야 한다.

넷째, 응답자가 대답하지 않을 내용은 제외해야 한다.

다섯째, 세부항목은 연구목적을 달성할 수 있을 정도 내에서 최소한의 수가 되도록 해야 한다.

03 질문의 형태 선정

조사항목과 세부사항이 선정되면 다음으로 어떠한 질문형태로 작성할 것인가를 결정해야 한다. 질문형태의 선정에 어떤 일반적인 원칙이 있는 것은 아니며, 연구주제의 성격, 응답자의 상태, 연구진행 절차, 연구자가 의도하는 분석과 해석방법 등을 고려하여 결정해야 한다. 질문의 형태에는 개방형 질문, 폐쇄형 질문 등이 있다.

개방형 질문(Open-ended Question)은 질문에 대하여 자유롭게 응답할 수 있는 질문으로, 자유응답 질문이라고도 한다. "신문의 사회정책면을 읽는 이유를 구체적으로 써 주십시오."와 같이 응답자가 자유롭게 자신의 의사를 표시하도록 한다. 일반적으로 개방형 질문은 질문지를 만들기 위해 예비조사나 사전조사에서 많이 사용되고 있다. 개방형 질문의 장점은 연구목적에 따라 상세하게 물어볼 수 있으므로 응답자의 의견, 태도, 동기 등에 대해 보다 확실하고 정확한 대답을 얻을 수 있다. 개방형 질문의 단점은 응답의 해석에 편견이 개입될 여지가 많고 표현능력이 부족한 응답자에게 있어 심리적 부담을 줄 수 있으며, 자료의 분석 및 해석에 많은 시간이 소요되며, 통계적 처리가 어렵다. 폐쇄형 질문(Closed Question)은 응답할 수 있는 내용이 몇 개로 한정되어 있고, 그중 하나 또는 몇 개를 응답자가 선택하도록 만든 질문을 의미하며, 질문지에 의한 조사의 경우 대개 폐쇄형 질문을 많이 사용한다. "귀하가 공감하는 현 정부의 정책은 무엇인지 두 가지만 골라 주십시오."와 같이 질문에 응답자는 연구자가 제시하는 여러 가지 문항 중에서 두 가지를 선택하도록 하는 것이다. 폐쇄형 질문의 장점은 응답처리가 용이하고, 자료 수집의 통일을 기할 수 있어 자료의 분석 및 해석에 있어서 객관성과 신뢰성을 높일 수 있으나 응답자의 반응을 상호 비교하여 볼 수 있다. 응답자의 응답내용이 충분히 반영되기 어려운 단점이 있다. 폐쇄형 질문의 유형은 찬-반식 질문, 평정식 질문, 다항 선택식 질문, 서열식 질문, 부수적 질문 등이 있다. 특히 평정식 질문은 리커트 척도를 사용한다. 리커트 척도에서는 응답자가 하나의 주제와 관련된 질문에 대해 '매우 찬성, 찬성, 중립, 반대, 매우 반대' 5점 중에서 한 점수를 선택하게끔 한다.

04 질문문항의 작성

질문의 형태 선정이 끝나면 질문 문항을 작성해야 한다. 어떤 형식의 질문지를 작성할 것인가는 질문내용의 성격, 응답자들의 수준, 반응에 대한 구조화의 정도 등을 고려하여 결정해야 한다. 개방형과 폐쇄형의 질문지는 상호보완적이므로 조사의 목적, 내용, 상황에 따라 알맞게 혼용하는 것이 좋다.

첫째, 질문지의 구체적인 형식을 몇 가지 살펴보면 다음과 같다. 자유반응형은 주어진 질문에 자유스럽게 반응할 수 있도록 되어 있는 문항형태이다. 응답자가 아무런 제한을 받지 않고 자유롭게 반응할 수 있다는 것이 장점이자 단점이다. 한 문항에 두개 이상의 답지를 주고 그 가운데서 응답자로 하여금 적당한 답지를 선택하도록 하는 선택형도 있다. 선택형은 자유반응형에 비하여 결과처리가 용이하고 응답자의 협조를 얻기가 쉽다. 체크리스트형은 목록화된 행동이나 특성으로 관찰하려는 행동특성이 나타났을 때, 관찰자가 이를 표시할 수 있도록 행동단위를 자세히 분류하여 열거해 놓은 것이다. 대개 시간표집이나 사건표집방법에서 특정행동을 관찰하기 위하여 많이 사용된다. 평정척도형은 응답자에게 미리 정해 놓은 척도에 반응하도록 만든 질문지 형식이다. 평정척도는 어떤 특성 정도나 질적 수준을 평가하고자 할 때 사용할 수 있는 방법이다. 순위형은 제시한 항목들을 일정한 기준, 예를 들어 '좋음·나쁨', '찬성·반대' 등에 따라서 최상위에서 최하위까지 순위를 기입하도록 하는 방법이다.

둘째, 질문지를 작성하는 객관적인 규칙이 있는 것은 아니지만, 일반적으로 질문지의 문항작성 시 유의해야 할 점을 살펴보면 다음과 같다.

① 질문은 보편적이고 상용적인 용어를 사용하되 질문의 내용을 응답자가 정확하게 파악할 수 있도록 해야 한다. 너무 전문적인 용어는 질문내용을 정확하게 전달하지 못할 뿐만 아니라 응답자에게 거부감을 줄 수 있다.

② 모든 응답자에게 동일한 의미로 사용될 수 있도록 명확한 개념정의를 해야 하며, 응답범주도 명확해야 한다.

③ 질문은 한쪽으로 치우친 편견이 개입된 단어는 쓰지 않아야 하며, 유도하는 질문이 포함되어서는 바람직하지 않다.

④ 질문의 문장은 가능한 한 간결해야 한다. 길고 복잡한 문장은 내용을 이해하는데 혼돈을 주고 응답자에게 피로감을 준다.

⑤ 인물에 대한 평가문항은 신중하게 질문해야 한다.

⑥ 응답자가 알리기를 꺼리는 신상의 문제나 지위, 현황 등을 묻는 질문은 응답자가 심리적으로 안심할 수 있도록 구성하는 것이 좋다.

⑦ 같은 내용의 질문이라도 주관적으로 질문하는 것이 좋은지, 객관적인 질문이 좋은지를 결정해야 한다. 예를 들어, "부모를 모시는 것이 좋다고 생각하십니

까?"와 "부모를 모시고 계십니까?"다는 질문의 경우가 이에 해당된다.

⑧ 질문의 응답범주 구성에서 찬반의 응답범주 수가 균형을 이루어야 한다. 대체로 적극 찬성, 찬성, 그저 그렇다, 반대, 적극 반대와 같이 5품등으로 작성하는 것이 일반적이다.

05 질문문항의 순서 결정(질문문항의 배치 및 구성)

질문지가 전체적으로 통일성을 이루도록 질문의 문항들을 조직하는 것이 필요하다. 질문 문항의 순서 결정 시 고려사항을 살펴보면 다음과 같다.

① 첫 번째 질문은 간단하고 흥미 있는 질문이 좋으며, 응답자의 경험이나 지식의 범위 안에서 쉽게 대답할 수 있는 질문이 좋다.

② 객관적인 사실에 관한 질문부터 시작해서 점차 주관적인 태도, 의견, 동기 등을 묻는 질문으로 배열하는 것이 좋다.

③ 일반적인 질문은 전반부에, 특수한 질문은 후반부에 배치하는 것이 좋다.

④ 시간의 흐름에 따라 오래된 것부터 최근의 것으로, 또는 최근의 것부터 오래된 것으로 일관성 있게 배열하는 것이 좋다.

⑤ 구체적이고 친숙한 것에서부터 추상적이고 생소한 것으로 배열하는 것이 좋다.

⑥ 간단한 항목에서 복잡한 항목으로 배열하되, 곤란한 문제는 보통 중간 정도에 놓는 것이 좋다.

⑦ 앞에 있는 질문의 내용이 뒤에 올 질문의 대답에 영향을 줄 수 있는 경우는 가급적이면 피해야 한다.

06 사전검사

사전검사(pre-test)는 본 연구에 들어가기 전에 질문지 초안을 가지고 본 연구에서 실시하는 것과 똑같은 절차와 방법으로 시험해 봄으로써 질문내용, 형태, 문항작성, 질문순서 등에 있어서 여러 가지 오류를 찾아내어 수정하는 과정이다. 사전검사는 질문지 수정과 본 연구 수행에 필요한 정보를 수집한다는 두 가지 목적을 가지고 있다. 질문지 수정과 관련된 고려사항을 살펴보면 다음과 같다.

① 응답자가 응답한 것 가운데 전후 내용이 모순되거나 일치되지 않는 것이 있다면 재검토해 볼 필요가 있다.

② 응답이 어느 한쪽으로 치우치지 않았는지 살펴보아야 한다.

③ 모른다는 대답 또는 무응답이 많은 경우에는 전반적으로 질문지의 내용을 살펴보아야 한다.

④ 기타에 응답한 경우가 많으면 질문 문항의 응답범주를 추가하거나 수정해야 한다.

⑤ 질문의 순서가 바뀌었을 때 응답에 실질적인 변화가 일어나면 그것은 질문 문항의 작성이 잘못되었다고 보고 수정해야 한다.

07 질문지 편집 및 인쇄

사전검사가 끝나고 모든 것이 종료되면 질문지를 편집한 후 인쇄해야 한다. 이때, 인쇄된 질문지가 대상자에게 호감을 주고 중요한 것이라는 인식을 가지도록 표지, 용지, 활자, 크기, 공간 등 여러 가지 측면에서 신중한 고려해야 한다.

SECTION 03 질문지 조사의 유형

질문지법에는 개인이 직접 질문지에 응답을 기입하는 개인적 자기기입법, 전화조사법, 전자조사법 등이 있으며, 개인적 자기기입법은 자료 수집의 구체적인 절차에 따라 집합조사법, 배포조사법, 우편조사법으로 구분될 수 있다(Babbie, 1992; 채구묵, 2001).

01 집합조사법

연구자가 조사 대상을 동시에 동일한 장소에 집합시켜서 동일한 조건 하에 질문지를 나누어주고 필요시 간단한 설명을 하면서 실시하는 조사로 집단을 대상으로 연구할 때 유용한 방법이다. 조사 대상이 되는 집단의 협력을 얻는 것이 중요하며, 업무에 방해받지 않는 시간에 조사를 해야 한다. 응답자들이 모이면 먼저 연구목적을 설명하고, 진솔하게 협조를 구하며, 지시에 따라 응답하도록 요청한다. 의문사항이 있으면 응답 중에 질문도 허용하고 연구자는 적절하게 설명해 줄 수 있다. 장점으로는 짧은 시간 내에 많은 응답자로부터 자료를 수집할 수 있고, 조사가 간편하고 비용이 적게 소요되며, 조사에 필요한 설명이나 지시를 일관성 있게 할 수 있으므로 조사의 조건을 표준화할 수 있는 장점을 가지고 있다. 또한 응답자와 접촉할 수 있기 때문에 모르는 질문에 대해 부연 설명해 줄 수 있다. 반면, 조사 대상자를 한꺼번에 집합시킨다는 것이 쉽지 않고, 표본추출을 연구자가 주도하지 못하고 조사 대상 집단의 담당자가 주도하기 때문에, 표본추출에 편의(bias)가 발생할 가능성이 높으며, 익명성으로 인해 무응답이나 오기를 통제하기 어려운 단점이 있다.

02 배포조사법

연구자가 조사 대상자에게 질문지를 배포한 후, 스스로 응답을 기입하도록 하고 일정기간이 지난 후에 질문지를 회수하는 방법이다. 응답자가 질문지에 응답할 수 있는 시간적 여유를 주며, 우편조사보다 회수율이 높다는 장점이 있다. 반면, 질문지가 잘못 기입되어도 수정하기가 어렵거나, 조사 대상자의 견해가 기입되었는지, 제3자의 영향을 받았는지 알 수 없다.

03 우편조사법

연구자가 우편으로 조사 대상자에게 질문지를 송부하여 응답자로 하여금 기입하게 한 후, 우편으로 질문지를 회수하는 방법이다. 조사목적, 중요성 등을 설명하고 협조를 당부하는 소개편지를 동봉해야 하며, 반드시 우표가 붙은 반송용 봉투를 동봉해야 한다. 우편조사법은 회수율이 낮으므로 후속절차를 실시하는 것이 바람직하다. 장점으로는 광범위한 지역에 걸쳐서 조사가 가능하고, 많은 대상을 표본으로 삼을 수 있어서 대표성과 외적타당도를 확보할 수 있으며 무기명조사의 경우 익명성을 보장할 수 있다. 단점으로는 회수율이 낮으며, 경우에 따라서 대표성이 없어 일반화하기 어려울 수도 있다. 또한 질문지를 발송하고 반송하는 등 시간이 많이 걸릴 수 있고, 연구자와 조사 대상자의 직접적인 접촉기회가 없으므로 조사 대상자가 성실하지 않게 응답할 가능성이 높으며, 질문들이 간단하고 직설적이어야 하기 때문에, 복잡한 내용과 형식을 통해 조사해야 하는 연구는 어려운 한계를 가지고 있다.

04 전화조사법

연구자가 조사 대상자에게 전화로 질문내용을 묻고 응답을 기록하는 방법이다. 전화조사의 경우에는 짧은 시간에 조사할 수 있도록 문항수를 적게 하고 질문내용도 간략하게 하는 것이 바람직하다. 장점으로는, 조사 대상자에게 접근하기가 용이하며 짧은 시간 내에 필요한 정보를 얻고자 할 때 효과적이며, 시사적인 정책이슈를 조사하는 경우 시기적절한 정보를 수집할 수 있다. 단점으로는, 전화통화로 충분히 설명하기 곤란한 내용은 조사하기가 어렵거나 상세한 정보 획득이 곤란하고, 응답자가 마지못해 간단하게 대답하는 경우어는 타당성의 문제가 발생할 수 있다.

05 인터넷조사법

인터넷조사는 인터넷 홈페이지에 질문 문항을 제시하고 응답자들로 하여금 홈페이지에 접속하여 응답하도록 하거나, 질문 문항을 전자메일로 조사 대상자에게 보낸 후 조사 대상자가 응답하여 반송하는 형태로 이루어진다. 연구자뿐만 아니라 응답자들이 전자메일의 사용법, 컴퓨터에 대한 기본조작법 등에 대한 기본지식을 갖추고 있어야 가능하다. 컴퓨터의 사용이 미숙한 집단을 대상으로 하는 조사를 수행하기에 일정한 한계가 따른다. 장점으로는 질문지의 인쇄, 조사원의 교육, 질문지 우송료, 전화료 등 다른 조사에서 소요되는 비용을 절약할 수 있으며, 인터넷을 통해 엄청난 양의 정보를 전달하고 받을 수 있기 때문에 저렴한 비용으로 신속하게 조사할 수 있으며, 통계처리프로그램과 연결하여 쉽고 빠르게 조사결과를 분석할 수 있다. 단점으로는 컴퓨터 통신망 가입자 및 컴퓨터 활용능력이 있는 사람에 한해서 조사할 수 있으므로, 모집단을 대표할 수 있는 표본을 선정하는데 어려움이 있다.

요점정리

- 질문조사방법 : 자료 수집을 위한 조사방법으로 가장 대표적이고 오래된 기법. 개인이 분석단위일 때 주로 사용되고 규모가 매우 큰 모집단의 태도와 성향을 파악하고자 할 때 유효. 어떤 한 시점에서 자료가 수집되며 고정적인 일련의 질문으로 구성되어 있고 양적 분석을 전제
- 질문의 형식
- 개방형 질문 : 응답에 대한 특정 구조를 제시하지 않고 응답자가 자유롭게 응답하는 것이 허용되는 질문
- 폐쇄형 질문 : 연구자가 제시한 목록에서 응답자가 고르도록 하는 질문
- 해당자 부수 질문 : 질문 중에서 일부 응답자에게만 해당되는 질문
- 응답범주의 양식
- 이분형 : 폐쇄형 질문의 한 형태로서 "예–아니오", "찬성–반대"와 같이 간단한 찬반양론을 묻는 질문에 적당한 방법
- 선다형 : 세 개 이상의 응답카테고리 가운데 하나를 선택하도록 하는 질문으로 보통 3~5개의 선택 항목으로 구성
- 척도법 : 양적이고 연속성을 가진 내용으로 구성된 선다형 응답방식
- 서열형 : 일련의 응답 카테고리들에 대한 중요성, 선호나 우선순위 등에 따른 순서에 따라 응답하도록 하는 질문
- 평정형 : 강도를 달리하여 서열화된 응답 카테고리들 중 하나를 선택하게 하는 것
- 행렬식 : 동일한 응답항목들을 가진 질문들을 체계적으로 묶어서 하나의 질문세트를 만드는 것으로 평정형 질문의 응용형태
- 질문문항의 배열
- 응답하기 쉬운 문항을 먼저 함
- 민감한 질문이나 개방형 질문은 뒷부분에 배치
- 질문을 논리적으로 배열
- 일정한 유형의 응답경향이 조성되지 않도록 문항을 배치
- 신뢰도를 검사하는 질문은 서로 떨어져 있어야 함
- 일반적인 것을 먼저 묻고 특수한 것을 뒤에 물음
- 설문지에는 표지, 응답지침, 사전부호화 등이 포함됨

- 수집방법
- 우편조사 : 응답자에게 설문지를 우편으로 발송한 다음 이를 완성하여 연구자에게 반송하게 하는 방법

요점정리

- 면접조사 : 응답자가 설문지를 읽고 기입하는 것이 아니라 조사원이 질문을 하여 이에 대한 응답자의 대답을 기록하도록 하는 방법
- 전화조사 : 조사원이 직접 응답자를 만나는 대신 전화를 이용해 준대면적(semi-personal) 방법을 통해 자료를 수집하는 것
- 전자설문조사 : 인터넷 등과 같은 컴퓨터 네트워크를 이용하여 자료를 수집하는 방법

실전문제

Korean academy of social welfale

01 질문 작성 시 유의사항을 모두 묶은 것은?

보기

A. 어려운 전문 용어를 활용한다.
B. 이중질문을 하지 않는다.
C. 질문 용어에 가치가 포함되어야 한다.
D. 질문응답 항목이 상호 배타적이어야 한다.

① A, B, C ② A, D ③ B, D
④ D ⑤ A, B, C, D

해설 질문 작성 시 유의사항

- 답하기 어려운 질문을 먼저 한다.
- 민감한 질문 또는 개방형 질문은 뒷부분에 배치한다.
- 질문을 논리적으로 배열한다.
- 일정한 유형의 응답군이 조성되지 않도록 한다.
- 신뢰도를 검사하는 질문은 서로 떨어져 있어야 한다.
- 일반적인 것을 먼저 묻고 특수한 것을 나중에 묻는다.

02 질문지 구성요소로서 적합하지 않은 것은?

① 응답자에 대한 협조요청 ② 식별자료
③ 질문지 완성을 위한 지시사항 ④ 필요한 정보를 획득하기 위한 문항
⑤ 질문 작성자에 관한 정보

해설 질문지의 구성요소

- 응답자에 대한 협조요청 : 조사자 소개, 조사취지 설명, 비밀보장
- 식별자료 : 질문지 번호, 응답자 이름, 조사자 이름, 조사일지
- 지시사항 : 응답자가 혼자 설문을 완성할 수 있도록 함
- 필요한 정보를 획득하기 위한 문항 : 질문지에서 가장 중요. 자료가 수집되는 부분
- 응답자의 분류를 위한 자료 : 인구통계학적, 사회경제적 변수

03 질문지 작성법 중 잘못된 것은?

① 연령, 성별, 직업 등 답하기 쉬운 것을 먼저 한다.
② 민감한 질문은 뒷부분에 배치한다.
③ 일반적인 것을 먼저 묻고 특수한 것을 뒤에 묻는다.
④ 신뢰도를 검사하는 질문은 연속적으로 배치한다.
⑤ 같은 형식의 문항을 한데 모아두지 않는다.

정답 1. ③, 2. ⑤, 3. ④

- 응답하기 쉬운 문항을 먼저 함
- 민감한 질문이나 개방형 질문은 뒷부분에 버치
- 질문을 논리적으로 배열
- 일정한 유형의 응답경향이 조성되지 않도록 문항을 배치
- 신뢰도를 검사하는 질문은 서로 떨어져 있어야 함
- 일반적인 것을 먼저 묻고 특수한 것을 뒤에 물음
- 질문지에는 표지, 응답지침, 사전부호화 등이 포함됨

04 인터넷 질문조사의 장점으로 보기 어려운 것은?

① 표본수가 많아져도 추가비용이 들지 않는다.
② 고수입, 고도기술전문가 집단에 쉽게 접근할 수 있다.
③ 인터뷰 비용 없이 사용자와 상호작용을 할 수 있다.
④ 설문에 대한 응답을 빨리 회수할 수 있다.
⑤ 자기선택의 편의를 방지할 수 있다.

해설 인터넷 질문조사의 장단점

- 장점
- 표본수가 많아져도 추가비용이 들지 않음
- 고수입, 고도기술전문가 집단에 쉽게 접근
- 인터뷰 비용 없이 사용자와 상호작용
- 설문에 대한 응답을 빨리 회수
- 설문응답이 편리
- 조사를 24시간 수행
- 단점
- 인터넷 사용 인구에 한하여 조사 가능
- 주된 조사방법론이 아님 : 전체인구를 대변하지 못함
- 자기선택의 편의가 발생
- 설문응답자에 대한 인센티브 제공기준 모호
- 조사 초기에 고정비용이 듦
- 응답자의 프라이버시 침해

05 응답자가 거의 아무런 제약 없이 자유롭게 대답할 수 있도록 응답범주가 상세히 구체화되지 않은 채 질문만 던지는 질문형식은?

① 폐쇄형 질문 ② 개방형 질문 ③ 이분형 질문
④ 선다형 질문 ⑤ 서열식 질문

해설 개방형 질문과 폐쇄형 질문

- 개방형 질문 : 응답자가 거의 아무런 제약 없이 자유롭게 대답할 수 있도록 응답범주가 상세히 구체화되지 않은 채 질문만 던지는 질문형식, 자유응답식 질문이라고도 함

정답 4. ⑤, 5. ②

실전문제 Korean academy of social welfale

- 폐쇄형 질문 : 질문 문항과 함께 미리 범주화된 일정한 수의 선택항목을 제기하여 응답자가 선택하도록 하는 질문

06 다음 질문내용이 갖고 있는 주된 문제점은 무엇인가?

보기

'당신은 청소년 통행금지지역을 설정하는 것(A)과 청소년 통행금지시간을 설정하는 것(B)에 대해 어떻게 생각하십니까?

① 부수 질문 ② 여과 질문 ③ 쌍열 질문
④ 어의 차이 ⑤ 서열

해설 쌍열 질문

- 한 문항에 두 가지 이상의 질문을 포함하는 것
- 애매모호함을 가중시키므로 피해야 할 형식
- 'A 또는 B' 형태로 바꾸거나 A와 B 두 질문으로 분리하는 것이 좋음

07 질문지 작성과정 중 사건검사를 실시하는 이유로 옳지 않은 것은?

① 연구하려는 문제의 핵심적인 요소가 무엇인지 확인
② 응답내용 간에 모순 또는 합치되지 않는지 확인
③ 응답이 한쪽으로 치우치지 않는지 확인
④ 질문 순서가 바뀌었을 때 응답에 실질적 변화가 일어나는지 확인
⑤ 무응답, 기타응답이 많은 경우를 확인

해설

사전조사는 본 조사를 수행하기 전에 동일한 절차와 방법으로 일정한 수의 사람들을 대상으로 질문지가 잘 구성되었는지 시험하는 것이다. 이에 반해 ①에서 언급하고 있는 것은 예비조사의 특성으로서 예비조사는 자기가 조사하려고 하는 문제의 핵심적인 요소들이 무엇인가를 분명히 알지 못할 때 수행하는 것으로 질문지를 작성하기 전 단계에 시행하는 것이다.

08 다음 중 설문지 작성방법의 설명으로 틀린 것은?

① 응답의 찬반 항목을 동일하게 구성한다.
② 통계적 편의를 위해 개방형 질문을 한다.
③ 통계처리를 염두에 두고 문항을 구성한다.
④ 조사내용을 포함한 항목은 나누고, 항목별 세부문항을 만든다.
⑤ 가설이 있는 경우 독립변수와 종속변수를 측정한다.

정답 6. ③, 7. ①, 8. ②

실전문제

Korean academy of social welfale

09 설문지 작성방법 중 옳지 않은 것은?

① 되도록 짧게 한다.
② 전문 용어를 사용한다.
③ 선 질문이 후 질문에 영향을 미치지 않도록 한다.
④ 쉬운 질문부터 한다.
⑤ 신뢰성을 알기 위한 문항은 서로 떨어드려 놓는다.

10 질문지 작성에 관한 설명으로 옳지 않은 것은?

① 질문 문항을 가치중립적인 용어를 사용해야 한다.
② 질문지의 구성은 적용대상의 특성을 반영해야 한다.
③ 개방형 질문형태는 응답해석에 편견이 개입될 수 있다.
④ 가설을 질문지 조사항목과 세부사항을 결정하는 기준이 있다.
⑤ 사전검사(pre-test)는 연구문제의 핵심요소를 알지 못할 때 실시하는 조사이다.

정답 9. ②, 10. ⑤

CHAPTER

10

면접조사 및 관찰조사

|RESEARCH| |METHODS| |FOR| |SOCIAL| |WELFARE|

SECTION 01 면접조사

01 면접조사의 의의

면접법은 훈련된 면접자가 연구대상과 직접적인 상호작용을 통해 필요한 자료를 수집하여 기록하는 것이다. 일정한 조건 하에서 언어를 매개로 하여 질문과 응답을 통해 자료를 얻는 방법이다. 면접법은 설문지법과 함께 사회과학 연구, 특히 통계적 처리가 필요한 연구의 자료 수집에서 가장 많이 활용되고 있다. 면접은 사회적 상호작용이므로 신뢰감, 즉 라포형성이 매우 중요하다. 질문의 순서는 일반적인 것에서 특정적인 것으로 할 수도 있고, 반대로 진행할 수도 있다. 설문지법에서처럼 설문지 도구나 표집에서 오는 오류 이외에도 면접자의 외모나 태도에도 쉽게 영향을 받는다는 것도 유의해야 한다. 면접자가 질문이나 답을 반복하거나 중립적 질문을 통해 정확한 정보를 얻어내는 것도 좋다.

02 면접조사의 장단점

1) 장점

첫째, 면접법은 언어적 소통이 가능한 모든 사람을 대상으로 적용할 수 있다.
둘째, 설문지법보다 더 공정한 표본을 얻을 수 있다.

셋째, 개별적 상황에 따라 응답자가 이해하지 못하거나 잘못 이해했을 때, 질문을 반복할 수 있고 알아듣기 쉽게 설명할 수 있거나 적합한 추가질문을 하는 등 융통성이 있다.

넷째, 복잡한 질문을 사용할 수 있고 정확한 응답을 얻어낼 수 있다.

다섯째, 다른 사람의 방해를 받지 않고 개별적으로 진행될 수 있도록 면접환경을 통제하고 표준화할 수 있다.

여섯째, 제 3자의 영향을 배제시킬 수 있다.

일곱째, 응답자의 과거행동이나 개인적 행위에 관한 정보도 얻을 수 있다.

2) 단점

첫째, 절차가 복잡하고 불편하다. 사전에 전화를 해서 협조를 요청해야 하고, 조사 대상자의 편리한 시간에 맞추어 일정을 잡고 직접 찾아가서 만나야 하며, 더 나은 응답을 얻을 수 있도록 질문을 준비해야 한다.

둘째, 면접자가 응답자를 현장에서 직접 만나 면접을 실시해야 하기 때문에 많은 시간과 비용이 소요되며, 면접에서 얻은 자료를 정리하는 데에도 많은 시간과 노력이 요구된다.

셋째, 면접자에 따라 면접내용에 편의(bias)가 생길 수 있다. 즉, 면접자가 질문의 언어구성을 변경 또는 특정문항을 제외시키거나, 적대감을 유발시키는 질문을 하여 응답에 부정적인 영향을 미칠 수 있으며, 면접결과의 기록을 잘못하거나, 면접과정 중 누락된 부분을 유추하여 기록하는 등의 오류를 범할 수 있다.

넷째, 응답자가 피곤하거나 다른 일에 전념하는 등 조사에 응하기 불편한 상황에서 면접이 이루어지면 응답에 부정적인 영향을 미칠 수 있다.

다섯째, 응답에 대한 표준화가 어려울 수 있다.

여섯째, 넓은 지역에 걸쳐 분포된 사람들을 대상으로 면접을 실시하는 경우 어려움이 많다.

일곱째, 익명성이 결여되어 개인적으로 밝히기 어려운 질문에 대해 정확한 응답을 얻기 어렵다.

03 면접조사의 종류

면접법은 면접목적에 따라서는 진단적 면접, 조사면접으로, 면접형태에 따라서는 전화면접, 대면면접으로, 면접에 참여하는 사람의 수에 따라서는 개인면접, 집단면접으로, 면접에 소요되는 시간에 따라서는 단기면접, 장기 면접으로 면접내용의 구성형식에 따라서는 표준화 면접, 비표준화 면접, 반표준화 면접으로 구분할 수 있다(김기태 외, 2001). 본 절에서는 면접내용의 구성형태에 따라서 구분해 보고자 한다.

1) 표준화 면접

표준화 면접(Standardized interview)은 사전에 만들어진 질문지로 모든 응답자에게 같은 순서와 언어로 질문하여 면접하는 방법이다. 따라서 면접자가 임의로 질문의 표현을 바꾸거나 새로운 질문을 추가 또는 질문순서를 바꾸는 등의 행위를 할 수 없다. 이 방법의 장점은 첫째, 질문문항이나 질문순서에서 오는 오류를 최소한으로 줄일 수 있다.

둘째, 응답의 차이를 비교할 수 있다. 응답자에게 같은 질문을 하지 않기 때문에 응답의 차이가 질문의 차이에서 오는 것인지 실제 차이에서 오는 것인지 알 수 있다.

셋째, 표준화 면접은 비표준화 면접에 비해 신뢰도가 높다.

넷째, 자료의 수량적 표준화와 통계적 처리가 가능하다.

단점으로는 첫째, 응답자의 지식을 충분히 끌어낼 수 있는 융통성이 없기 때문에 오히려 타당도가 저하될 수 있다.

둘째, 표준화된 조사표에 의해 조사해야 하기 때문에 조사와 관련된 상황에 있어서 융통성 있는 질문을 할 수 없기 때문에 응답자의 정확한 의견을 도출하기가 어려울 수도 있다.

2) 비표준화 면접

비표준화 면접(Unstandardized interview)은 질문문항이나 순서가 미리 정해져 있지 않고, 면접상황에 따라 질문문항이나 순서가 융통성 있게 변경될 수 있는 자유로운 면접방법이다. 즉, 조사되어야 하는 문제의 범위만 결정되어 있고, 구체적인 내용은 조사자가 면접상황에 따라 융통성 있게 조사하도록 하는 방법이다. 연구대상자의 내면적이고 심층적인 부분까지도 알아낼 수 있기 때문에 정신치료요법에 많이 사용되기도 한다. 질문 형식이 고정되어 있지 않기 때문에 자유응답식인 경우가 많고, 이 때 연구자가 응답자에게 응답할 내용에 대해 최소한의 지시나 방향을 제시할 수 있다. 그러나 비표준화 면접이라 할지라도 연구를 통해 얻고자 하는 목적이 있다면, 그러한 목적을 달성할 수 있는 안내서, 즉 면접지침이 있어야 한다. 비표준화 면접의 한 형태로 투사법이 있다. 투사법에는 다른 사람의 동기나 감정태도를 서술해 보게 하든가 그림을 보여 준 뒤 해석하게 하는 방법이 있다.

비표준화 면접의 장점은,

첫째, 비표준화 면접은 면접상황에 따라 융통성 있게 진행될 수 있다.

둘째, 비표준화 면접은 표면적인 측면보다 의미의 표준화를 가능하게 한다. 같은 말이라도 사람에 따라 다른 의미를 가질 수 있으므로 표면적인 표현만으로는 표준화가 될 수 없는 경우가 있다. 이 경우 표준화된 질문에만 의존하게 되면 더 큰 오류를 범할 수 있다.

셋째, 비표준화 면접은 면접결과의 타당도가 높다.

넷째, 비표준화 면접은 표준화 면접에서 필요한 질문을 만드는데 유용한 자료를 제공해 줄 수 있다.

단점은 표준화 면접이 가지고 있는 장점이 곧 비표준화 면접의 단점이라 할 수 있다.

3) 반표준화 면접

반표준화 면접(Semi-standardized interview)은 표준화 면접과 비표준화 면접의 장단점을 보완한 것으로, 일정한 수의 중요한 질문을 구조화하고 이외의 질문을 구조화하지 않는 방법이다. 이 방법은 면접자가 면접의 목적과 질문목록이 기재되어 있는 면접지침을 사용하되, 연구의 목적 범위 내에서 어느 정도 융통성을 가지고 면접하는 방법이다.

04 면접조사의 절차

① 면접자 선정

↓

② 면접자 훈련

↓

③ 면접조사에 대한 협조 요청

↓

④ 면접조사 시행(다양한 면접기술 적용)

↓

⑤ 프로빙(추가질문을 통한 확인)

↓

⑥ 면접결과의 기록

↓

⑦ 면접 종결

[그림 10-1] 면접조사 절차

첫째, 면접자 선정은 면접대상자의 특성, 면접대상자에 대한 접근 용이성, 연구목적 및 질문내용 등에 따라 결정해야 한다.

둘째, 면접자 교육은 개인훈련과 그룹훈련이 있으나 대체로 그룹훈련을 선호한다. 그룹훈련은 훈련시간을 단축시킬 뿐만 아니라, 훈련기간 중 제기된 문제점들은 모든 참가자에게 도움이 될 수 있다. 훈련시간은 면접내용에 따라 대개 3~4시간이 바람직하다.

셋째, 면접조사에 대한 협조를 요청하는 과정은 지역사회의 협조를 요청하는 방법과 응답자 개인의 협조를 얻는 방법으로 구분할 수 있다. 지역사회 주민들을 대상으로 면접을 하고자 하는 경우 연구주제와 관련이 있는 지역사회의 협조를 구하는 것이 바람직하다. 응답자 개인의 협조를 얻기 위해서는 방문시간에 대한 사전약속, 방문태도, 연구에 대한 기본사항 등에 대한 고려가 있어야 한다.

넷째, 면접조사 시행에서는 다양한 면접기술을 적용해야 한다. 성공적으로 수행하기 위해서는 무엇보다 면접을 시작할 때 래포(rapport)를 형성하는 것이 중요하며, 이러한 관계는 면접의 전 과정을 통해 유지되어야 한다.

다섯째, 프로빙 과정은 응답자의 대답이 불충분하거나 정확하지 못할 때 추가질문을 하여 충분하고 정확한 대답을 얻을 수 있도록 하는 질문과정이다.

여섯째, 면접을 기록하는 방법은 현장에서 면접내용을 모두 기록하는 방법과 중요한 내용만 기록해 주었다가 이후에 자세하게 기록하는 방법, 그리고 응답내용을 기억해 두었다가 면접을 마친 후 기록하는 방법, 녹음기와 같은 기계를 사용하여 기록하는 방법 등이 있다.

일곱째, 면접을 종결할 때는 면접자들은 면접의 종결에 대해 필요한 사항을 숙지하도록 해야 한다. 면접이 종료되었을 때 응답자의 협조로 인해 면접이 성공적으로 진행되었다는 점과 응답해 준 내용이 지역사회의 문제해결에 많은 도움이 될 것이라는 점을 말하는 것이 좋다.

SECTION 02 관찰조사

01 관찰조사의 의의

관찰(observation)이란 주위에서 일어나는 일들에 대한 지식을 얻는 가장 기본적인 방법으로서 시각, 청각과 같은 감각기관을 통하여 현상을 인지하는 기본적인 방법이다. 관찰은 평범한 일상생활에서 요구되고 있는 지식을 얻는 데도 필요하지만 조사를 통한 연구를 할 때에도 유용한 자료 수집 방법이 된다(채구묵, 2011).

과학적 조사방법으로서의 관찰은 일상적인 관찰과 다음과 같은 차이가 있다. 과학적 관찰(scientific observation)이란, 첫째, 일정한 조사목적에 도움을 주고, 둘째, 체계적으로 계획되며, 셋째, 그 결과가 체계적으로 기록되며, 넷째, 타당도와 신뢰도에 대한 검증과 통제가 가능해야 한다(Selltiz, et al., 1976).

관찰은 과학적 연구를 위한 다양한 목적으로 사용될 수 있다. 질문지조사나 면접조사에서 얻기 어려운 자료를 얻는 데도 사용되고, 다른 조사에서 얻은 자료를 보완하는 데도 사용되며, 문제형성이나 가설구성을 위한 정보를 얻는 데도 사용된다.

02 관찰조사의 장단점

관찰의 장단점, 특히 질문지법이나 면접법과 비교한 장단점을 살펴보면 다음과 같다(Nachmias and Nachmias, 1992).

1) 장점

① 조사자가 조사 대상이나 행위가 일어나는 현장에서 즉시에 어떠한 사실을 포착할 수 있다. 관찰은 현장이나 사실을 포착하기 때문에 피조사자가 사실을 은폐할 가능성이 그만큼 줄어든다.

② 연구대상이 아동이나 동물과 같이 구두표현능력이 없는 경우에는 관찰이 유일한 자료 수집 방법이 될 수 있다.

③ 구두표현능력이 있다 하더라도 조사 대상이 조사에 비협조적이거나 조사를 거부할 경우가 있는데, 이때에는 피조사자의 협력을 덜 필요로 하는 관찰이 더 효과적이다.

④ 피조사자에게는 일상생활에서 너무나 익숙한 것이어서 그들의 관심이 미치지 못해 면접법이나 질문지법에 의해 얻을 수 없는 자료에 대해서도 관찰에 의해 수집이 가능할 때가 있다.

⑤ 장기간의 종단분석이 가능하다. 질문지법이나 면접법은 일정한 시점에서 필요한 자료를 얻는 데 그친다. 이에 비해 관찰은 자연스러운 상황에서 장기간에 걸쳐 자료 수집을 하므로 어떤 현상을 종단적 분석을 할 수 있다.

⑥ 연구대상이 질문지조사나 면접조사에 의해 파악하기에는 너무 복합적인 상황인 경우에는 관찰이 가장 효과적인 방법이 될 수 있다. 여러 가지 다양한 요인들이 결합된 사회현상을 질문지조사나 면접조사 등에 의해 조사하는 경우 피상적인 조사가 되기 쉽다. 예를 들어 원주민들의 생활실태에 대한 조사 등은 관찰이 가장 유용한 조사방법이다. 이러한 이유로 관찰은 문화인류학자들에 의해 많이 사용되고 있다.

2) 단점

① 관찰의 대상이 되는 행위를 현장에서 포착해야 하므로 그러한 행위가 발생할 때까지 기다려야 한다.

② 외부로 나타나지 않은 사실이나 인간의 사사로운 문제들은 관찰이 곤란하다.

③ 큰 규모의 집합체를 한꺼번에 관찰하기가 어렵다. 관찰은 현장에서 시각, 청각 등 감각기관에 의해 현상을 인지해야 하기 때문에 대규모의 대상을 조사하기

어렵다.

④ 피관찰자나 피관찰집단에 대한 접근이 어려운 경우가 많다. 특히 자기가 관찰의 대상이 된다는 것을 알 경우에는 접근을 허용하지 않는 경우가 많다. 또한 설사 접근을 허용한다 하더라도 관찰자에 대한 의구심으로 자연스러운 관찰이 불가능할 때가 많다.

⑤ 시간, 비용, 노력이 많이 든다. 관찰은 대개 현지에서 장기간 체류해야 하므로 시간, 비용, 노력이 많이 든다.

⑥ 관찰자의 선호, 관심, 가치관, 지식의 범위, 연구목적 등에 의해서 선택적 관찰을 하게 됨으로써 객관적으로 중요한 사실을 지나치는 경우가 생긴다. 예를 들어 서로 관찰내용을 보여주지 말고 수업시간에 발표하도록 할 경우 똑같은 장소에서 관찰했음에도 내용이 상당히 다른 것을 알 수 있을 것이다.

⑦ 전부를 동시에 관찰하지 못하는 한계성을 가지고 있다. 이러한 한계는 인간의 감각기능의 한계, 시간적 · 공간적 한계, 지적 능력의 한계 등에 의해서 생기는 것이다. 또한 우리의 일상생활에 익숙한 사실이나 너무 자명하다고 생각하는 것들에 대해서는 특별한 주의를 기울이기 전에는 지나치는 경우가 많다.

⑧ 관찰한 사실만을 기록할 때에는 별로 문제가 안 되나 관찰한 사실을 해석해야 할 경우에는 관찰자마다 구구한 해석을 하게 되어 객관성이 저하될 수 있다.

⑨ 관찰 당시의 특수성 때문에 관찰대상이 그때에만 특수한 행위를 하였는데 이를 식별하지 못하고 일상적으로 그러한 행위를 하는 것으로 기록하는 오류를 범할 수 있다.

⑩ 자료처리, 즉 조사결과의 분석, 해석이 어렵다. 각양각색의 다양한 자료가 많기 때문에 이것을 체계적으로 분류하여 이론이나 가설을 검증하는 데 활용하기가 여간 어렵지 않다.

03 관찰조사의 종류

관찰은 관찰자의 참여정도에 따라 참여관찰, 준참여관찰, 비참여관찰로 나누어지며, 그 절차의 조직성에 따라 조직적 관찰과 비조직적 관찰로 나누어진다.

1) 참여관찰

참여관찰(participant observation)은 관찰대상 집단의 내부에 들어가서 그 구성원의 일부가 되어 공동생활에 참여하면서 관할하는 방법이다. 즉, 단순히 관찰대상의 집단에 들어가서 관찰하는 것이 아니라 그 집단구성원의 하나가 되어 신분을 갖고 역할을 수행하면서 관찰하는 방법이다(채구묵, 2011).

참여관찰은 어떤 특수한 행위나 동기, 미묘한 감정관계 등 외부로 나타나지 않는 사실까지 직접 경험할 수 있고, 관찰대상을 자연적인 상태에서 파악할 수 있는 장점이 있다. 참여관찰은 질적 방법이기 때문에 탐색적, 그리고 기술적 수준의 지식을 생산하는 데 유리하다(김귀환 외, 2007).

단점으로 관찰대상의 구성원으로 가장하고 역할을 수행하는 것이 어렵다는 점, 관찰자가 일단 관찰대상 집단에 들어갔다 하더라도 그 집단에서 어떤 업무를 수행하면서 관찰해야 하므로 관찰행동이 제약을 받는다는 점, 조직구성원들과 접촉관계로 인하여 관찰자가 자신도 모르는 사이에 감정적 작용을 받아 관찰에 있어 객관성을 잃기 쉬우며, 또 집단생활에 익숙해질 경우 외부 사람들이 보면 쉽게 즉시 알아볼 수 있는 집단의 생태나 특성을 간과하기 쉽다. 그리고 관찰자의 특성, 주관 관찰자와 피관찰자 간의 관계 도움으로 인해 다른 관찰자가 동일한 방법으로 관찰하기가 곤란하고 그 관찰에서 얻은 자료의 표준화가 곤란하다.

2) 비참여관찰(Non-participant Observation)

관찰자가 조사 대상 집단의 성원으로 역할을 수행하지 않고 재삼자의 입장에서 관찰하는 방법이다. 예를 들어 자폐아동들의 행동, 학교폭력행위, 오토바이 폭주족의 행위 등을 제삼자의 입장에서 관찰하는 것이 이에 해당한다.

비참여관찰의 장단점은 참여관찰의 장단점을 반대로 생각할 수 있다. 즉, 성원으로서의 역할을 수행하지 않으면서 관찰하므로 역할수행이 어려운 상황도 관찰 할 수 있고, 관찰의 객관성을 확보할 수 있으며, 관찰활동에 제약을 받지 않을 수 있다는 장점이 있다. 그러나 외부로 나타나지 않는 사람들 간의 미묘한 감정관계나 관찰대상의 자연성과 유기적 전체성을 관찰할 수 없다는 단점이 있다.

3) 준참여관찰(Quasi-participant Observation)

참여관찰처럼 관찰대상의 생활 전부에 참여하는 것이 아니고 생활의 일부에만 참여하는 관찰방법이다. 이 방법에서는 주로 피관찰자들이 관찰을 받고 있다는 사실을 알고 있다. 예를 들면 사회복지학과 학생들이 실습기관에서 실습할 때 실습기관의 준직원으로서 실습에 일하면서 실습기관 직원들의 업무수행 태도를 관찰할 수 있다. 이때 실습기관의 직원들은 실습생들이 자신들을 관찰하고 있다는 것을 알지만 업무를 처리하는 데 크게 지장을 받지 않는다. 준참여관찰의 장단점은 참여관찰과 비참여관찰의 장단점의 중간에 속한다 할 수 있다.

04 관찰조사의 절차

관찰은 모두 다음 네 가지 사항에 유의하여야 한다. 첫째는 관찰자와 피관찰자의 관계, 즉 '관찰자와 피관찰자는 어떤 관계를 형성해야 하는가?'이며, 둘째는 관찰의 대상, 즉 '무엇이 관찰되어야 할 것인가?'이고, 셋째는 관찰기록, 즉 '관찰결과를 어떻게 기록할 것인가?'이며, 넷째는 신뢰도와 타당도, 즉 '관찰의 정확성을 확보하기 위한 방법은 무엇인가?'이다. 이상의 네 가지 점을 '조직적 관찰'을 중심을 검토해 보고자 한다.

1) 조직적 관찰(Structured Observation)

(1) 의의

관찰의 대상, 내용(측정도구), 절차 등을 사전에 정하여 체계적으로 관찰하는 방법이다. 관찰내용을 표준화하고 관찰표(observation schedule) 등의 보조기구를 사용하여 관찰하는 것으로 주로 가설검증을 목적으로 하는 조사에 많이 활동된다.

(2) 장단점

조직적 관찰은 관찰을 보다 체계적으로 할 수 있고, 자료처리를 표준화할 수 있다는 장점이 있는 반면, 연구에 중요한 결과를 제공해 줄 수 있는 요소를 놓칠 수 있다는 단점을 가지고 있다.

2) 관찰자와 피관찰자와의 관계

① 비조직적 관찰의 관찰자와 피관찰자와의 관계가 대체로 조직적 관찰에도 그대로 적용된다. 조직적 관찰은 대게 비참여관찰이며, 자신이 누구인지 밝히지만 때에 따라서는 밝히지 않는 것이 좋다.

② 자신이 관찰자라는 것을 밝힌 경우에도 관찰자는 자기가 관찰하는 사항에 가능한 한 영향을 주지 않도록 피관찰자에게 중립적인 태도를 취하는 인상을 주고 심리적으로 영향을 주지 않는 사람이 되려고 노력해야 한다.

3) 관찰내용

조직적 관찰은 비조직적 관찰과 같이 융통성이 있는 것이 아니다. 조직적 관찰은 관찰하려고 하는 목적에 맞는 분석기초가 될 질문문항이 정해져 있어 이에 따라 관찰하고 기록하면 된다. 이와 같이 분석기초가 될 질문문항 또는 카테고리가 정해진 것을 관찰표(observation schedule)라고 한다. 따라서 관찰표를 잘 만드는 것이 조직적 관찰을 성공적으로 수행하기 위한 관건이라고 할 수 있다. 즉, 분석의 기초가 되는 질문문항 또는 카테고리의 구성 여부에 따라 신뢰성과 타당성이 있는 관찰인가의 여부가 결정된다. 관찰표의 질문문항은 조사목적 및 기본이 되는 이론에 근거해서 마련하지만 처음 시작할 때에는 상당히 많은 질문문항 또는 카테고리를 마련하여 관찰을 시작하다가 관찰이 진행됨에 따라 생략하거나 보완하여 조사목적에 맞도록 조정하는 것이 좋다.

4) 관찰기록

조직적 관찰은 관찰표에 나열되어 있는 질문문항에 따라 관찰한 행위를 부호로 기록하면 된다. 관찰표는 입증 가능하고 계량 가능한 자료의 수집에 맞도록 작성되어야 하며, 여러 관찰자들이 다른 시간에 관찰하더라도 똑같은 기록이 나올 수 있도록 어구의 구성도 세밀하게 마련되어야 한다. 이 밖에 녹음기, 촬영기 등을 사용하기도 한다.

5) 관찰의 신뢰도와 타당도를 높이는 방법

관찰의 신뢰도와 타당도를 높이기 위해서는 다음과 같은 사항이 고려되어야 한다.

① 관찰자의 훈련이 필요하다. 조직적 관찰의 경우에는 비조직적 관찰과 달리 관찰자에 의해 크게 좌우되지는 않지만, 그래도 관찰자에 의해 많은 영향을 받는다. 관찰내용의 질문문항이 아무리 정확하게 분류되었다 하더라도 관찰자의 경험이나 지식의 차이에서 오는 편견이 개입될 수 있을 뿐만 아니라 관찰의 미숙으로 인한 오류가 발생할 수 있다. 결국 관찰의 질은 관찰자의 능력에 달려 있으므로 관찰을 제대로 수행할 수 있도록 사전훈련이 필요하다.

② 질문문항이 정확하게 기록될 수 있도록 작성되어야 한다.

③ 동일한 관찰대상이라도 관찰시간이 달라짐에 따라 다른 내용으로 취급될 가능성이 있다는 것을 인식해야 한다.

④ 때때로 녹음기 등을 통해 같은 사실을 기록할 필요가 있다. 그러나 이러한 기구의 사용은 윤리적·법적 문제가 따를 수 있으므로 신중을 기해야 한다.

요점정리

〈면접조사〉

- 면접법은 훈련된 면접자가 연구대상과 직접적인 상호작용을 통해 필요한 자료를 수집하여 기록하는 것
- 장점
  - 언어적 소통이 가능한 모든 사람을 대상으로 적용, 설문지법보다 더 공정한 표본
  - 개별 상황에 따라 질문을 반복할 수 있고 알아듣기 쉽게 설명 가능
  - 면접 환경을 통제하고 표준화 가능
  - 제3자의 영향 배제
  - 응답자의 과거 행동이나 개인 행위에 관한 정보 획득
- 단점
  - 절차가 복잡하고 불편
  - 많은 시간과 비용 소요
  - 면접자에 따라 면접 내용에 편의(bias) 발성
  - 응답자가 조사에 응하기 불편한 상황에서 면접이 이루어지면 응답에 부정적인 영향을 미침
  - 응답에 대한 표준화가 어려움
  - 넓은 지역에 걸쳐 분포된 사람을 대상으로 면접을 실시하는 경우 어려움
  - 익명성이 결여되어 개인적으로 밝히기 어려운 질문에 대해 정확한 응답을 얻기 어려움
- 면접조사의 종류
  - 표준화 면접: 사전에 만들어진 질문지로 모든 응답자에게 같은 순서와 언어로 질문하여 면접하는 방법
  - 비표준화 면접: 질문 문항이나 순서가 미리 정해져 있지 않고, 면접 상황에 따라 질문 문항이나 순서가 융통성 있게 변경될 수 있는 자유로운 면접 방법
  - 반표준화 면접: 표준화 면접과 비표준화 면접의 장단점을 보완한 것으로, 일정한 수의 중요한 질문을 구조화하고 이외의 질문을 구조화하지 않는 방법

〈관찰조사〉

- 관찰법은 주위에서 일어나는 일들에 대한 지식을 얻는 가장 기본적인 방법으로서 시각, 청각과 같은 감각기관을 통하여 현상을 인지하는 기본적인 방법
- 장점
  - 조사 대상이나 행위가 일어나는 현장에서 즉시에 어떠한 사실 포착

요점정리

- 아동이나 동물과 같이 구두 표현 능력이 없는 경우에는 관찰이 유일한 자료수집방법
- 조사 대상이 조사에 비협조적이거나 조사를 거부할 경우 관찰이 효과적
- 장기간의 종단분석 가능

• 단점

- 관찰의 대상이 되는 행위가 발생할 때까지 기다려야 함
- 외부로 나타나지 않은 사실이나 인간의 사사로운 문제는 관찰 곤란
- 큰 규모의 집합체를 한꺼번에 관찰하기가 어려움
- 피관찰자나 피관찰 집단에 대한 접근이 어려움
- 시간, 비용, 노력이 많이 듦
- 관찰자의 선호, 관심, 가치관, 지식의 범위, 연구목적 등에 의해서 선택적 관찰을 할 우려
- 전부를 동시에 관찰하지 못하는 한계성
- 관찰자마다 구구한 해석을 하게 되어 객관성 저하
- 조사결과의 분석과 해석의 어려움

• 관찰의 종류

- 참여관찰 : 관찰대상 집단의 내부에 들어가서 그 구성원의 일부가 되어 공동생활에 참여하면서 관찰하는 방법
- 비참여관찰 : 관찰자가 조사 대상 집단의 성원으로 역할을 수행하지 않고 제삼자의 입장에서 관찰하는 방법
- 준참여관찰 : 참여관찰처럼 관찰대상의 생활 전부에 참여하는 것이 아니고 생활의 일부에만 참여하는 관찰 방법

실전문제

Korean academy of social welfale

01 면접조사의 장점으로 적절한 것을 모두 묶은 것은?

보기

A. 융통성이 있다.
B. 환경을 통제할 수 있다.
C. 무의식적 응답을 기록할 수 있다.
D. 응답률이 높다.

① A, B, C ② A, C ③ B, D
④ D ⑤ A, B, C, D

해설 면접조사의 장점

- 융통성, 높은 응답률, 비언어적 행위의 관찰 질문순서의 통제, 무의식적인 응답 기록, 환경을 통제, 모든 질문에 대한 응답 확인, 면접일자·시간·장소·기록, 복잡한 질문의 사용, 응답자의 응답 촉진, 민감한 질문, 환경조건이나 개인적인 것에 대한 참조자료

02 비구조화된 면접에 비해 구조화된 면접의 장점으로 옳은 것은?

① 신뢰도를 높일 수 있다.
② 타당도를 높일 수 있다.
③ 융통성을 가질 수 있다.
④ 불분명한 경우 보충질문을 할 수 있다.
⑤ 미개척 분야에서 가설을 세울 수 있다.

03 비구조화된 면접의 장점은?

보기

가. 융통성이 있다.
나. 질문문항면접기록 내용상의 차이를 줄일 수 있다.
다. 면접과정에서 생기는 변수를 알아낼 수 있다.
라. 면접결과를 신뢰하기 좋다.

① 가, 나, 다 ② 가, 다 ③ 나, 라
④ 라 ⑤ 가, 나, 다, 라

04 관찰법의 특징으로 맞는 것은?

정답 1. ⑤, 2. ①, 3. ②, 4. ②

실전문제 Korean academy of social welfale

보기

A. 융통성이 있다.
B. 정형화된 자료 수집 틀을 사용한다.
C. 주관성이 개입될 수 있다.
D. 과거회고적 기록이다.

① A, B, C ② A, C ③ B, D
④ D ⑤ A, B, C, D

해설 관찰법

- 장점
  - 비언어적 행동에 관한 자료 수집 용이, 관찰자 효과의 최소화, 종단적 분석 가능, 조사의 현장성 및 즉시성, 응답과정의 오류 최소화, 연구대상이 태도가 모호한 경우 유용, 연구대상이 비협조적일 경우 유용, 개인이나 집단의 정보를 얻는 방법으로 적절
- 단점
  - 통제의 부족, 계량화의 곤란, 표본의 크기가 작음, 현장진입이 어려움, 익명성의 결여, 시간과 경비의 소요, 관찰자 주관이나 편견 개입, 관찰자 효과, 인간행동의 다변성

05 관찰법의 장점으로 볼 수 없는 것은?

① 비언어적 행동에 관한 자료 수집에 뛰어나다.
② 자연적 환경에서 일어나는 자연스러운 행동에 관한 자료를 수집한다.
③ 광범위한 횡단적 분석이 가능하다.
④ 조사 대상자가 조사연구에 비협조적이거나 면접을 거부할 때에 사용이 가능하다.
⑤ 연구대상의 태도가 모호한 경우에 사용 가능하다.

해설 관찰법의 장점

- 비언어적 행동에 과한 자료 수집이 뛰어남
- 자연적 환경에서 일어나는 자연스러운 행동에 관한 자료를 수집한다.
- 현장에서 즉시에 사실을 포착함으로써 진실된 모습을 포착할 수 있음
- 연구대상의 태도가 모호한 경우에 사용 가능
- 조사 대상자가 비협조적이거나 면접을 거부할 때 사용 가능
- 가족이나 집단구성원 또는 의사소통의 행태를 연구하기에 적당하다.
- 응답자가 언어적으로 표현해야 하는 노력이 줄어든다.

06 관찰법의 단점으로 볼 수 없는 것은?

① 종단적 연구 수행이 어렵다. ② 외생변수에 대해 거의 통제할 수 없다.
③ 계량화가 곤란하다. ④ 현장진입이 어렵다.
⑤ 익명성이 결여된다.

정답 5. ③, 6. ①

실전문제 Korean academy of social welfale

- 외생변수에 대한 통제 부족
- 계량화의 곤란
- 표본의 크기가 작음
- 익명성의 결여
- 관찰이 곤란하거나 대상이 관찰을 꺼리는 경우 어려움
- 관찰의 대상이 되는 행위나 태도가 나타나기까지 기다려야 함
- 내면적인 특징이나 과거 사실에 대한 자료를 수집할 수 없음
- 관찰자의 주관 개입
- 반응성
- 행동이 일회적인 것일 수 있음
- 조사자가 항상 현장에 있어야 함
- 인간의 감각의 한계
- 시간과 경비가 많이 듦

07 사전에 준비된 관찰도구나 기준 또는 범주를 가지지 않는 관찰법은?

① 조직적 관찰 ② 비조직적 관찰 ③ 준참여관찰
④ 참여관찰 ⑤ 비참여관찰

해설 조직적 관찰과 비조직적 관찰

- 조직적 관찰 : 사전에 준비된 관찰도구나 기준, 범주를 가지는 관찰법. 체계적 서술을 하거나 인과관계에 대한 가설을 검증하려는 조사연구에서 사용
- 비조직적 관찰 : 사전에 준비된 관찰도구나 기준, 범주를 가지지 않는 관찰법. 연구대상에 대해 알려진 바가 별로 없는 탐색적 연구에서 많이 사용

08 신문사설, 일기, 편지 등 의사소통의 기록물을 분석의 대상으로 조사하는 방법?

① 내용분석 ② 관찰 ③ 서베이 조사
④ 솔로몬 디자인 ⑤ 유사 실험설계

해설 내용분석법의 특징

- 의사전달 내용이 분석대상
- 문헌연구의 일종
- 메시지의 현재 내용, 잠재적인 내용이 분석대상
- 객관성, 체계성, 일반성 등 과학적 연구방법의 요건을 갖추어야 함
- 양적 분석방법과 질적 분석방법을 모두 사용

정답 7. ②, 8. ①

CHAPTER 11

내용분석 및 2차자료분석

|RESEARCH| |METHODS| |FOR| |SOCIAL| |WELFARE|

SECTION 01 내용분석

01 내용분석의 의의와 장단점

1) 내용분석의 의의

내용분석(content analysis)은 개인이나 사회의 의사소통 기록물인 신문, 서적, 잡지, TV, 라디오, 영화, 연설, 편지, 일기, 상담기록서, 녹음테이프, 녹화테이프 등을 통하여 연구대상자(물)에 대한 자료를 간접적으로 수립하는 간접자료 수집방법의 하나이다(김귀환 외, 2007).

내용분석은 연구대상에 대한 직접적인 접근이 어렵거나 상실된 경우, 연구대상자의 언어를 분석하고자 할 경우, 그리고 분석하고자 하는 자료가 너무 방대할 경우에 사용된다(차배근, 1984; 양정하 외, 2006 재인용).

내용분석은 비관여적 자료 수집방법을 활용하는 가장 대표적인 조사방법 중 하나로, 연구 주제와 관련된 텍스트의 내용을 수집하고 분석하기 위한 기술이자 방법이다. 이 때 '내용'은 단어, 의미, 그림, 상징, 생각, 주제 및 의사소통된 그 어떤 메시지를 나타낸다. 결국 내용분석은 이러한 인간의 의사소통의 기록을 객관적이고 체계적으로 분석하는 방법이다(황성동, 2007).

내용분석에 대한 정의는 학자에 따라 다르나, 여러 학자들의 견해를 종합해서 다음과 같이 정의를 내릴 수 있다. 내용분석이란 의사소통 기록물의 현재적 및 잠재적 내용을 객관적, 체계적, 양적으로 분석하기 위한 조사방법이다.

2) 내용분석의 장단점

내용분석의 장단점을 살펴보면 다음과 같다(Babbie, 1992; 박옥희, 2006; 채구묵, 2011).

(1) 장점

① 시간과 비용이 절감된다. 예를 들어, 연구자 혼자 내용분석을 수행할 수는 있어도 대규모의 조사원이 필요한 질문조사는 혼자 하기가 힘들다. 내용분석은 많은 조사원이 필요 없고, 특별한 장비도 요구되지 않으며, 단지 분석하고자 하는 자료에 접근만 가능하면 된다.

② 안전도가 높다. 즉, 질문조사나 실험은 한 번 실수가 생기면 전부 다시 해야 하며 재조사가 현실적으로 어려울 때가 많다. 그러나 문헌조사는 기초자료를 다시 검토해 보는 수고만으로 실수를 보완할 수 있다.

③ 역사적 연구에 적용 가능한 유용한 방법이다. 즉, 장기간에 걸쳐서 발생하는 과정을 연구할 수 있다. 다른 조사는 소급조사가 불가능하기 때문에 장기간에 걸친 역사적 연구가 어렵다.

④ 피조사자가 반작용을 일으키지 않으며, 연구조사자가 연구대상에 영향을 미치지 않는다. 즉, 이미 기록되어 있고, 행해져 있기 때문에 피조사자가 영향을 받지도 않으며, 조사자가 아무런 영향을 미칠 수도 없다.

⑤ 실제 조사로는 불가능한 자료의 수집을 가능하게 한다.

⑥ 다른 조사방법의 타당성 여부를 검토하기 위하여 사용할 수 있다.

⑦ 개방식 질문의 응답을 분석하는 데 유용하다.

⑧ 가치나 태도 같은 심리적 변수를 효과적으로 측정할 수 있다.

⑨ 장기간에 걸친 연구가 가능하다.

⑩ 조사자가 조사 대상자에게 미치는 영향, 즉 반응성의 문제가 없다.

(2) 단점

① 기록된 의사전달만을 다룰 수 있다. 기록한 것을 가지고 분석해야 하기 때문에 기록에 남아 있지 않은 것은 분석하기가 곤란하다.

② 분석할 자료를 구하기 어려운 경우가 많이 있다.

③ 표본크기가 큰 경우에 분석하는 데 시간과 노력이 많이 든다.

④ 부호화과정에서 오류가 발생할 수 있다.

⑤ 분석결과의 신뢰도에 문제가 있을 수 있다.

02 내용분석의 단위와 카테고리

1) 내용분석의 단위

내용분석을 하기 위해서는 우선 내용요소를 수량화하기 위한 기준항목을 정해야 하는데, 이를 내용분석의 단위(unit)라 한다. 내용분석을 위한 단위로 주로 다음과 같은 것이 많이 사용된다(Nachmias and Nachmias, 1992; 김영걸 외, 2004; 남세진·최성재, 1988).

(1) 단어(Word)

단어는 내용분석에서 사용하는 최소의 단위이다. 여기에는 물론 구와 복합어도 포함된다. 단어를 하는 경우에는 선택된 단어가 얼마나 많이 사용되었는가를 분석해 봄으로써 내용을 분석해 볼 수 있다. 예를 들어, 사회복지실천에 관한 책이나 논문에서 1960년대, 1970년대, 1980년대, 1990년대, 2000년대별로 진단, 치료라는 용어와 사정, 개입이라는 용어가 얼마나 사용되는가를 비교, 분석해 볼 수 있다.

단어는 경계가 명확해서 구분이 되기 쉽다는 장점이 있는 반면, 표본이 방대하면 양을 많이 다루기 어렵고 맥락에 따라 그 의미가 달라지는 단점이 있다.

(2) 주제(Theme)

주제는 문헌기록이 주장하는 내용이거나 도덕적 목적을 말하며 어떤 내용의 중심이 되는 제목 또는 문제를 의미한다. 주제는 대개 한 문장으로 표시되지만, 때로는 여러 개의 문장, 문단 혹은 전체 본문에 확산적으로 나타나 있을 수 있다. 이러한 점에서 단어에 비해 경계선이 불분명하며, 문단 또는 본문 등에 여러 개의 주제가 있는 경우 어느 것이 더 중심적인 주제인가 가려내기가 어려운 경우가 많다는 단점이 있다. 그러나 대량의 자료를 다루고자 할 경우 단어보다 주제를 기본단위로 하는 것이 더 의미가 있으며, 다루기도 편리하여 분석단위로 널리 활용된다. 예를 들어, 신문 경제면 톱기사들의 제목을 검토해 봄으로써 그 시대의 경제상황을 파악해 볼 수 있다. 즉, 경제면의 경우 현 경제를 부정적으로 보는 주제와 긍정적으로 보는 주제의 수를 검토해 봄으로써 경제상황을 파악해 볼 수 있고, 어떤 면을 다루는 주제가 많은가를 검토에 봄으로써 그 시대의 주요 경제 관심사항을 파악해 볼 수 있다.

(3) 인물(Character)

주로 희곡, TV드라마, 소설, 전기, 연극, 영화 등의 경우 역사적 인물이나 주인공을 중심으로 분석하는 것이 유용하게 활용될 수 있다. 인물이나 주인공을 단위로 하는 경우 인물이나 주인공의 특성에 대한 시대별 변화를 파악해 볼 수 있다. 예를 들어, 1960년대, 1970년대, 1980년대, 1990년대, 2000년대별로 문학작품에 나오는 여자 주인공들의 인물적 특징을 남성에 대허 순종적인 여성과 저항적인 여성으로 분류해 봄으로써 각 시대별로 여성들이 남성을 대하는 태도가 어떻게 변화되어 왔는가를 파악해 볼 수 있다.

기록단위는 특정한 사람이며, 범주들의 각각에 해당하는 사람의 수가 기록된다. 예를 들어, TV드라마에서 백인, 흑인, 동양인 등의 범주에 속하는 인물이 각각 얼마나 등장하는가를 분석하위 단위로 기록할 수 있다.

(4) 문단(Paragraph) 문장과 단락

문단은 여러 개의 문장으로 구성된 단락을 의미한다. 문단은 형식적으로 구분하기는 쉬우나, 한 문단에 다양한, 때때로 상반된 주제나 내용이 들어 있어 이를 분류하여 처리하기가 어려운 경우가 있기 때문에 분석단위로 널리 활용되고 있지는 않다.

문장이나 단락은 형태적으로 구분하기 쉽다는 장점이 있지만, 하나 이상의 주제를 담은 문장이 있을 수 있기 때문에 어느 하나의 범주에 명확하게 속하기 어려운 단점이 있다.

(5) 사항(항목(Item)·품목)

사항은 어떤 의사소통 전체의 단위로서 예를 들면, 책 한 권, 수필 한 편, 하나의 드라마, 논문 한 편 등을 분석단위로 사용할 수 있다.

이것은 소재를 크게 분류하는 것으로 서적, 잡지, 신문, 학술지 등으로 분류할 수 있고, 신문의 경우 국내문제, 국제문제, 노동문제, 사회문제, 사설 등으로 분류할 수도 있다. 이 단위는 소재를 크게 분류하기 때문에 빈번히 사용된다. 예를 들어, 신문의 종류를 시대별로 분석해 본 결과 1960년대에는 일반신문이 대부분을 차지하였으나, 1970년대, 1980년대에는 스포츠신문이 많이 늘어났으며, 1990년대, 2000년대에는 경제신문이 많이 늘어난 것을 볼 수 있으며, 이로 인해 어떤 독자층이 많이 증가했는지 알 수 있다.

(6) 공간 및 시간(Space and Time)

인쇄물의 지면이나 방송의 시간도 분석의 단위가 된다. 이것은 항목보다 세분한 단위로 인쇄물의 경우 지면과 방송의 경우 시간 등이 이에 해당한다. 예를 들면, 신문의 제 1면, 텔레비전 및 라디오 방송의 9시 저녁 뉴스시간 등이 분석단위로 이용될 수 있다. 신문기사의 경우, 사회면에 실렸는지 정치면에 실렸는지, 방송이 저녁 시간대인지 낮 시간대인지 등이 분석의 단위가 될 수 있다.

2) 카테고리

카테고리(category)는 커뮤니케이션 내용의 특징을 분류하는 범주 또는 체계를 의미한다. 단위가 커뮤니케이션 내용을 분석하기 위한 기준항목이라면, 카테고리는 그러한 기준항목의 특성을 파악하기 위한 범주(틀)를 의미한다. 내용분석은 카테고리에 의해 성패가 좌우된다고 볼 수 있다. 즉, 카테고리가 명확히 규정되고, 문제를 파악하는 데 적합하게 만들어졌을 때 연구에서 추구하는 목적을 성공적으로 달성할 수 있다. 카테고리를 분류면 다음과 같다(채구묵, 2011).

(1) 내용의 실체에 관한 카테고리

① 주제내용(Subject Matter) : 가장 많이 사용하는 카테고리로, 단어, 주제, 항목 등에서 무엇에 대해서 말하는가를 분석하기 위한 카테고리이다.

② 방향(Direction) : 이것은 주제를 취급하는 찬반의 태도를 말한다.

③ 기준(Standard) : 이것은 근거라고도 부르는 것으로 방향 분류의 기초가 되는 것이다. 즉, 찬성하는 데 그 근거가 무엇인지를 파악하는 것이다. 가장 일반적인 기준 카테고리에는 강자-약자, 도덕성-비도덕성 두 가지가 있다. 즉, 주제가 승인되는 것은 그것이 강자이기 때문인가 도덕적이기 때문인가. 이 두 가지를 다시 세분할 수 있는데, 강자-약자 카테고리를 존경, 힘(재력, 권력, 무력 등), 권위, 착취 등으로 분류하고, 도덕적-비도덕적 카테고리를 선, 윤리, 정의, 공평, 자비, 진리 등으로 분류할 수 있다. 또한 안정, 발전, 보수, 진보, 효과, 효율 등이 기준 카테고리로 이용될 수 있다.

④ 가치(Value) : 기준과 밀접한 관련이 있는 것으로 사람들이 원하고 구하는 것을 파악하는 카테고리이다. 이것은 목표 또는 욕망이라고 한다.

⑤ 방법(Method) : 가치가 행위의 목적을 취급하는 데 반해 방법은 목적을 실현하기 위해서 사용되는 수단을 말한다. 즉, 목적이 어떠한 방법에 의해 획득되는가 하는 문제이다.

⑥ 특성(Trait) : 이 카테고리는 능력, 주체의 상태라고도 불린다. 주로 개인적 특성이나 심리적 특성 등 사람을 묘사하는 데 많이 사용되지만 제도나 정책의 특성을 밝히는 데도 사용된다.

⑦ 행위자(Actor) : 이 카테고리는 행동의 주도자로서 사람 또는 집단에 적용된다.

⑧ 권위(Authority) : 이 카테고리는 한 사람, 집단, 대상이 어느 정도 권위를 가지고 있는지 파악하는 데 이용된다. 한편 인용문의 근원을 파악하는 데도 활용된다.

⑨ 기원(Origin) : 권위가 커뮤니케이션 정보의 지위(신뢰도)를 말하는데, 기원은 내용의 발생지를 의미한다.

⑩ 표적(Target) : 이 카테고리는 커뮤니케이션이 누구를 향하여 이루어졌는가를 보는 것이다. 이것은 커뮤니케이션이 어느 특수한 집단에 향해졌는가를 파악하는 데 사용될 수 있다.

(2) 내용의 형식에 관한 카테고리

① 커뮤니케이션 형식(Form or Type of Communication) : 이것은 어떻게 말하는가를 취급하는 분석하기 카테고리로 형식적 구별에 해당한다. 예를 들면 출판경향 분석에서 소설과 비소설, 라디오 방송내용 연구에서 고전음악, 대중음악, 드라마, 뉴스, 좌담회 등으로 분류하는 것 등이다.

② 발언형식(Form of Statement) : 커뮤니케이션이 이루어지는 문법적 혹은 구문론적 형식을 보는 것이다. 발언형식으로는 세 가지 표준적 분류가 이용된다.

- 사실진술(fact statement) : 예—한국은 대통령을 직선에 의해 선출한다.
- 선취진술(preference statement) : 예—한국인들은 통일을 원한다.
- 동일시진술(identification statement) : 예—나는 민주주의자다.

③ 강도(Strength) : 커뮤니케이션의 정서화(emotionalism), 감상화(sentimentalization)라고도 하는 것으로 커뮤니케이션이 가지는 힘 또는 흥분정도를 보는 것이다. 신문에 있어 활자의 크기, 지면의 크기, 위치 등은 강도의 정도를 다르게 나타낸다 할 수 있다.

03 내용분석의 절차

연구방법으로서 내용분석의 절차는 다음과 같다(남세진·최성재, 1988; 채구묵, 2011).

1) 연구주제의 선정

다른 모든 조사와 마찬가지로 내용분석에 의해 연구를 하고자 할 경우에도 먼저 연구주제를 선정하여야 한다. 어떤 주제를 연구하는 방법은 여러 가지가 있는데, 그 중 내용분석을 주로 사용하는 경우는 내용분석이 아니고는 탐구하기 어려운 주제나 다른 자료 수집 방법보다는 내용분석이 더 적절하거나 효율적인 주제의 경우이다.

예를 들어, 1970년대 이후 대통령선거 시 후보자들에 의해 선거공약으로 채택된 사회복지정책의 내용은 어떻게 달라지고 있는가, 1980년 이후 사회복지관의 노인복지프로그램은 어떻게 변화되어 왔는가, 1950년대 이후 한국인들의 성역할은 어떻게 변화되었는가 등을 내용분석의 주제로 선정할 수 있다.

2) 조사 대상의 모집단 선정

조사 대상이 될 만한 신문, 문헌, 기록, 문학, 음악, 미술작품의 종류와 범위를 확정한다. 모집단은 연구주제와 관련하여 설정한다. 모집단은 연구문제를 해결하는데 도움을 줄 수 있는 모든 의사소통 기록물을 말한다. 위의 예에서, 1970년대 이후 대통령 후보들의 선거공약 관련 서류, 1980년 이후의 사회복지관의 노인복지프로그램 관련 서류, 그리고 시대별 성역할의 변화를 문학작품에 의해 파악하고자 하면 1950년대 이후의 문학작품을 모집단으로 선정할 수 있다.

3) 조사 대상의 표본추출

실제 조사 대상이 될 문헌자료의 표본추출은 다른 조사의 표본추출방법과 같은 방법이 사용된다. 신문, 방송내용, 잡지 등의 경우는 주로 3단계 추출과정이 이용된다. 첫째, 타이틀의 선정, 즉 어느 신문, 방송국, 잡지를 선정할 것인가, 둘째, 어떤 호나 날짜를 선정할 것인가, 셋째, 호나 날짜 내에서 어떤 내용을 선정할 것인가이다. 그러나 자료의 성격에 따라 다양한 표본추출방법이 사용될 수 있다. 예를 들어, 대통령 후보들의 선거공약을 분석한다면, 매 대통령 선거 시 다수 득표자 3인의 선거공약에 관한 서류를 표본으로 추출하고, 그들의 선거공약 관련 서류 중 사회복지 관련분야 서류만 다시 선정한다. 다른 예로, 시대별 성역할의 변화를 분석한다면 1950년대, 1960년대, 1970년대, 1980년대, 1990년대, 2000년대 별로 가장 대표적인 문학작품을 10개씩 표본추출한다.

4) 분석단위 규정

분석단위는 내용범주 내에서 실제로 분석에 사용할 수 있는 의사소통의 단위이다. 분석단위는 단어, 주제, 인물, 문단, 품목, 공간으로 나눌 수 있다.

어떠한 사항을 분석단위로 사용할 것인가를 정한다. 예를 들어, 대통령 후보들의 선거공약 분석의 경우 항목 또는 주제를 분석단위로 사용할 수 있으며, 구체적으로 사회보험(국민건강보험, 고용보험, 국민연금, 산재보험 등), 공공부조, 사회복지서비스(아동복지, 청소년복지, 노인복지, 장애인복지, 여성복지 등)를 분석단위로 설정할 수 있다. 한편, 성역할의 변화에 대한 분석에서는 작품의 주인공을 분석단위로 사용할 수 있다.

5) 분석 카테고리 설정

어떤 사항을 분석 카테고리로 활용할 것인가를 설정한다. 예를 들어, 대통령 후보들의 선거공약 분석의 경우 사회보험에서는 국민건강보험, 고용보험, 국민연금, 산재보험, 각각에 대해 자격대상, 기여금 및 급여, 이용자수 등을 공공부조에서는 수급자 자격, 최저생계비 수준, 수급자수, 정부의 재정지원액 등을, 사회복지서비스에서는 아동복지, 청소년복지, 노인복지, 장애인복지, 여성복지 등을 위한 시설의 수, 서비스의 질, 정부의 재정지원액 등을 카테고리로 설정할 수 있다. 성역할의 변화에 대한 분석에서는 주인공의 성역할을 카테고리로 설정할 수 있다. 즉, 전통적인 남성의 역할, 여성의 역할, 남녀 공통의 역할을 설정한다. 예를 들면, 전통적인 여성의 역할로 식사준비, 자녀양육, 실내청소, 의복 만들기 및 수선, 밭일하기 등을 생각할 수 있으며, 남성의 역할로 논농사, 가계소득을 위한 직장생활, 주택수선, 기타 힘이 많이 소요되는 노동을 생각할 수 있다.

6) 수량화의 체계규정

분석단위와 카테고리를 정한 다음에는 이를 수량적으로 분석하는 절차가 남는다. 내용분석은 질적인 자료를 양적으로 계량화(수량화)하여 분석하는 것이다. 계량화를 위한 체계로는 일반적으로 시간-공간체계, 출현체계, 빈도체계, 강도체계 등의 네 가지가 있다.

네 가지를 모두 사용하기보다는 연구주제를 분석하는 데 적절하다고 생각하는 한두 가지를 활용한다.

(1) 유무 또는 출현 여부

유무 또는 출현 여부를 따지는 체계에서는 주어진 자료의 규정된 단위 속에 연구자가 찾고자 하는 현상의 특정 속성을 나타내는 내용의 요소가 있는지 없는지를 파악한다. 예를 들어, 대통령 후보들의 선거공약 분석에서 각 단위 및 카테고리별로 공약사항이 있었는지 없었는지를 파악한다.

(2) 빈도체계

특정 카테고리가 출현하는지만 파악하는 것이 아니라 얼마나 자주 나타나는지를 계산하는 방법이다. 예를 들어, 성역할의 변화에 대한 분석의 경우 시대별로 남성 및 여성 주인공들이 전통적인 역할을 얼마나 자주 수행했는가 또는 전체 역할수행 중 몇 %나 전통적인 역할을 수행했는가 등을 파악한다.

(3) 시간·공간체계

빈도뿐만 아니라 카테고리의 상대적 크기 및 강조를 파악하는 방법이다. 가령, 방송매체에서는 한 요소, 한 범주가 나타나서 화면이나 방송에 남아 있는 시간의 길이로써 이를 비교할 수 있고, 인쇄매체에서는 그것들에게 할애한 공간의 크기에 의해 비교할 수 있다.

(4) 강도

강도는 어떤 진술의 힘, 강도를 측정하려는 접근으로, 주로 태도나 가치의식 같은 것을 다룰 때 적절하게 이용할 수 있다. 이것은 갖가지 서열적 또는 등간적 척도를 활동할 수 있는 분석법이라는 점에서 내용분석에 있어서 가장 수량화의 수준이 높은 분석기법이다. 예를 들어, 대통령 선거공약의 경우 각 카테고리별로 ① 매우 개선, ② 개선, ③ 현재와 같음, ④ 개악, ⑤ 매우 개악 등으로 서열척도를 구성하여 조사할 수도 있고, “10점 만점(가장 많이 개선된 경우가 10점)에 몇 점 정도라고 생각하십니까?”와 같은 등간척도를 적용하여 조사할 수도 있다.

7) 결론의 도출

자료를 분석한다. 계량화된 자료를 통계분석방법을 이용하여 분석하고 그 결과를 해석한다. 보통 다음과 같은 네 가지 종류의 비교에 의해 결론을 도출한다.

(1) 경향 비교

이것은 카테고리의 출현빈도의 시간적 변화에 대해 결론을 내는 경우이다. 장기간에 걸쳐 계속적으로 변화의 추이를 기술할 수도 있다. 예를 들어, 성역할의 분석에서 남녀 주인공의 전통적인 성역할 횟수가 줄어들었는지 늘어났는지를 파악하여 성역할의 변화를 분석해 볼 수 있다. 또 대통령 후보들의 선거공약 분석에서 복지정책에 대한 공약이 복지개선 쪽으로 변화되었는가, 복지개악 쪽으로 변화되었는가를 분석할 수 있다.

(2) 내용의 상이성 비교

예를 들면, 어떤 사건에 대해 진보적인 신문과 보수적인 신문이 각각 어떻게 취급하고 있는가를 비교한다든지, 어떤 문제에 대해 양 적대국가에서 자기 국민들에게 어떻게 선전, 보도하는지 비교, 연구하는 것이다. 또한 신문과 라디오의 비교, 신문과 텔레비전의 비교 등을 들 수 있다. 예를 들어, 대통령 후보들의 선거공약 분석에서 매 선거 시 진보적인 당과 보수적인 당의 공약 사이에 어떤 차이가 있는지를 분석할 수 있고, 또한 각 당의 차이가 시대별로 어떻게 변화되어 왔는지를 분석할 수 있다.

(3) 특성 또는 기법의 비교

이것은 시대별 또는 집단별로 사용하는 특성, 기법 등을 비교하여 결론을 내는 경우이다. 예를 들어, 시대별로 노인복지프로그램이 어떻게 변화되어 왔는가를 분석할 수 있다.

(4) 내용과 기준의 비교

이것은 내용과 그 내용의 준거가 되는 기준을 비교하여 결론을 내는 것이다. 예를 들면, 대립적으로 투쟁 중인 사건의 보도가 정의, 공평, 균형이라는 기준에서 볼 때 얼마나 이탈되었는가를 보는 것이다.

SECTION 02 2차자료분석

01 2차자료분석의 의의

1) 2차 자료 분석의 개념

비관여적 연구조사의 또 하나의 주요 방법은 이미 나와 있는 통계자료를 이용하여 이차적으로 분석을 하는 것이다.

2차 자료 분석은 기존에 수집된 설문조사 자료나 다른 조사자가 수집한 자료를 재분석하는 것이다. 조사자들이 2차적 자료 분석방법을 활용하는 경우가 점차 증가하고 있는데, 이들 기존의 조사 결과를 활용한 2차 자료 분석은 자료 수집을 위한 별도의 특별한 노력을 기울이지 않아도 방대한 규모의 데이터를 활용할 수 있다는 점이 가장 큰 장점으로 부각된다(황성동, 2007).

2차 자료는 국제기구, 정부나 공공기관 또는 산하 연구기관들에서 제공하는 통계자료를 의미하며, 이들 자료를 이용하여 개인의 연구문제를 밝히는 것을 이차 자료 분석이라 한다(김태성 외 2005),

기존의 자료들 중에서 가장 쉽게 접할 수 있는 자료들은 사회지표(social indications)에 대한 자료다. 사회지표는 사회문제에 대한 전반적인 경향에 대한 정보를 제고하는데, 통상 국가기관에 의해 조성되고 제공된다. 사회지표와 관련된 정보를 수록하고 있는 대표적인 것으로는 통계청에서 매년 발간하는 통계연보, 경찰청에서 발간하는 범죄백서, 각 정부 부처에서 발행하는 백서 등이 있다. 따라서 유능한 사회복지사는 자신의 전문 분야에 유용한 사회지표를 제공하는 기관이나 자료 출처에 대해 잘 알고 있어야 한다.

2차 자료 분석은 새로운 가설에도 쉽게 적용할 수 있고 다른 많은 추가적인 작업 없이 가설을 검증할 수 있다는 유연성을 가진다. 그리고 조사자는 하나의 자료나 문서 출처(document source)에 한정되지 않고 다양한 기관들의 자료를 활용할 수 도 있다.

따라서 2차 자료에 대한 접근방법은 큰 규모의 조사를 수행하기에는 자원이 부족한 경우나 더 정확한 조사 형태로 수행하기 곤란한 경우, 조사 문제나 질문이 조사자가 직접 자료를 수집하기에 적합하지 않은 경우에 적절한 대안으로 활용한다고 할 수 있다.

2) 2차 자료 분석의 필요성

2차 자료 분석의 활용의 필요성은 세 가지 측면에서 크게 증가하고 있다(최성재, 2011).

첫째, 개념적-실제적 관점에서 간접 자료가 조사연구를 위해 유일한 방법인 경우가 많다. 특히 사회역사학자나 정치역사학자들은 연구의 성격상 간접 자료를 이용할 수밖에 없다. 이러한 간접 자료의 이용으로 같은 문제에 대해 역사적으로 다른 시기에 수집된 자료를 분석함으로써 변화의 양상과 변화의 결정요인을 잘 이해할 수 있다. 2차 자료는 국가 간, 지역 간, 집단 간 비교연구에도 적합하게 이용될 수 있다.

둘째, 방법론상의 장점이 있기 때문이다. 2차 자료는 조사의 반복시행 효과를 가져온다. 즉, 비슷한 결과가 여러 다른 조사에서 발견된다면 이는 곧 같은 조사를 여러 번 시행한 것과 비슷한 결과가 낳는다. 그렇기 때문에 조사자는 같은 조사를 반복할 필요가 없다. 다른 시기에 수집된 2차 자료는 종단적 조사설계를 가능하게 해준다. 같은 조사를 10년 전, 5년 전, 그리고 현재에도 시행한 결과가 있다면 사건의 경과에 따른 다른 사회현상의 변화를 관찰할 수 있게 된다. 같은 개념에 대한 조사를 시행한 결과를 비교함으로써 그 개념의 타당도를 더욱 높일 수 있다는 것이다. 같은 개념을 약간씩 다른 조작적 정의에 의해 다른 측정도구로 측정해서 비슷한 결과가 확인된다면 그 개념 측정의 타당도(구성체 타당도)가 높아지게 된다.

셋째, 비용 면에서 2차 자료의 이용은 큰 이점이 있다. 2,000~3,000명의 표본에 면접조사를 시행한다면 그 비용은 개인연구자 수준에서는 감당하기 어려운 비용이다. 적절한 조사 자료가 있으면 그것을 간접적으로 이용함으로써 조사비용을 크게 줄 일 수 있다. 그러나 원자료 이용 시에는 자료를 소장한 측에서 사용료로 일부비용을 지불해야 하는 경우가 많다.

02 2차자료분석의 자료원천

1) 정부 및 국책연구기관

정부는 정책수립을 위해 수시로, 또는 정기적으로 자료를 수집하는 경우가 많다. 가장 대표적인 것이 인구조사이다. 우리나라는 1960년부터 5년에 한 번씩 인구조사를 시행하고 있고, 인구, 가구구성, 주택 등에 관한 통계자료가 제공되고 있다. 정부의 통계는 통계청과 각 부처 및 산하기관 그리고 지방자치단체로 제공되고 있다. 그리고 정부의 부처에서 지원하는 다양한 국책연구소로 예를 들어 한국개발연구원(KDI), 한국보건사회연구원, 한국노동연구원 같은 곳에서 매년 전국표본의 서베이조사를 시행하고 있는데, 이 조사결과는 주요한 통계자료가 되고 많은 경우 간접자료로 활용될 수 있다. 특히 국책연구기관에서는 많은 연구의 원자료를 보관하고 있으며 이용이 가능하도록 하고 있다.

2) 민간연구기관 및 조사전문기관

민간연구기관이나 조사전문기관에서도 전국규모의 많은 연구를 수행하고 연구보고서를 발행할 뿐만 아니라 비용을 지불하면 원자료 이용이 가능하도록 하고 있다.

3) 대학의 부설연구소

대학이나 부설 연구소에서도 공적 및 사적 기관의 지원을 받아 많은 연구과제를 수행하여 보고서를 발간하며 원자료를 보관하고 이용이 가능하도록 하고 있다.

4) 인터넷

2000년대에 들어서면서 인터넷은 새로운 정보혁명을 가속화하고 있다. 특히 전 세계를 연결하는 월드 와이드 웹은 오늘날 정보전달의 가장 핵심적 도구가 되고 있다. 특히 여기에는 각국의 정부기관, 국제기구(UN, WHO, ESCAP, ECAPE, OECD, ILO, World, Bank 등), 각종 민간연구기관 등이 독자적으로 홈페이지를 개설, 그들 기관에서 생산하는 다양한 통계자료를 제공하고 있다.

03 2차자료분석의 한계점

2차 자료는 연구자로 하여금 별도의 자료 수집 노력을 경감시켜 주어 연구를 한층 쉽게 진행할 수 있도록 한다. 그러나 2차 자료 분석의 한계점으로 조사자는 완결성, 정확성 측면에서 2차 자료의 내용들을 조사 목적에 맞도록 변환해야 하는 수고를 감수해야 한다(황성동, 2007).

따라서 연구자는 2차 자료를 사용할 때 특별히 다음의 몇 가지 점에 대해 주의하여야 한다.

첫째, 연구자가 생각하는 변수의 정의와 자료 수집 기관에서 사용한 변수의 정의가 달라서 발생하는 문제이다. 2차 자료의 타당도의 문제는 특히 국제적 비교연구나 시간적 추이연구를 할 때 흔히 발생할 수 있는 것이다. 예를 들어, 사회보장비 지출 규모와 같은 변수도 국가들마다 사회보장제도를 구성하는 프로그램이 다르기 때문에 사회보장비에 포함되는 항목이 다를 수 있다. 또 다른 예로 한국보건사회연구원의 추계가 있다. 한국보건사회연구원 장애인 추계에서 1995년에는 지체, 시각, 청각, 언어, 정신장애의 다섯 개 범주만 장애인에 포함하였으나, 1999년에 장애인복지법 시행령이 개정되면서 뇌병변, 발달, 심장, 신장 장애 및 정신지체가 장애인 범주에 새롭게 들어가게 되었다(김환준, 2004).

타당도의 문제는 2차 자료의 변수가 가정폭력 경험과 같이 개인적으로 밝히기 싫어하는 사회적 현상일 경우에 나타날 수 있다. 즉, 가정폭력의 피해자들은 이러한 사실을 알리기 싫어하기 때문에 2차 자료에 보고된 것은 피해자들은 이러한 사실을 알리기 싫어하기 때문에 2차 자료에 보고된 것은 가정폭력 그 자체에 대한 자료이기보다는 표출되어 보고된 부분일 가능성이 높다. 이처럼 2차 자료로 보고된 것과 현실 그 자체가 크게 차이가 날 경우에 타당도의 문제가 발생한다.

둘째, 2차 자료의 분석 시 신뢰도의 문제도 주의 깊게 검토되어야 한다. 일반적으로 정부나 국제기구의 통계자료는 공신력이 있다고 쉽게 생각하지만 신뢰도가 낮은 자료가 의외로 많다는 점을 염두에 두어야 한다(Rubin & Babbie, 2005).

마지막으로 2차 자료를 분석할 경우에 또 하나 유의하여야 할 점은 생태학적 오류(ecological fallacy)의 가능성이다(김환준, 2004). 즉, 많은 경우 2차 자료는 개인 정보를 묻기보다는 지역별 또는 인구 집단별로 종합된 통계치를 제공한다. 그러므로 지역 혹은 인구집단에 대한 통계에 기초한 결과를 마치 개인에게까지 적용할 수 있는 것처럼 해석하지 않아야 한다.

요점정리

〈내용분석〉

- 내용분석 : 개인이나 사회의 의사소통 기록물인 신문, 서적, 잡지, TV, 라디오, 영화, 일기, 녹음테이프, 연설, 편지, 일기, 상담기록서 등을 통하여 연구대상에 대한 자료를 간접적으로 얻는 자료 수집방법
- 특징 : 의사전달의 내용이 분석 대상. 문헌연구의 일종. 메시지의 현재적 내용뿐만 아니라 잠재적인 내용도 분석의 대상. 객관성, 체계성, 일반성 등 과학적 연구방법의 요건을 갖추어야 함. 양적인 분석방법과 질적인 분석방법 모두를 사용
- 분석단위 : 단어. 주제. 인물. 문단(문장)과 단락. 사항(항목/품목). 공간 또는 시간

〈내용분석의 절차 및 장단점〉

- 절차 : 연구문제의 설정→가설설정 및 개념정의→문헌자료의 모집단 규정→문헌자료의 표본추출→분석내용의 범주 설정→분석단위의 규정→계량화의 체계 규정(내용분석의 코딩)→신뢰도 및 타당도 검증→자료의 분석 및 해석
- 장점 : 가치, 태도, 창의성, 권위주의, 인간성 등 다양한 심리적 변수를 효과적으로 측정가능. 다른 연구방법의 타당성 여부에 대한 조사를 위해 사용 가능. 안정성과 융통성이 있고 장기간에 걸친 과정의 연구 가능(자료의 수정 및 반복이 가능). 비관여적인 장점, 즉 연구자가 연구대상에 영향을 미치지 않고, 조사 자체에 대한 반응이 없다는 점. 직접적으로 자료를 수집하는 방법에 비해 시간과 비용 면에서 경제적이라는 점
- 단점 : 기록된 의사전달 자료에만 의존해야 함. 자료 수집상의 타당도는 확보할 수 있지만, 실제적인 타당도를 확보하기 어려움. 자료를 구하는 데 제한이 많은 경우가 있음

〈2차 자료 분석의 의의〉

기존의 조사 결과를 활용한 2차 자료 분석은 자료 수집을 위한 별도의 특별한 노력을 기울이지 않아도 방대한 규모의 데이터를 활용할 수 있다는 점이 가장 큰 장점으로 부각

실전문제

Korean academy of social welfale

01 내용분석의 특징이 아닌 것은?

① 의사전달의 메시지 자체가 분석의 대상이다.
② 문헌연구의 일종이다.
③ 잠재적인 내용도 때로는 분석의 대상이 된다.
④ 양적인 분석방법만을 사용하고 있다.
⑤ 과학적 연구방법의 요건을 갖추어야 한다.

02 내용분석의 장점으로 볼 수 없는 것은?

① 다양한 심리적 변수를 효과적으로 측정할 수 있다.
② 다른 연구방법과 함께 사용이 가능하다.
③ 기존자료들이 중요한 정보를 제공한다.
④ 실수를 쉽게 보완할 수 있는 안정성이 있다.
⑤ 자료의 실제적인 타당도를 확보하기 쉽다.

해설 내용분석의 장점과 단점

- 장점
  - 다양한 심리적 변수를 효과적으로 측정 가능
  - 다른 방법에 대한 타당성 여부 검증가능
  - 다른 방법과 함께 사용가능
  - 기존 자료들이 중요한 정보를 제공
  - 실수를 쉽게 보완할 수 있는 안전성
- 단점
  - 비효율적
  - 자료와 분석의 타당도 확보가 어려움
  - 자료입수의 한계

03 사회복지학회에 실린 논문들을 '사회복지정책론', '사회복지실천론', '사회복지분야론'의 범주로 나누어서 1980년대와 1990년대 각 범주에 속한 논문의 수가 어떻게 달라지는가를 내용분석법을 사용하여 연구하였다. 이 때 분석의 단위는 무엇인가?

① 단어　② 주제　③ 인물
④ 문장　⑤ 항목(사항)

04 내용분석법의 연구절차에서 '분석단위의 규정'이 들어갈 올바른 위치는?

정답 1. ④, 2. ⑤, 3. ⑤, 4. ④

실전문제 Korean academy of social welfale

보기

연구문제의 설정 → ① → 가설설정 및 개념정의 → ② → 문헌자료의 모집단 규정과 표본추출 → ③ → 분석내용의 범주설정 → ④ → 계량화의 체계규정(내용분석의 코딩) → ⑤→ 신뢰도 및 타당도 검증 → 자료의 분석 및 해석

해설

분석단위를 설정하기 위해서는 분석내용의 범주가 먼저 설정되어야 하고, 분석단위를 결정해야 이를 바탕으로 내용분석이 코딩을 진행할 수 있다.

05 내용분석법에서 분석단위로 적합하지 않은 것은?

① 단어 ② 주제 ③ 소재
④ 인물 ⑤ 문장

해설

- 분석단위로는 단어, 주제, 인물, 문장, 사항(항목), 시간이나 공간 등이 사용된다.

06 내용분석법의 결과를 계량화할 때 계량화의 체계로 적합하지 않은 것은?

① 시간 · 공간체계 ② 출현체계 ③ 빈도체계
④ 수량체계 ⑤ 강도체계

07 국회의원 선거에 대한 기사를 내용분석법으로 연구한 결과 선거운동기간 중 여당후보에게는 평균적으로 1면 분량을 할애하여 기사를 보도한 반면, 야당후보에게는 0.5면 크기로 기사를 실었던 것으로 분석되었다. 이 연구에서 사용한 계량화 체계는 무엇인가?

① 시간 · 공간체계 ② 출현체계 ③ 빈도체계
④ 강도체계 ⑤ 수량체계

해설

- 문헌에서 범주에 할애된 지면이나 라디오·TV 등에서 할애된 시간 등을 계량화의 방법으로 사용하는 경우 시간·공간체계를 통해 계량화한 것이다.

08 내용분석법에 대한 설명으로 잘못된 것은?

① 내용분석법의 범주 설정에 있어서는 포괄성과 상호배타성을 확보해야 한다.
② 내용분석법은 연구대상이 되는 의사소통의 기록물 전체를 분석해야만 한다.

정답 5. ③, 6. ④, 7. ①, 8. ②

실전문제

Korean academy of social welfale

③ 내용분석법은 자료의 타당도를 확보하더라도 실제적인 타당도가 반드시 높다고 보기 힘든 경우가 많다.

④ 내용분석법은 연구대상에 대해 비관여적인 장점이 있다.

⑤ 내용분석법은 현재적인 내용뿐 아니라 문맥에 숨어 있는 잠재적인 내용도 분석에 포함한다.

해설

- 자료가 방대한 경우 내용분석법에서도 모집단 내에서 표본을 추출하여 분석할 수 있다.

정답 8. ②

CHAPTER

12

욕구조사

|RESEARCH| |METHODS| |FOR| |SOCIAL| |WELFARE|

SECTION 01 욕구조사의 의의

01 욕구조사의 의미

욕구조사(needs assessment)는 사회복지분야에서 많이 활용되고 있는 조사방법으로, 특정 지역사회 또는 특정 집단의 사회문제를 해소하기 위한 서비스의 개발이나 기존 서비스의 보완을 위한 작업에 앞서 대상 집단의 욕구(need)를 정확히 파악하기 위해 실시하는 조사이다. 따라서 욕구조사를 통해 얻어야 할 내용에는 지역사회 또는 집단이 어떠한 욕구나 문제를 가지고 있으며, 그 문제 뒤에 숨어 있는 근본이유들은 무엇이고, 제문제를 해결하기 위한 대안들은 어떤 것이 있으며, 그런 대안들은 실제로 집행하기 위한 자원 등의 사정은 어떠한가 하는 것이 포함되어야 한다(채구묵, 2011).

욕구조사는 일반적으로 단순히 어떤 정보를 파악하려는 기초적인 조사와 달리, 주로 서비스 제공자를 위한 조사 유형으로 어떤 프로그램에 대한 의사결정을 하는데 활용된다(황성동, 2007). 따라서 자원 배분과 프로그램의 기획 및 프로그램 개발을 위한 의사결정 도구로 활용된다(McKillip, 1998).

욕구조사를 실시하는 목적은 대상 집단의 욕구를 충족시키고, 사회문제를 해결하고 예방하기 위한 정책대안이나 프로그램을 개발하고 수정하며 기관운영에 도움이 되는 기초자료를 제공하는 데 있다. 이러한 목적을 달성하기 위한 세부적인 목표는 다음과 같다(김기원, 2007).

① 욕구의 유형을 파악함으로써 어떠한 정책대안이나 프로그램이 필요한지를 파악한다.

② 욕구의 우선순위를 파악함으로써 정책대안이나 프로그램의 상대적 중요성을 파악한다.

③ 프로그램의 상대적 중요성에 따라 인적 자원과 물적 자원의 할당할 기준을 수립한다.

④ 현재 수행중인 프로그램이나 정책의 타당성을 평가할 수 있는 기초자료를 파악한다.

⑤ 기관들이 실시하고 있는 프로그램이나 서비스들의 중복을 방지하고, 상호 연계할 수 있는 방안을 강구한다.

⑥ 욕구조사를 통해 조직 내에서 기관의 정체성을 확인한다.

⑦ 욕구조사를 통해 기관의 활동과 프로그램을 대상 집단이나 지역사회에 홍보한다.

02 욕구조사의 필요성

욕구조사를 왜 해야 하는가에 대한 주장은 조사 대상, 조사목적 등에 따라 서로 다르지만, 일반적으로 제기되는 필요성을 정리하면 다음과 같다(김기원, 2007).

첫째, 기관 중심적이고 기관 편의적인 프로그램이나 정책의 운영에서 벗어나, 수혜대상자의 욕구를 바탕으로 한 수혜자 중심적이고 수혜자 친화적인 프로그램이나 정책을 운영하기 위해 욕구조사를 수행할 필요가 있다.

둘째, 기관운영을 체계적이고 전문적으로 수행하기 위해 욕구조사가 필요하다. 프로그램이나 정책을 집행하기 전에 대상 집단의 욕구를 파악하여 프로그램이나 정책을 기획하고 이를 집행한 후, 집행결과가 얼마만큼 대상 집단의 욕구를 충족시켰는가를 평가함으로써, 기관운영의 체계를 확립하고 전문성을 제고할 수 있다.

셋째, 기관자원을 효율적으로 운영하고, 체계적인 조직화를 이룩하기 위해 욕구조사가 필요하다. 욕구조사를 통해서 욕구의 우선순위를 파악하고 이를 기초로 프로그램의 상대적 우선순위를 정한 후 그에 따라 인력과 예산을 배정하고 조직을 구성함으로써 기관자원을 효율적으로 운영할 수 있다.

넷째, 역동적인 환경변화에 적극 대응하기 위해 욕구조사가 필요하다. 욕구조사를 통해서 대상 집단의 욕구변화를 파악하고, 이를 프로그램이나 정책운영에 반영함으로써, 기관운영의 융통성을 기할 수 있을 뿐 아니라 적시에 적절한 프로그램이나 정책을 개발할 수 있도록 하여준다.

다섯째, 프로그램이나 정책대안 상호간의 연계성을 향상시키고, 관련기관과의 협력체계를 구축하기 위해 욕구조사결과 나타난 유익한 정보를 공유할 필요가 있다. 욕구조사결과를 상관 분석하여 프로그램이나 정책대안들을 상호간에 연계시키고, 욕구조사결과를 지역사회나 관련기관들에 공개하여 유익한 정보를 공유함으로써 사업적, 인력적, 자원적 측면에서 기관 간 협력체계를 구축할 수 있다.

여섯째, 프로그램이나 정책대안의 필요성을 적극적으로 옹호할 필요가 있다. 욕구조사결과를 통해서 대상 집단의 욕구를 충족시키고 문제를 해결하기 위한 프로그램이나 정책대안의 당위성을 입증하고 적극 추진해야 할 필요성을 제시할 수 있는 근거가 될 뿐만 아니라 관련기관의 자원을 확보할 수 있는 수단을 제공해 준다.

일곱째, 기관의 정체성을 확립하고 존립근거를 마련해야 할 필요성이 있다. 욕구조사결과 기관이 수행해야 할 사업이 무엇인지를 인식함으로써 기관의 정체성을 확립할 수 있고, 기관과 관련된 욕구가 확인됨으로써 기관이 존립해야 하는, 경우에 따라서는 확대 개편되어야 하는 당위성을 주장할 수 있는 근거를 마련할 수 있다.

SECTION 02 욕구의 식별 및 분류

01 욕구의 식별

욕구조사를 하는 이유는 특정 집단이나 지역주민의 욕구가 무엇인가를 파악하여 이를 해결하기 위한 서비스를 개발하거나 기존의 서비스를 보완하는 데 있다. 따라서 우선 어떻게 욕구를 식별해 내느냐 하는 문제가 중요하다. 욕구는 현재 상태와 달성되어야 하는 상태의 차이, 또는 현재 존재하는 것과 존재해야 하는 상태의 차이라 할 수 있기 때문에, 달성되어야 하는 상태 또는 존재해야 하는 상태가 무엇인가에 따라 욕구가 달라질 수 있다(채구묵, 2011).

브레드쇼(Bradshow, 1972; 640-643)는 욕구판정을 위해 사용될 수 있는 네 가지 인식기준을 제시했다.

첫 번째 인식기준은 규범이며, 이 기준에 의해 파악된 욕구를 규범적 욕구(normative need)라 한다. 인식의 기준인 규범은 전문가들에 의해 정해지는 경우가 많다. 전문가들은 그들의 경험과 지식으로 어떤 수준이 충족되어야 한다는 규범을 설정한다. 이 규범과 현재의 상태와의 차이에 의해 욕구가 파악되며, 현재의 상태를 규범적 상태로 끌어올리기 위해서 필요한 서비스가 제시될 수 있다. 규범적 욕구는 전문가의 의견에 의존하는 경향이 크기 때문에 이에 근거하여 서비스를 개발하는 경우 엘리트 위주의 서비스가 되어 표적집단이 사용될 수 없는 프로그램이 될 수도 있다.

두 번째, 인식기준은 체감이며, 이 기준에 의해 파악된 욕구를 체감적 욕구(felt need)라 한다. 이 경우는 그 그룹의 성원들의 느낌이 욕구파악의 기준이 된다. 체감적 욕구는 표적집단들이 누구보다도 자신들의 문제를 잘 파악하고 있다는 데 근거하고 있다. 이는 또한 서비스를 위한 욕구가 표적집단에 의해 체감되지 않았다면 쓸모가 없거나 비현실적인 것이 되기 쉽다는 것이다. 이 방법은 표적집단이 어떤 욕구상태에 있는지, 또는 어떤 서비스를 원하는지 직접 물어 보아서 욕구의 상태나 서비스를 파악할 수도 있고, 지역사회 공개토론회를 통해 체감적 욕구에 관한 자료를 얻을 수도 있다. 이 방법은 객관적인 욕구측정이 되지 못하고 개인의 인식에 의해 욕구가 달라질 수 있다는 문제점을 가지고 있다.

세 번째, 인식수준은 표적집단의 표현 또는 행위이며, 이 기준에 의해 파악된 욕구를 표현적 욕구(expressed need)라 한다. 이 방법은 체감적 욕구가 행동으로 전환된 것을 의미한다. 체감적 욕구는 그룹의 성원들이 내부적으로 느끼고 있는 정도에 의해 파악되는 데 반해 표현적 욕구는 그룹 성원들의 의사가 실제 외부로 나타난 행위에 의해 파악된다. 표현적 욕구는 현재 이용 가능한 서비스의 이용에 의존하기 때문에 현상을 유지하는 해결책을 갖게 되는 단점이 있다.

네 번째 인식기준은 비교이며, 이 기준에 의해 파악된 욕구를 비교적 욕구(comparative need)라 한다. 이 경우는 동일한 특징을 가지고 있는 사람들의 서비스 상태가 비교기준이 된다. 즉, 동일한 특징을 가지고 있는 다른 사람들은 서비스를 받고 있는데 어떤 사람은 서비스를 받고 있지 않다면 그 사람은 욕구가 있다는 것이다. 이 경우 누구를 비교의 대상으로 하느냐에 따라 달라질 수 있으므로 모집단의 평균을 비교의 기준으로 많이 이용한다. 즉, 모집단의 평균보다 서비스를 덜 이용한다면 욕구가 있다 할 수 있다. 그러나 현실적으로 모집단의 평균을 얻기가 곤란한 경우가 많으며, 기존의 이용 가능한 정보를 이용하기 쉬운데 이 경우 이용 정보에 따라 다른 결과를 얻게 될 가능성이 많다.

위의 각 방법들은 장단점을 가지고 있으며, 어느 한 가지가 모든 의사결정 사항에 적절할 수는 없다. 따라서 두 가지 이상의 방법을 이용하면 더 좋은 결과를 얻을 수 있다. 예를 들면 ① 표적집단의 성원들에게 직접 욕구 또는 원하는 서비스를 물어 체감적 욕구를 파악하고, ② 표적집단들의 실제 상태를 조사하여 기관 또는 전문가들에 의해 설정된 규범과 비교하여 규범적 욕구를 파악한 후, ③ 두 욕구를 비교하는 방법을 거치면 보다 더 정확한 욕구를 파악할 수 있다.

02 욕구의 분류

욕구들을 몇 개의 큰 범주로 분류해 보면 어떤 내용의 욕구들을 보다 심층적으로 조사할 것인가를 알 수 있고, 이를 통해 보다 효과적인 조사결과를 얻어 낼 수 있다(채구묵, 2011).

매슬로우(Maslow)는 인간의 욕구를 다섯 개 범주로 나누고 이를 계층화하였다. 그에 의하면 인간에게는 5개 범주의 욕구가 있는데, 가장 낮은 생리적 욕구부터 자아실현의 욕구로 상향적으로 만족시켜 나간다는 것이다. 즉, 기초적인 생리적 욕구가 충족되었을 때 다음의 안전에 대한 욕구를 추구하게 되고, 안전에 대한 욕구가 충족되었을 대, 소속에 대한 욕구를 추구한다는 것이다. 따라서 마지막의 자아실현의 욕구를 추구하는 사람은 그 하위에 있는 네 가지 욕구를 충족한 상태에 있다는 것이다. 이러한 매슬로우(Maslow)의 이론은 사회복지 계획가가 욕구조사를 하고 프로그램을 결정하는 데 있어 기초적인 욕구부터 순차적으로 다루어야 한다는 좋은 시사점을 제시해 주고 있다. 그러나 인간의 욕구가 매슬로우(Maslow)의 이론대로 계층화되어 있는가에 대해서는 많은 비판이 있다. 따라서 전적으로 그의 이론에 근거하기보다 참고로 활용하는 것이 좋을 것 같다.

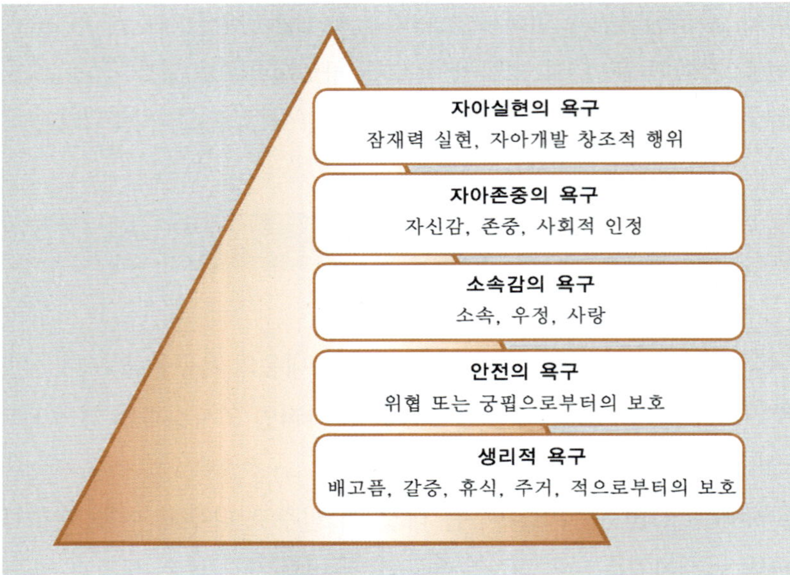

[그림 12-1] 매슬로우(Maslow)의 인간 욕구 피라미드(need pyramid)

성규탁(1994 : 144)은 인간의 욕구를 성향이 비슷한 여섯 개의 범주로 나누어 구분하고 있다.

① 적절한 소득과 경제적 기회(고용, 소득)

② 기본적인 물질적 욕구를 충족하는 데 필요한 조건(음식, 의복, 주택, 교통, 안전)

③ 적절한 보건(공중보건 의료, 정신적 건강, 재활)

④ 적절한 지식과 기능(교육, 특수교육, 도서관)

⑤ 적절한 개인적 · 사회적 적응 및 개발(가족상담, 아동보호, 위기개입, 휴양, 집단의 복지활동, 문화 및 종교활동)

⑥ 적절한 사회조직체를 통한 활동(지역사회 및 정치적 조직, 여가, 커뮤니케이션, 조사연구)

사람들이 일반적으로 갖고 있는 욕구도 있지만, 청소년, 노인, 장애인 등 특수한 집단이 특별히 갖고 있는 욕구도 있을 것이다. 특수집단에 관련된 욕구는 다음과 같이 분류할 수 있다.

① 아동(탁아, 조기교육, 정서안정, 여가선용, 공부방, 초등학교학생 지도 등)

② 청소년(교육, 여가선용, 독서실, 청소년 비행지도, 청소년 직업교육 등)

③ 장애인(상담, 교육, 직업, 건강, 여가 운동, 장애인 부모교육 등)

④ 노인(건강, 노인정 등 노인시설, 여가, 직업, 배우자 등)

⑤ 여성(직업, 부부관계, 여성문제 상담, 자녀문제, 여가선용 등)

|RESEARCH| |METHODS| |FOR| |SOCIAL| |WELFARE|

SECTION 03 욕구조사에 포함할 내용

욕구조사의 내용은 조사하고자 하는 대상 집단에 따라 다를 수 있다. 여기에서는 한 지역사회가 갖고 있는 욕구를 전체적으로 파악하고자 할 경우 일반적으로 수집되어야 할 정보들은 어떤 것들이 있는지 파악해 보고자 한다(채구묵, 2011).

01 기초자료 : 지역사회의 일반적 특징에 관한 자료

욕구조사는 일반적으로 조사 대상 지역의 인구학적·구조적 특징에 대한 개략적 내용을 제공해 줄 수 있는 요소를 포함해야 할 필요가 있다. 여기에 포함되어야 할 내용들과 이러한 자료들이 사용될 목적은 다음과 같다.

1) 조사내용

연령분포, 가족 수, 가구주 연령, 결혼상태, 거주기간, 직업구성, 소득수준, 빈곤인구율, 주택보급율, 범죄율, 공공부조 수혜자 수

2) 사용목적

① 대상지역의 특징에 대한 개략적인 정보를 제공해 준다.
② 이 자료의 많은 부분은 후에 자료 분석 시 독립변수 및 통제변수로 사용될 수

있다.

③ 잠재적 서비스 수혜자가 높은 비율로 살고 있는 지역의 특성을 식별하는 데 사용될 수 있다.

④ 대상지역 내 여러 하부지역의 인구학적·구조적 특징을 파악할 수 있도록 해 준다.

02 욕구파악을 위한 자료

기존 서비스 평가 및 새로운 서비스 개발에 필요한 자료는 욕구조사의 본 내용을 이루는 부분으로 세 분야로 분류할 수 있다.

1) 생활영역에 관한 현재 상태 파악을 위한 자료

욕구조사는 일반적으로 대상 집단의 사회적 현황과 문제에 대한 자료를 제공해 줄 수 있는 내용을 포함해야 한다. 이러한 내용의 조사를 통해 어떤 서비스가 필요한가에 대한 조사 없이도 욕구를 파악할 수 있다. 즉, 현재 상태에 대한 자료들은 규범적 욕구(normative need)를 파악하기 위한 자료로 활용할 수 있다. 이 부분은 일반사항에 포함해서 자료를 구할 수도 있다. 종합적 욕구조사 연구들이 통상 포함하고 있는 삶의 영역들과 삶의 영역에서 얻어진 정보가 사용될 목적은 다음과 같다.

(1) 조사내용

① 경제 : 소득수준, 소비형태, 신용상태, 자금관리 등

② 고용 : 직업종류, 직업경력, 직업에 대한 열망정도, 직업교육의 필요성, 실업상태 등

③ 가정생활 : 부모-자녀관계, 아동의 적응성 문제, 부부관계에 대한 문제, 이혼여부 등

④ 교육상태 : 성인들의 교육수준 및 교육욕구, 아동들의 학교적응, 학교중퇴율, 학교성적 등

⑤ 주거 : 밀집도, 주택의 상태, 인구과잉 상태 등

⑥ 신체적·정신적 건강 : 만성적 신체상태, 사망원인, 질병발생률, 건강을 이유로 한 장기결근 등

⑦ 가정관리 : 살림에 따른 문제, 영양, 주택관리, 아동양육 및 보호 등

⑧ 여가 : 여가활동, 운동, 문화적 활동 등

⑨ 생활에 대한 만족도 : 지역사회 결속력, 자아평가 정도 등

⑩ 범죄 및 사법 : 성인 범죄율, 청소년 비행률, 범죄에 대한 공포, 사법기관과의 관계 등

(2) 사용목적

① 해당 지역주민들의 여러 생활영역에서의 실제 상태를 확인하고, 현재 상태와 바람직한 상태 간의 차이, 즉 욕구 또는 문제를 파악하는 데 이용된다.

② 새로운 서비스 개발 및 기존 서비스 보완을 위한 기초자료로 활용할 수 있다.

③ 사전 · 사후조사를 통해 개선된 상태 또는 격차해소에 관한 정보를 얻을 수 있으며, 이는 기존 프로그램에 대한 평가 자료로 활용될 수 있다.

2) 기존 서비스 평가를 위한 자료

식별된 문제에 대해 좋은 효과 또는 치료를 줄 수 있는 서비스나 서비스 기관들이 욕구집단에게 잘 알려져 있지 않거나 잘 이용되지 않는 경우가 있다. 또한 식별된 문제를 소지하고 있는 사람들이 이용할 만한 서비스를 알았다 해도 그러한 서비스를 이용할 수 있는 능력이나 자발성을 감소시키는 장애요인들이 존재할 수 있다. 서비스의 적절한 활용을 위해 욕구조사 시 얻어야 할 정보와 그 목적은 다음과 같다.

(1) 조사내용

① 서비스 인지 및 활용

- 서비스는 욕구가 있는 사람들에게 알려져 있는가?
- 서비스는 욕구가 있는 사람들에 의해 잘 활용되고 있는가?
- 서비스의 확대 또는 축소가 요구되는가?

② 서비스 인지 및 활용에 대한 구체적인 장애요인

- 서비스 존재에 대한 홍보부족 여부
- 서비스를 찾거나 이용하는 데 장애를 주는 요인들의 존재 여부
- 물리적 장애, 즉 표적집단으로부터 기관이 멀리 떨어져 있거나 교통수단의 불편성 여부 또는 시설의 낙후성 여부 등
- 직원에 대한 문제, 즉 클라이언트나 잠재적 클라이언트가 직원에 대해 부정적 태도를 가지고 있는지 여부, 워커의 전문성의 부족 등
- 적절한 프로그램 부족
- 서비스 이용으로 인해 사회적으로 불명예스러운 오명을 받게 될 두려움
- 표적집단에 과중한 이용비용 부담
- 자격기준 제한으로 인한 이용 불가능

(2) 사용목적

기존 서비스 인지 및 활용에 관한 정보나 장애에 관한 정보는 적절한 보정 프로그램을 만드는 데 필요한 중요한 자료를 제공해 준다. 예를 들면 ① 이러한 정보들은 보다 더 편리하게 욕구대상자들이 이용할 수 있는 서비스 개발, ② 서비스 제공자들에 대한 재훈련의 필요성, ③ 또는 지역사회 교육이나 프로그램 지지교육의 필요성을 제시해 줄 수 있다.

3) 새로운 서비스 개발에 필요한 자료

지역주민들이 심각하다고 생각하는 문제나 지역주민들이 추가로 필요로 하는 서비스가 무엇인지 파악할 필요가 있다. 지역사회에 대한 문제나 이를 해소하기 위한 서비스는 지역주민들이 가장 잘 알고 있으며, 또 지역주민들의 의사가 반영된 상태에서 서비스가 개발되어야 서비스의 효과가 높아진다고 할 수 있기 때문에 지역주민들의 의사를 파악할 필요가 있다. 이를 위해 일반적으로 파악되어야 할 내용과 목적들은 다음과 같다.

(1) 조사내용

① 대상지역에서 심각하다고 생각되는 문제들(예 : 육아문제, 청소년 비행, 학교문제, 빈곤, 실직, 범죄, 성폭행, 알코올중독, 약물남용, 가족갈등, 부부갈등, 가정폭력, 질병, 신체장애, 정신장애, 노인문제 등)

② 현재 필요한 서비스의 종류 및 우선순위

③ 장기적으로(예 : 5년 안에) 필요한 서비스

④ 대상지역의 하위집단별, 즉 아동, 청소년, 노인, 장애인, 여성 등에게 필요한 서비스 등

(2) 사용목적

대상 지역사회의 문제나 필요로 하는 서비스가 서비스를 제공하는 사람들의 입장에서보다 서비스를 받는 지역주민들의 입장에서 파악함으로써 수혜자들이 원하는 서비스를 개발하는 데 좋은 자료를 제공해 줄 수 있다. 즉, 지역사회 주민에게 보다 쓸모 있고 현실적인 프로그램을 개발하는 데 필요한 자료를 제공해 줄 수 있다.

03 활용자원에 관한 자료

서비스를 개발하고자 할 경우에는 실행가능성도 함께 고려되어야 한다. 실행가능성이 보장되지 못한 계획은 단순한 계획에 그치며, 실제로 문제를 해소하는 데는 별 도움을 주지 못하기 때문이다. 서비스를 개발, 실행하는 데 도움을 줄 수 있는 사람으로 다음 세 가지가 고려될 수 있다.

1) 지역사회 정보체계

서비스가 잘 활용되기 위해서는 서비스의 수혜자 또는 잠재적 수혜자들이 서비스의 존재를 잘 알고 있어야 한다. 특히 새로운 서비스가 개발될 경우 서비스가 활용되기 전에 서비스 존재가 잠재적 수혜자들에게 인지되어야 한다. 따라서 표적집

단이 대부분 접할 수 있는 공식적 또는 비공식적 의사통로 매체가 파악되어야 한다. 즉, 표적집단에게 가장 잘 정보를 제공히 줄 수 있는 의사소통 매체가 파악되어야 한다. 이에 대한 정보는 지역주민, 특히 서비스 체제에 관심을 갖고 있는 집단과의 효과적으로 능률적인 의사소통 채널을 개발하고 유지하는 데 이용 될 수 있다. 지역사회 의사소통 매체로 다음과 같은 것을 고려해 볼 수 있다.

- 생활정보지 종류 및 활용
- 언론매체의 종류 및 활용
- 전단지 활용
- 아파트 단지별 소식지 활용
- 인터넷 등 정보통신 매체 활용

2) 지역사회 서비스 자원

프로그램 개발 계획이나 자원배분 결정이 이루어지기 전에 활용가능한 물적 · 인적 자원에 대한 파악이 이루어져야 한다. 식별된 욕구와 가용자원에 대한 비교는 프로그램에 대한 종합적인 의사결정에 있어 필수적 요소이다. 프로그램 계획은 욕구, 자원 양 측면을 고려한 상태에서 이루어져야만 실용적일 수 있기 때문이다. 다음과 같은 형태의 자원에 대한 조사가 이루어지는 것이 좋다.

- 특별한 문제의 해결을 위해 동원될 수 있는 공·사적 자금
- 기존 직원들의 전문성을 제고시키거나 새로운 직원들을 개발, 훈련하는 데 필요한 인적 · 물적 자원
- 새로운 프로그램이나 확장된 프로그램을 실행할 수 있는 시설물
- 자원봉사 활용자원

3) 정치적 자원

프로그램 및 자원배분에 대한 계획은 정치적 과정이다. 계획을 성공적으로 하려면 지역사회의 지지를 항상 감안해야 한다. 밝혀진 욕구를 해소하기 위한 프로그램 개발과 자원배분은 다양한 대안들에 대한 지지자와 반대자들의 의견을 종합해서 결정되어야 한다. 또한 정치지도자나 지역사회 지도자들의 지지를 얻어 내는 것은

서비스를 개발하는 데 중요한 절차라 할 수 있다. 특히 정치지도자들은 그들 자신이나 지역사회가 그러한 서비스를 지지할 것이지 또는 반대할 것인지에 대해 가장 잘 알고 있는 사람들이라 할 수 있다. 정치적 권력이 객관적인 문제를 지역사회 문제로 전환시키는 데 중요한 부분이라는 것을 인지하는 것은 사회개혁에 있어서 간과할 수 없는 필수부분이다. 정치적 상황에 대한 고려 없이 종합적인 프로그램이나 서비스 계획을 수립하는 경우 자금곤란을 유도할 수도 있다. 정치적 자원으로 다음과 같은 사항을 고려해 볼 수 있다.

- 지역사회 주민의 여론
- 시 · 도지사 및 시 · 군 · 구청장 및 관련 행정부서의 지원
- 시 · 도 및 시 · 군 · 구 지방의회 의원과 지원
- 종교지도자, 교육지도자 등 지역사회 지도자들의 지원
- 지역사회 언론기관의 지원
- 지역사회 시민단체의 지원

SECTION 04 자료 수집 방법

욕구조사는 체계적이고 과학적인 조사방법을 사용하여 실제 상태를 객관적으로 측정해야 하며, 이를 위해 다양한 자료 수집방법을 사용할 수 있다. 각각의 자료 수집방법은 각기 장점과 단점을 가지고 있으므로 일반적으로 두 가지 이상의 자료 수집방법을 병행하여 사용하는 것이 욕구조사의 정확도와 신뢰도를 제고할 수 있으므로 바람직하다. 자료 수집방법을 선택할 때는 욕구조사의 목적, 욕구조사기관의 성격, 자료 수집비용, 자료에 대한 접근성 등을 고려해야 한다.

욕구조사를 위한 주요 자료 수집방법은 지역사회공개토론회(공청회), 주요정보제공자 조사, 일반 인구조사, 표적 인구조사, 복지기관 서비스 이용 자료 분석, 프로그램 운영자 또는 서비스 제공자 조사 등에 대해 간단히 기술하고자 한다(성규탁, 1993; 채구묵, 2011; 박옥희, 2006; 양정하 외, 2006).

01 지역사회공개토론회(공청회)

지역사회공개토론회 또는 공청회(community forum)를 통한 자료 수집은 한 지역사회 내에 거주하는 모든 사람들이 참여할 수 있는 공개적인 모임을 개최하여, 주민들로 하여금 그 지역의 욕구나 문제에 대해 의견을 발표하도록 하여 주민들의 의견을 파악하는 방법이다. 지역사회 공청회는 지역사회 주민들이 누구보다도 자신들의 욕구를 잘 파악하고 있다는 전제 하에서 주민들의 직접적인 의견을 들어 보자는 데 그 의의가 있다. 될 수 있는 대로 광범위하게 공표하여 지역사회 내의 여러 계층과 집단들이 고루 참석하도록 해야 한다. 공청회를 진행하는 방법은 여러 사람이 골고루 의견을 발표할 수 있는 기회를 갖도록 하는 것이 중요하며, 모임이 끝나면 참가자에게 모임을 통해 얻은 직접적인 결과를 통보해 주는 것이 좋다.

이 방법의 장점은 다음과 같다. ① 자료 수집에 소요되는 비용이 상대적으로 적어 비용적으로 경제적이다. ② 자료 수집에 소요되는 시간도 상대적으로 적게 들어 시간상으로도 경제적이다. ③ 광범위한 지역, 계층 및 집단들의 의견을 수렴할 수 있다. ④ 지역사회를 위한 프로그램이나 정책개발을 자극할 수 있다. ⑤ 의견을 발표하는 사람이 개인적이냐 집단이나 기관을 대표하느냐에 따라 의견내용을 구분하여 확인할 수 있다. ⑥ 서베이 조사를 준비하는 탐색적인 기회가 될 수 있다. ⑦ 프로그램이나 정책실시상 주민의 지지나 협조를 얻을 수 있는 계기가 될 수 있다(Reid and Smith, 1981).

단점은 다음과 같다. ① 의견을 발표하는 사람의 수가 적다. 주민이 모두 참석할 수 없을 뿐 아니라 설령 참석했다 하더라도 모두 의견을 발표할 수 있는 기회를 갖기 어렵다. ② 공청회에 참석하는 사람들을 통제하기 어렵기 때문에 관심 있는 사람들만 참여함으로써 전체 주민들의 의견보다는 소수의 의견만이 수렴되어 특정집단의 이익만 대변될 수 있기 때문에 이들만의 욕구가 반영되는 표집자 편의(selection bias) 현상을 나타내어 표본의 대표성을 확보하기 어렵다. ③ 자기선택(self selection)으로 인한 표본의 편의(bias) 현상이 나타나며, 참석자의 소수만이 의견을 발표하게 된다. 예를 들어, 참석자들이 표적집단의 욕구에 대해 잘 알고 있는 사람들이 아닐 수도 있고, 편견을 지닌 사람들일 수도 있다. 주변의 압력으로 인해 참석자가 자신의 의견을 자유로이 개진하지 못할 수도 있다. 기대했던 것보다 많은 정보를 얻지 못할 수 있고, 수집된 정보가 지나치게 방만하거나 지나치게 협소할 수 있다. 따라서 공청회 개최 시 대표성 있는 참석자들을 골고루 확보하여야 하며 참석자들이 골고루 발언할 수 있게 하고 특정방향으로 의견을 수렴해야 하는 등 고도의 의사진행 기술을 필요로 한다.

02 주요 정보제공자 조사

주요 정보제공자는 지역사회의 종교지도자, 지역사회의 유지, 인접 직종의 전문적 종사자, 지역사회복지기관 종사자, 지역사회나 관련분야의 공직자, 자문위원 등과 같이 프로그램의 운영이나 서비스 전달은 직접 하지 않지만, 그 지역사회에서 오랫동안 거주 또는 활동하였거나, 대상 집단과 관련된 직종에서 장기간 종사하였거나, 기타 그 지역의 사정을 잘 알고 있어서, 지역사회주민이나 대상 집단의 욕구와 문제를 잘 파악하고 있는 사람들이다. 이들을 대상으로 지역사회주민들이나 대상 집단의 욕구를 조사하는 방법이 주요 정보제공자 조사이다. 이 방법의 장점은 ① 조사비용과 시간, 인력을 적게 들여서 대상지역의 전반적인 문제를 쉽게 파악할 수 있고, ② 지역사회의 유지, 행정관청 및 정치적 지도자들이 지지하거나 반대하는 서비스 또는 프로그램을 파악할 수 있으며, ③ 주민들 중 정치적으로 활동적이고 의견주장이 강한 집단들의 관심사항을 파악할 수 있다는 점이다. 그러나 이 방법은 다음과 같은 몇 가지 제약점이 있다. 첫째, 주요 정보제공자, 특히 정치적 지도자들이 중요하다고 생각하는 문제들은 정치적 민감성이나 감정에 의해 결정되는 경우가 많다. 둘째, 선정하는 과정이 자의적일 수 있어 잘못 선정된 사람들의 의견을 수집하는 반면, 잘못해서 제외된 사람들의 의견은 수집하지 못하는 결과를 초래할 수 있다. 셋째, 정치지도자들이나 지역사회 지도자들은 그들과 접촉이 가능한 집단들만 대변하는 의견을 제시할 수 있다. 따라서 그들과 접촉이 없는 일부 주민들의 의견은 간과될 수 있다(Baumheier, et. al., 1974).

03 일반 인구조사

일반 인구조사(general population survey)는 일정지역 내 주민이나 대상 집단 가운데 이들을 대표할 수 있는 일부 사람들을 표본으로 선정하여, 이들의 욕구나 문제를 설문지나 면접을 통해 조사하고, 이 자료를 기초로 모집단인 지역사회주민이나 대상 집단 전체의 욕구와 문제를 추정하는 방법으로 지역사회 욕구조사 시 가장 많이 사용되는 방법 중의 하나이다.

표본에서 나타난 욕구가 전체대상을 대표하는 정확성을 갖기 위해서는 표본이 확률적 표집방법으로 선정되어야 하고 표본의 크기가 적절해야 하며, 조사도구인 설문지나 면접조사표가 타당하고 신뢰할 수 있어야 한다.

이 방법에 의해 수집된 자료는 다음과 같은 사항을 파악하는 데 유용하게 사용된다. ① 지역주민에 의해 인지된 지역의 문제 및 요구되는 서비스 파악, ② 인지된 문제와 개인적 특성과의 관련성 분석, ③ 특별한 서비스 또는 서비스체제 전체에 대한 주민들의 태도 및 장애물 파악을 할 수 있다. 자료를 수집하는 절차 중 면접조사가 가장 많이 이용된다. 그러나 이 방법은 비용이 많이 들고, 우편으로 설문지를 송부하는 경우 회수율이 낮고, 사회적으로 바람직한 응답만을 얻게 되는 문제가 발생할 수 있다.

04 표적 인구조사

표적 인구조사(target population survey)는 일반인구 가운데 일정한 특성을 가진 사람들만 선정하여 이들의 욕구를 조사하는 방법이다. 즉, 어떤 특성을 가진 하위집단들을 대상으로 질문조사를 실시하여 그들 집단의 욕구, 기존 서비스 이용실태, 새로운 서비스 개발에 필요한 의견을 파악하는 방법이다. 표적 인구조사는 일반 인구조사와 유사하나, 일반인구를 몇 단계로 나누어 그 가운데 일부를 선정하기 때문에 표본의 크기가 상대적으로 작다.

예를 들면, 일반인구 가운데 최저생계비 이하의 소득을 가진 고졸이하 학력의 60세 미만 18세 이상의 남자들을 표적인구로 선정한다면 일반인구는 최저생계비 이하-고졸 이하-18세 이상 60세 이하 연령-남자 순으로 단계적으로 걸러지기 때문에 표적인구의 표본의 크기가 상당히 작아진다.

실제 서베이 방법에 의해 욕구조사를 할 경우 조사자는 한 질문지에 의해 일반집단 서베이와 표적집단 서베이를 동시에 하는 경우가 많다. 즉, 전체 주민에게 일반

문항들의 의견을 물어 보는 것과 동시에 특수한 문항에 대해서는 이에 해당하는 특수집단에게만 응답하도록 하는 방법이다. 이 경우 전체 주민에 대해 조사한 후 자료 분석 시 하위 표적집단을 별도로 분류하여 분석할 수 있다. 또한 처음부터 전체 주민과 하위 표적집단별로 이중의 표본을 선정하여 조사할 수도 있다.

이 방법은 표적집단 서베이를 통해 일반집단 서베이에서는 얻기 어려운 자료들을 얻을 수 있다. 즉, 표적집단 서베이를 통해 표적집단들이 갖는 욕구, 그들이 원하는 프로그램을 보다 구체적으로 파악할 수 있다. 특히 기존 서비스와 관련하여 서비스를 받기 위한 시도 속에서 직면하는 장애물, 원하지만 이용할 수 없는 서비스 유형, 필요로 하는 새로운 서비스 등에 대해 직접적인 의견을 얻을 수 있다. 반면에, 표적집단 서베이를 통해 얻는 자료는 그 집단에만 적용될 수 있고 주민 전체에게 일반화하기 어렵다는 제약을 가지고 있다.

05 복지기관 서비스 이용 자료 분석

지역사회 내의 사회복지기관이나 서비스 이용에 관련된 기록들을 분석해서 필요한 자료를 얻어 내는 방법을 복지기관 서비스 이용 자료 분석이라 한다. 서비스 이용 자료는 지역사회 내 각 복지기관의 서비스별 인테이크(intake) 자료, 수혜자 명단, 면접기록표(care record), 기관의 가 부서별 업무일지, 서비스 대기자 명단(waiting list) 등이 있다. 이러한 자료들의 분석을 통해 그 지역사회의 중요한 사회문제, 문제의 경향, 특별한 서비스의 수요 등을 알 수 있다.

이 방법은 비용이 적게 들고, 다른 욕구조사방법을 보완할 수 있지만 이용상 몇 가지 제한점이 있다.

첫째, 자료의 비밀보장 때문에 자료를 구하기 어려울 때가 많다. 둘째, 한 지역사회 내의 여러 복지기관으로부터 자료를 수집했을 경우 각 기관마다 자료의 기록양식이 달라 필요한 자료를 체계적으로 분석하기 힘들다. 셋째, 수혜자 중심의 분석이 되어 여기서 얻은 결과를 지역사회 인구 전체에 적용하기 어렵다(남세진·최성재, 1996 : 169).

06 프로그램 운영자 또는 서비스 제공자 조사

프로그램 운영자 또는 서비스 제공자 서베이(service offerer survey)는 서비스를 제공하는 사람들로부터 지역사회의 문제나 욕구, 기존 프로그램의 평가 및 새로운 프로그램의 개발에 필요한 의견을 수집하는 방법이다. 서비스 제공자들로부터 지역주민들의 문제나 욕구 등을 파악하는 것은 서비스를 받는 또는 받을 사람들로부터 자료를 수집하는 것과 다른 점이 있다. 이 방법의 장점은 다음과 같다. ① 널리 알려져 있지 않았거나 사회적으로 받아들여지기 어려운 문제나 욕구들에 대한 정보를 파악할 수 있다. 예를 들면, 마약·알코올중독, 문맹, 영양실조, 성병, 미혼모문제, 성폭력, 아동학대 등에 대한 정보를 일반집단 서베이나 표적집단 서베이보다 더 정확하게 얻을 수 있다. ② 현존하거나 잠재적인 지역사회 또는 개인의 제 문제에 대한 원인 또는 배경을 파악하는 데 유용한 자료를 얻을 수 있다. ③ 서비스 제공자들은 보다 전문적인 판단에 근거해서 의견을 제시해 줄 수 있다(Baumheier, et. al., 1974).

그러나 이 방법도 다음과 같은 몇 가지 제약점을 가지고 있다. ① 서비스 제공자들은 표적집단에 의해 인지되지 않은 문제를 문제시하기 때문에, 그러한 문제들을 해결하기 위한 서비스를 실행할 때 여러 가지 어려움이 발생할 수 있다. ② 서비스 제공자들에 의해 인지된 문제들은 표적집단의 실전문제라기보다 제공자들의 문화적·계급적 편견일 수 있다. ③ 서비스 제공자들은 주로 수혜자들과 접촉을 갖기 때문에 그들로부터 얻은 자료는 수혜자들의 의견만 반영할 수 있다. ④ 서비스 제공자들은 그들의 기관에서 제공하거나 제공하게 될 서비스로 충족될 수 있는 문제에 대해서만 관심을 갖는 경향이 있다.

요점정리

〈욕구조사의 의의와 필요성〉

- 욕구조사 : 일정한 지역 내에서 생활하는 주민 또는 직장인들의 욕구 수준을 계량적으로 측정하기 위한 방법
- 욕구조사의 필요성 : 기관중심적이고 기관편의적인 프로그램에서 수혜자 중심적이고 수혜자 친화적인 프로그램이나 정책운영. 기관운영을 체계적이고 전문적으로 수행. 기관자원의 효율적 운영과 체계적 조직화. 역동적인 환경변화에의 적응. 프로그램이나 정책대안 상호간의 연계성 향상. 관련기관과의 협력체제 구축. 프로그램이나 정책대안의 필요성 적극 옹호. 기관의 정체성을 확립하고 존립근거 마련

〈욕구의 식별 및 분류〉

브레드쇼는 욕구 판정을 위해 사용될 수 있는 네 가지 인식기준을 제시
규범적 욕구, 체감적 욕구, 표현적 요구, 비교적 욕구

〈욕구조사의 자료 수집방법〉

- 지역사회공개토론회 : 어느 한 지역에 거주하거나 활동하는 사람들이 특정관심사나 지역사회의 문제에 관해서 그들의 의견을 발표하는 공개적인 모임
- 주요 정보제공자 조사 : 지역사회의 종교지도자, 지역사회의 유지, 인접 직종의 전문직 종사자 등과 같이 대상 집단의 욕구와 문제를 잘 파악하고 있는 사람들을 대상으로 조사하는 방법
- 일반 인구조사 : 일정지역 내 주민이나 대상 집단 가운데 이들을 대표할 수 있는 일부 사람들을 표본으로 선정하여 이들의 욕구나 문제를 설문지나 면접을 통해 조사하고 이를 기초로 대상 집단 전체의 욕구와 문제를 추정하는 방법
- 표적 인구조사 : 일반인구 가운데 일정한 특성을 가진 사람들만 선정하여 이들의 욕구를 조사하는 방법. 표본의 크기가 상대적으로 작음
- 프로그램운영자 또는 서비스 제공자 조사
- 복지기관 서비스 이용 자료 분석

실전문제

Korean academy of social welfale

01 어느 한 지역에 거주하거나 활동하는 사람들이 특정 관심사나 지역사회의 문제에 관해서 그들의 의견을 발표하는 공개적인 모임을 통해 지역주민의 욕구를 조사하는 방법은?

① 지역사회 공개토론회　② 프로그램 운영자조사　③ 델파이기법
④ 일반 인구조사　⑤ 주요 정보 제공자 조사

해설 지역사회 공개토론회

한 지역에 거주하거나 활동하는 사람들이 특정관심사나 지역사회의 문제에 관해서 의견을 발표하는 공개적인 모임

- 장점
- 비용절감
- 시간절약
- 광범위한 지역, 계층, 집단의 의견을 수렴
- 지역사회를 위한 정책개발 자극
- 이견을 발표하는 사람에 따라 의견내용의 구분이 가능
- 서베이 조사의 탐색적 기회
- 정책에 대한 주민의 지지를 얻을 있음
- 단점
- 의견 발표자 수가 적음
- 관심 있는 사람만 참석하는 표집자 편의의 문제 발생
- 자기선택으로 인한 표본의 편의

02 욕구조사방법으로서 지역사회 공개토론회의 장점으로 잘못된 것은?

보기

A. 소요비용이 적다.
B. 광범위한 집단이 의견을 수렴할 수 있다.
C. 프로그램을 실시할 때 주민의 지지를 받을 수 있다.
D. 표집자 편의현상을 배제할 수 있다.

① A, B, C　② A, C　③ B, D
④ D　⑤ A, B, C, D

03 욕구조사의 필요성으로 보기 어려운 것은?

① 기관 중심적인 프로그램 운영을 위해
② 기관운영을 체계적이고 전문적으로 수행하기 위해
③ 기관자원을 효율적으로 운영하고 체계적인 조직화를 위해

정답 1. ①, 2. ④, 3. ①

실전문제 Korean academy of social welfale

④ 역동적인 환경변화에 적극 대응하기 위해
⑤ 프로그램의 필요성을 적극적으로 옹호하기 위해

해설 욕구조사의 필요성

- 기관 중심적이고 기관 편의적인 프로그램이나 정책의 운영에서 벗어나 수혜자 중심적이고 수혜자 친화적인 프로그램이나 정책을 운영하기 위해
- 기관운영을 체계적이고 전문적으로 수행하기 위해
- 기관자원을 효율적으로 운영하고 체계적인 조직화를 이룩하기 위해 욕구조사가 필요
- 역동적인 환경변화에 적극 대응하기 위해
- 프로그램이나 정책대안 상호간의 연계성을 향상시키고 관련기관과의 협력체제를 구축하기 위해
- 프로그램이나 정책대안의 필요성을 적극적으로 옹호하기 위해
- 기관의 정체성을 확립하고 존립근거를 마련하기 위해

04 장애인의 근로욕구조사에 포함될 내용 가운데 기초자료에 우선적으로 포함되지 않는 것은?

① 지역적 특성　② 인구수　③ 연령분포
④ 장애인 고용률　⑤ 거주형태

해설 욕구조사의 기초자료에 포함될 내용

- 기초자료는 지역사회나 집단의 일반적인 특징에 관한 개략적인 정보를 제공함. 예를 들면, 지역적 특성, 인구수, 연령분포, 가족 수, 성별분포, 연령, 혼인, 거주형태, 종교분포, 소득수준, 빈곤율, 주책보급률, 국민기초생활보장 대상자 수 등이 있다.

05 욕구조사의 종류 가운데 어느 형태의 욕구조사인가?

보기

장애인 직업전문학교에서 장애인들을 대상으로 직업재활에 관한 욕구를 조사하고, 그 결과를 토대로 직업재활프로그램을 구상한다.

① 수혜자-중심적 욕구조사　② 서비스-중심적 욕구조사
③ 지역사회-중심적 욕구조사④ 기관-중심적 욕구조사
⑤ 국가-중심적 욕구조사

해설 욕구조사의 종류

- 수혜자 중심적 욕구조사 : 아동, 청소년, 노인, 장애인, 여성 등과 같은 특정 인구집단을 위하여 서비스를 제공하거나 프로그램을 운영하는 기관에 의하여 실시되는 조사
- 서비스 중심적 욕구조사 : 의료서비스, 직업훈련, 재활훈련 등과 같은 특정한 서비스를 제공하고 있는 기관에 의해 실시되는 조사

정답 4. ④, 5. ②

실전문제

Korean academy of social welfale

- 지역사회 중심적 욕구조사 : 수혜자 중심적 욕구조사와 서비스 중심적 욕구조사를 통합한 것으로 지역사회주민들의 전반적인 욕구와 문제를 확인하고 욕구와 문제해결의 우선순위를 파악한 후, 구체적으로 어떠한 서비스를 누구에게 어느 수준으로 제공할 것인가를 추정하는 것

06 욕구조사의 자료 수집방법 가운데 어느 유형의 자료 수집방법인가?

보기

지역사회의 모든 사람들이 참여할 수 있는 공개적인 모임을 주선하여 이 모임에서 논의되는 내용을 수렴하여 지역사회의 욕구나 문제들을 파악하는 것이 욕구조사방법

① 지역사회 공개토론회 ② 주요 정보제공자 조사 ③ 일반 인구조사
④ 표적 인구조사 ⑤ 사회지표조사

07 다음의 예를 통해 알 수 있는 사회적 욕구는?

보기

A복지관에서 실시하고 있는 노인 컴퓨터 교육 프로그램의 경우 당초 신청인원은 일지감치 마감되었고, 현재 15명의 대기자가 등록되어 있는 상태이다.

① 규범적 욕구 ② 감지된 욕구 ③ 표현된 욕구
④ 비교적 욕구 ⑤ 느껴진 욕구

정답 6. ①, 7. ③

CHAPTER 13

평가조사

|RESEARCH| |METHODS| |FOR| |SOCIAL| |WELFARE|

SECTION 01 평가조사의 의의와 종류

01 평가조사의 의의

1) 평가조사의 의미

평가조사(evaluation research)는 응용조사의 특수한 형태로 사회복지 프로그램 개입기술 등이 본래 의도한 목적을 제대로 달성하고 있는지를 평가하기 위해 실시하는 조사이다. 즉, 사회복지 프로그램 개입기술의 효과성, 효율성, 공평성 등을 평가하기 위해 이용되는 조사이다(채구묵, 2011).

평가조사 시 평가의 대상은 개인, 집단, 프로그램, 조직체 등이 다 포함될 수 있으나 일반적으로 개인이나 집단에 대한 개입의 효과를 평가하는 조사를 단일사례연구(single-subject study)라 하고, 프로그램이나 조직체의 업무수행 효과를 평가하는 조사를 평가조사(evaluative research)라 한다(Tripodi, 1983 : 4; 최성재·남기민, 2000 : 357).

로씨와 프리먼(Rossi & Freeman, 1985)은 평가조사를 '사회개입프로그램의 개념화, 설계, 실행, 효용성을 사정하기 위한 사회과학 조사과정의 체계적인 응용'이라고 정의했다. 그러나 프로그램 평가에서 사회복지사들은 주로 프로그램의 총체적인 측면이나 결과보다는 프로그램의 형성이나 과정을 강조한다(Gordon, 1991; Jones, 1980; 김귀환 외, 2007 재인용).

최근 사회복지현장에서 프로그램 평가에 대한 관심이 고조되고 있다. 프로그램 평가는 프로그램의 효과성과 효율성 등을 파악하여 클라이언트들에게 보다 나은 서비스를 제공할 뿐만 아니라, 관리자에게 프로그램의 지속과 예산편성 등에 관한 결정을 하는 데 중요한 정보를 제공한다. 또한 프로그램에 대한 평가는 예산을 지원하는 기관이나 정부 및 클라이언트에 대한 사회복지사로서 책무성(accountability)을 검증할 수 있는 좋은 도구가 된다(황성동, 2007).

2) 평가조사의 목적

평가조사, 특히 프로그램 평가조사의 목적은 클라이언트에게 좀 더 좋은 서비스를 제공해 줄 수 있는 효과적이고 효율적인 프로그램을 개발하는 데 유용한 자료를 탐색하는 데 있다. 평가조사의 목적을 좀 더 구체적으로 살펴보면 다음과 같다(성규탁, 1994; 최일섭·이창호, 1993; 김형식, 1997; 양정하 외, 2006).

첫째, 프로그램 평가는 프로그램의 계획이나 운영과정 개선에 필요한 환류적(feedback) 정보를 제공해 준다. 이는 프로그램 수행과 관련해 합리적인 결정을 내림으로써 프로그램을 바람직하게 추진하기 위해 실시한다. 즉, 평가조사는 프로그램의 중단, 축소, 유지, 확대 여부를 결정하는 데 필요한 정보를 제공해 준다. 프로그램 효과성(effectiveness)보다 효율적인 운영에 필요한 정보를 제공해 준다. 프로그램 효과성 평가를 통해 효과성이 낮으면 중단하거나 축소, 수정하고, 효과성이 높으면 유지, 확대할 수 있다. 효율성(efficiency) 평가를 통해 효과에 비해 비용이 지나치게 많이 들면 프로그램을 축소하거나 보다 효율적인 프로그램 및 집행절차를 개발할 수 있다.

둘째, 기관운영의 책임성을 이행할 목적으로 프로그램 평가를 수행한다. 프로그램 평가는 사회복지조직체로 하여금 책임성 있는 운영을 하도록 하는 자극제가 되고 있다. 사회복지조직체는 사회로부터 복지활동을 할 수 있도록 인가를 받았기 때문에 사회에 대해 복지활동을 성실히 수행할 책임을 져야 한다. 사회복지조직체가 프로그램 운영에 대해 책임을 지는 것은 사회에 대한 의무이며, 이러한 의무는 민주주의 원칙에 입각한 것이라 할 수 있다. 오늘날의 복지비용의 제한 때문에 효과성과 효율성을 기반으로 하는 책임성이 더욱 강조되고 있는 추세이다. 기관예산을 포함한 물적 자원과 인적 자원이 사용되는데, 이들 자원들이 본래 의도한 목적을 얼마나 달성하였는지, 주어진 목적을 달성하는데 사용된 자원의 양은 얼마나 되는지 등에 관한 효율성과 효과성을 평가하여, 그 내용을 공표함으로써 책임성을 이행하였음을 보여줄 수 있다.

셋째, 프로그램 평가는 이론형성에 기여한다. 프로그램 평가는 프로그램 운영방법에서부터 프로그램 결과에 이르는 인과 경로를 검토, 분석, 검증하는 작업이다. 검증결과 타당성이 있는 것으로 확인된 가설은 이론을 형성하는 데 기여하고, 그렇지 못한 경우는 이론을 수정하는 데 기여한다. 실험의 예를 들면, 프로그램 실시 이전에 표적집단의 표적행동을 관찰하고, 프로그램을 실시한 후 다시 관찰하여, 프로그램 실시 전후의 표적행동의 차이를 측정한 후, 이 프로그램의 실시가 표적집단의 표적행동에 어떠한 영향을 미쳤는지를 논리적으로 평가함으로써, 실험변수와 결과변수 간의 인과관계를 검증하여 이론을 형성할 수 있다.

넷째, 형성평가의 경우, 프로그램 진행과정을 개선할 목적으로 프로그램을 평가한다. 프로그램계획 단계에서는 계획과정을 평가하여 프로그램이 대상 집단의 욕구를 반영할 수 있도록 하고, 집행과정을 평가하여 프로그램 진행상 장애요인을 해소시켜 원활한 진행이 되도록 하며, 집행이 완료된 때에는 그 결과를 환류시켜 앞으로 보다 나은 프로그램이 될 수 있도록 한다.

다섯째, 설계적인 목적으로 프로그램을 평가한다. 새로운 프로그램을 개발하거나, 현재 시행 중인 프로그램의 설계를 명백히 하거나, 채택된 방법론을 합리화하거나, 새로운 프로그램의 개발과 시행에 소요되는 경비를 산출하거나, 프로그램의 논리성을 규명하거나, 기관의 구조를 검토하거나, 기관의 목적을 검토하기 위하여 프로그램을 평가한다.

여섯째, 합리적인 자원배분을 목적으로 프로그램을 평가한다. 프로그램의 평가결과에 따라 자원을 할당함으로써 자원배분이 합리적으로 이루어질 수 있으며, 이러한 평가를 통해 지역사회나 정부로부터 지원 혹은 지지를 획득할 수 있는 정보를 제공해준다. 효과가 크거나 장기적으로 효과가 지속되는 프로그램과 효과가 작거나 단기적인 효과밖에 없는 프로그램 간에는 차별적인 자원할당이 이루어져야 한다.

일곱째, 서비스전달체계를 개선할 목적으로 프로그램을 평가한다. 서비스가 전달되는 과정을 평가하여 서비스 지체(lag)가 발생되거나, 수혜자의 접근이 어렵거나, 본래 의도한 목적과는 다른 방향으로 진행될 경우 이를 시정하여 프로그램 진행과정에서 서비스 전달이 원활하게 이루어지도록 한다.

끝으로, 프로그램 기획 및 개발에 필요한 지식이나 정보를 획득할 목적이다. 평가는 기관의 활동내용이나 그 여부에 대한 일상적인 평가의 의미도 가지고 있지만, 최근에는 기관의 성과에 대한 평가라는 의미로 이해되고 있다. 더욱이 평가에 사용되는 방법들은 기관의 개인활동과 계획한 성과 간의 관계에 대한 지식을 개발하고, 프로그램을 개발하는 데 필요한 정보를 획득하는 데에도 활용된다.

02 평가조사의 종류

평가조사의 종류는 다양한 기준에 따라 분류될 수 있다. 이를 좀더 구체적으로 살펴보면 다음과 같다(최일섭·이창호, 1993; 김형식, 1997; 김귀환 외, 2007 채구묵, 2011).

1) 목적에 따른 분류

평가를 실시하는 목적에 따라 총괄평가, 과정평가(형성평가), 통합평가로 나뉜다.

총괄평가(summative evaluation)는 프로그램이 종료된 이후 행해지는 평가로서, 프로그램이 사회에 미친 영향(impact)을 평가하는 조사이다. 즉, 프로그램이 의도한 목적을 달성했는지, 의도하지 않았던 부정적인 효과는 없었는지 등을 평가하기 위한 조사이다. 프로그램의 달성정도를 평가하는 효과성평가가 총괄평가의 핵심이나, 비용을 평가하는 효율성평가도 총괄평가에 포함된다.

총괄평가는 프로그램이 종결된 후에 평가작업이 시도되기 때문에 프로그램이 진행되는 과정에 아무런 영향을 주지 못한다. 하지만 이 총괄평가는 보통 재정지원기관에 의해 요구되는 프로그램 평가의 유형으로 실증적 조사에 의해 산출된 개관적 자료에 더 많은 관심이 있다(황성동, 2007).

과정평가(Process evaluation)는 프로그램 운영과정상의 장단점을 파악하여 프로그램 향상을 위한 개선방안을 마련하는 데 도움을 주기 위한 평가로 서비스 전달체계를 향상시키거나 서비스의 효율성을 증진시키기 위해 실시한다. 즉, 과정평가를 통해 얻어진 내용들은 프로그램 개선을 위한 환류(feedback)자료로 활용된다. 과정평가는 프로그램 진행과정에 평가작업이 시행되어 프로그램을 수정, 변경시키는 데 영향을 준다. 따라서 과정평가를 형성평가(formative evaluation)라고도 한다.

통합평가는 총괄평가와 과정평가(형성평가)를 통합한 평가이다. 통상적으로 총괄평가적 접근으로 평가를 한 후 과정평가적 접근을 통해서 프로그램 운영과정의 타당성과 인과관계를 정밀하게 검사함으로써 총괄평가에서 얻은 정보와 타당성과 신뢰도를 평가한다.

2) 기관평가와 개인평가

기관평가는 프로그램을 평가하고 서비스 전달의 진행상황을 확인하기 위해 행해진다. 반면, 개인평가는 프로그램 운영자인 개인에 대한 평가로 자기평가, 동료평가, 행정가에 의한 구두평가 등이 있다.

3) 평가규범에 따른 분류

효과성 평가, 효율성 평가, 공평성 평가로 나뉜다.

효과성(effectiveness) 평가는 프로그램의 목적달성도를 평가하는 것이다. 즉, 프로그램이 의도한 목적을 얼마나 달성하였느냐를 평가하는 것이다.

효율성(efficiency) 평가는 비용 최소화 또는 산출극대화를 평가한다. 즉, 투입과 산출을 비교하여 평가한다.

공평성(equity) 평가는 프로그램의 효과와 비용이 사회집단 간에 또는 지역 간에 공평하게 배분되었는지를 평가하는 것이다.

4) 평가범위에 따른 분류

단일평가와 포괄적 평가로 분류한다. 단일평가는 ① 표적문제의 개념화 및 개입의 설계와 관련된 평가, ② 프로그램 집행의 평가, ③ 프로그램의 효용성에 대한 평가를 각각 분리하여 어느 하나에 대해 행해지는 평가이다.

포괄적 평가는 ①, ②, ③을 모두 포함해서 행해지는 평가이다.

5) 평가시점에 따른 분류

사전평가와 사후평가로 나뉜다. 사전평가는 프로그램이 종료되기 이전에 행해지는 평가로서 적극적 평가라고 한다.

반면, 사후평가는 프로그램이 종료된 이후에 행해지는 평가로서 소극적 평가라고도 한다.

6) 평가자 또는 평가주체에 따른 분류

자체평가, 내부평가, 외부평가로 나뉜다. 자체평가(self-evaluation)는 프로그램 담당자 스스로 행하는 평가로, 많은 정보를 얻을 수 있고 평가비용을 절약하며 장기적으로 계속할 수 있으나 공정성을 확보하는 데 문제가 있다.

내부평가(inside evaluation)는 프로그램을 직접 담당한 사람이 아닌 기관내부의 책임자나 동료에 의해 이루어지는 평가이다.

기관 내 자체평가인 내부평가는 평가의 자료나 결과를 기관 외로 유출시키지 않고 기관 내의 결정을 위해 비공식적으로 사용되는 경우 많이 활용된다. 내부평가의 장점으로는 첫째, 평가자가 기관 전체에 관한 내용을 소상히 알고 있기 때문에 자료의 접근이 용이하고, 둘째, 평가대상자들과 비교적 쉽게 라포르(rapport)를 형성할 수 있으며, 셋째, 평가의 시간과 비용을 절약할 수 있고, 넷째, 평가자체가 생산적이지 못할 때에는 평가의 설계를 신속히 변경할 수 있으며, 다섯째, 평가의 활용도를 높일 수 있다는 점을 들 수 있다. 내부평가의 단점으로는 첫째, 형식적인 평가로 간주될 가능성이 많으며, 둘째, 객관적이지 못하거나 부정직한 평가로 간주될 가능성이 있고, 셋째, 정당성이 결여된 인상을 받을 수 있으며, 넷째, 변화를 시도 또는 주도할 힘의 바탕이 약하다는 점을 들 수 있다.

외부평가(outside evaluation) 또는 고문평가(consultant evaluation)는 프로그램을 담당하는 기관의 외부에 속한 사람에 의해 행해지는 평가이다.

외부평가는 프로그램의 결정, 집행을 담당하는 조직체 외의 전문가인 대학교수, 연구기관의 연구원, 다른 조직체의 실무자 등이 행하는 평가이다. 외부평가는 기관과 조직성원들에게 위협적인 것이 될 수 있어 이들과 협조관계가 이루어지지 않을 경우 신뢰성과 객관성이 확보된 조사가 이루어지기 어려울 수 있다. 따라서 외부평가자는 신뢰성, 객관성이 있는 평가가 수행될 수 있도록 기관과 조직성원들을 안심시켜야 하며, 조직 내 성원들과 긴밀한 관계를 유지해야 할 필요가 있다. 외부평가의 장점으로는 첫째, 객관적·합리적·과학적 평가를 할 수 있으며, 둘째, 평가가 전문적이라는 점 등을 들 수 있다. 외부평가의 단점으로는 첫째, 지나치게 경직된 평가가 될 수 있으며, 둘째, 기밀에 속하는 자료를 제한적으로 사용할 수밖에 없고, 셋째, 직원들에게 초조감, 압박감을 주어 그들이 평가과정에 불참할 가능성이 있으며, 넷째, 평가결과를 받아들이지 않거나 매우 제한적이며 선별적으로 받아들일 수 있다.

7) 프로그램단계에 따른 분류

표적문제평가, 의제평가, 프로그램 결정평가, 프로그램 설계평가, 프로그램 집행평가, 프로그램 영향평가, 평가가능성 평가로 나뉜다.

① 표적문제 평가는 문제나 욕구의 내용, 사람들의 특성, 해결정도, 문제해결에 대한 사람들의 태도 등을 평가한다. ② 의제평가는 문제가 아젠다의 지위에 올라갔는지(agenda setting), 아젠다 형성과정에 영향을 미치는 세력들은 누구인지, 고통 받는 사람의 욕구는 제대로 반영되었는지에 대해 행해지는 평가이다. ③ 프로그램 결정평가는 프로그램에 대한 결정 내용과 결정과정에 대해 행해지는 평가로서 수혜자의 욕구나 문제를 반영하고 있는지, 결정된 프로그램의 내용이나 운영이 사회적 형평성, 능률성, 공정성, 기술성을 확보하고 있는지 등을 평가한다. ④ 프로그램 설계평가는 문제에 의해 영향을 받는지, 해결대책, 필요비용, 비용조달방법 등에 대해 행해지는 평가이다. ⑤ 프로그램 집행평가는 자원부족이나 프로그램 수행능력 결핍, 표적집단에 대한 서비스 전달체계나 전달전략 등에 대해 행해지는 평가이다. ⑥ 프로그램 영향평가는 프로그램 평가이다. ⑦ 평가 가능성 평가는 프로그램 평가가 이루어질 수 있는 것인지에 대해 종합적으로 판단하는 것으로 평가의 필요성, 평가비용과 평가이익 간의 비교, 평가실현 가능성 등에 대해 행해지는 평가이다.

SECTION 02 평가조사의 절차

프로그램 평가조사는 사회복지조직체의 프로그램을 특별한 목적으로 평가하는 것이므로 일반 조사절차에서와는 다른 역동적이고 상호 연관된 과업과 결정사항들이 많이 있다.

프로그램 평가조사는 ① 평가목적 및 평가기준(내용) 결정, ② 프로그램 책임자 및 담당자의 이해와 협조, ③ 프로그램 목표 확인, ④ 조사설계 결정, ⑤ 조사 대상 변수의 선정, ⑥ 평가도구, ⑦ 평가자료 수집, ⑧ 평가결과 분석 및 해석, ⑨ 평가결과 보고서 작성, ⑩ 평가결과 활용이라는 열 가지 절차를 거쳐 이루어진다(최성재·남기민, 2000; 정무성·정진모, 2001).

01 평가목적(유형) 및 평가기준(내용) 결정

프로그램 평가의 경우 우선적으로 결정할 일은 평가의 목적, 즉 총괄평가, 과정평가 등 여러 가지 평가 중에서 어떤 유형의 평가를 할 것인가를 결정하여야 한다. 또한 평가기준(내용), 즉 노력, 효과성, 효율성, 서비스의 질, 과정, 영향, 형평성 등에서 어떤 내용을 평가할 것인가를 결정해야 한다.

02 프로그램 책임자 및 담당자의 이해와 협조

프로그램 평가는 그 프로그램 운영을 책임지고 있는 사람과 프로그램을 실제적으로 수행하는 담당자가 평가의 목적, 방법 등을 이해하고 협조해 주어야 가능하다. 조직의 책임자 및 담당자는 평가결과가 예상치 못한 결과나 부정적인 결과가 나올지도 모른다는 불안감과 두려움을 가질 수 있다. 따라서 이들이 평가의 목적과 방법, 내용, 범위 등에 대해서 이해할 수 있도록 협의와 토의가 이루어져야 하고, 조사계획과 시행과정 시 긴밀한 협의와 토의가 이루어질 수 있도록 협조관계가 형성되어야 한다.

03 프로그램 목표 확인

프로그램 평가의 핵심은 프로그램의 목표에 대한 달성정도를 측정하는 것이므로 프로그램의 목표를 명확하게 설정하는 것은 무엇보다도 중요한 일이다. 이는 목표가 잘못 설정된 경우는 평가를 아무리 정확하게 했다 하더라도 그 결과가 프로그램 개선이나 서비스의 질 개선에 별로 도움이 되지 않기 때문이다. 프로그램 목표는 명확하고 구체적이며 측정 가능하도록 설정되어야 한다. 트리포디(Tripodi, 1983)는 목표가 명확하고 구체적이며 측정가능하기 위해서는 "누가(who), 무엇을(what), 누구를 위해(whom), 어느 정도의 기대되는 변화(what expected change)를 가져올 것이다."라는 내용으로 기술되어야 한다고 설명하고 있다.

여기서 '누구'는 클라이언트에게 직접적으로 서비스를 제공하는 사람의 수, 자격 및 특성을 의미한다. 서비스는 일정한 자격과 특성을 가진 사람들에 의해 제공되어야 하므로 서비스의 제공자에 관한 사항이 명확하게 명시되는 것이 바람직하다. '무엇'은 클라이언트와의 접촉의 내용, 장소, 빈도, 시간, 서비스의 내용 등을 의미한다. '누구를 위해'는 개입의 대상이 되는 표적연구, 즉 클라이언트를 의미한다. 서비스를 받기 위해서 클라이언트는 일정한 자격요건을 갖추어야 하며, 그러한 자격요건을 갖춘 사람을 의미한다. '기대되는 변화'는 변화의 내용, 변화의 정도, 변화의 발생 시기 및 지속기간 등을 의미한다.

프로그램 목표가 이와 같이 잘 설정되어 있지 않은 경우에는 평가자는 프로그램 책임자 및 수행자들로 하여금 프로그램 목표를 명확히 설정하도록 요청하여야 한다. 한편, 프로그램 관련자들이 목표를 제대로 설정할 수 없으면 평가자와 프로그램 관련자들이 같이 협의하여 목표를 명확하게 설정하는 것이 좋다.

04 조사설계 결정

프로그램 목표달성 정도를 정확하게 측정할 수 있는 조사설계를 결정한다. 즉, 목표달성 정도를 정확하게 측정하기 위해 독립변수와 종속변수에 대한 자료를 정밀하게 수집, 분석할 수 있는 조사설계를 선정한다. 이를 위해 준실험설계, 실험설계, 설문조사, 관찰 등 다양한 방법을 활용할 수 있다.

05 조사대상 변수의 선정

프로그램 평가기준(내용)은 노력, 효과성, 효율성, 서비스의 질, 과정, 영향, 형평성 등 다양하지만 프로그램 평가의 중심적인 내용은 효과성이다. 효과성은 프로그램의 개입에 의해 나타난 효과가 프로그램에서 원래 예상했던 목표를 어느 정도 달성했는가를 나타내는 정도를 의미한다. 즉, 프로그램의 개입에 의해 클라이언트의 태도, 지식, 행동, 기술, 조건, 지위 등에 변화가 생길 것으로 가설을 설정하고 이러한 가설을 검증하기 위한 경험적 조사를 실시하는 것이 평가조사의 핵심내용이다. 이렇듯 평가조사에서는 가설검증을 위해 독립변수, 매개변수, 종속변수를 설정할 필요가 있다.

독립변수는 클라이언트의 변화에 영향을 미치는 변수로 프로그램의 기술 및 방법, 관계직원의 자격 및 특성, 서비스의 지속기간, 클라이언트의 성별, 연령, 태도,

사회경제적 지위 등과 같은 투입변수를 의미한다. 매개변수는 실제적인 개입활동과 개입의 결과 사이에서 인과적 연결 작용을 하는 변수를 의미한다. 종속변수는 결과적 변수로 클라이언트의 태도, 지식, 행동, 지위, 생산성 등의 변화정도를 측정하는 변수를 의미한다. 운영변수는 프로그램의 운영과 관련된 변수로서 서비스 전달자의 계속성 여부, 클라이언트의 참여빈도, 서비스 간의 협조정도, 다른 관련 프로그램에의 참여 등을 측정하는 변수를 의미한다. 운영변수는 개입의 운영형태를 측정하는 것으로 넓게 보면 독립변수에 포함된다고 할 수 있다.

06 평가도구 선정

선정된 변수를 측정할 수 있는 기존의 측정도구가 있는지, 있다면 이를 그대로 사용할 것인지, 수정, 보완해서 사용할 것인지를 결정해야 한다. 한편 기존의 측정도구가 없다면 새로운 측정도구를 개발해야 하며, 신뢰도, 타당도가 높은 측정도구가 되도록 해야 한다.

07 평가자료 수집

측정도구를 이용하여 실제로 자료를 수집하는 조사활동을 수행한다. 평가조사는 일반조사와 달리 조사수행과정에서 프로그램 관련자와의 관계, 역할 등에 있어서 갈등이 있을 수 있으므로 계속적인 이해와 협조체계를 유지하도록 해야 한다.

08 평가결과 분석 및 해석

수집된 자료를 통계처리 하여 분석 해석한다. 통계처리를 위해 SPSS 등의 통계처리 패키지를 활용할 수 있다. 한편, 자료의 성격에 따라 통계처리를 하지 않고 정리, 요약하여 의미 있는 결과를 도출해 낼 수 있다.

09 평가결과 보고서 작성

평가결과를 분석, 해석한 것을 요약, 정리하여 보고서를 작성한다. 보고서는 일반 조사보고서의 양식에 따라 작성할 수도 있지만 공개적으로 출판되는 경우가 아닌 경우에는 조사보고자의 재량에 따라 적절한 양식을 택할 수 있다. 또한 보고받아야 할 이해당사자에 따라 보고서형식이 약간씩 다를 수 있다. 보고서에는 프로그램 평가를 나타난 문제점 및 건의사항이 포함되어야 한다.

10 평가결과 활용

평가결과를 평가목적에 따라 적절히 활용하는 게 좋다. 평가결과를 프로그램 개선에 활용할 수도 있으며, 외부의 제3자에게 프로그램의 필요성을 인식시키고 계속적인 유지를 가능케 하는 데 활용할 수 있다.

요점정리

〈평가조사〉

- 프로그램 평가조사 : 프로그램의 효과성, 효율성, 적절성, 만족도 등을 체계적으로 분석하여 결정권자로 하여금 합리적인 결정을 내릴 수 있도록 정보를 산출하는 사회적 과정
- 목적 : 프로그램 과정상 환류적 목적. 기관운영의 책임성을 이행. 이론형성. 프로그램 진행과정의 개선. 설계적 목적. 합리적인 자원배분. 서비스 전달체계의 개선
- 중요성 : 사회복지분야의 책임성 요구. 사회복지기관의 정체성. 내부적으로 효과적이고 효율적인 기관운영. 전문성 형성. 수혜자 중심적 프로그램 운영. 운영방향의 일관성. 객관적 이론의 정립

〈평가의 종류〉

- 목적에 따라

– 형성평가 : 프로그램 운영 도중, 프로그램 형성에 초점, 서비스 전달체계, 효율성 향상

– 총괄평가 : 프로그램 종료 후 프로그램 지속 여부에 대한 결정

– 통합평가 : 형성평가+총괄평가

- 평가규범에 따라

– 효과성 평가, 효율성 평가, 공평성 평가

- 평가범위에 따라

– 단일평가 : 각각 분리하여 평가 – 포괄평가 : 모두 모아 평가

- 평가시점에 따라

– 사전평가 : 프로그램 종료 이전, 적극적 – 사후평가 : 프로그램 종료 이후, 소극적

- 평가주체에 따라

– 자체평가 : 프로그램 담당자의 평가

– 내부평가 : 프로그램을 담당하지 않는 기관의 내부자 평가

– 외부평가 : 프로그램을 담당하는 기관의 외부자 평가

〈평가조사의 절차〉

1. 평가목적(유형) 및 평가기준(내용) 결정
2. 프로그램 책임자 및 담당자의 이해와 협조
3. 프로그램 목표 확인
4. 조사설계 결정
5. 조사 대상 변수의 선정
6. 평가도구 선정
7. 평가자료 수집
8. 평가결과 분석 및 해석
9. 평가결과 보고서 작성
10. 평가결과 활용

실전문제

Korean academy of social welfale

01 프로그램 평가의 일반적 특징으로 볼 수 없는 것은?

① 사회복지기관의 사회적 책임성과 밀접하다.
② 사회복지기관의 목적달성과 정체성 확립에 직접적으로 영향을 미친다.
③ 프로그램 전반에 관한 결정을 하기 위한 총괄적인 정보수집과정이다.
④ 프로그램의 가치, 양과 질, 장단점 등에 관해 체계적으로 분석하는 연구활동이다.
⑤ 평가기준 가운데 프로그램의 효율성을 가장 강조하고 있다.

02 프로그램 평가의 종류 가운데 프로그램의 개발이나 시행 중인 프로그램을 개선하기 위해 프로그램 운영 도중에 이루어지는 평가는?

① 형성평가 ② 통합평가 ③ 총괄평가
④ 개인평가 ⑤ 사후평가

해설 프로그램 평가의 종류

- 형성평가 : 프로그램을 형성하는데 초점을 맞춘 평가. 프로그램의 개발이나 시행중인 프로그램을 개선하기 위해 프로그램 운영 도중에 이루어지는 평가로 서비스 전달체계를 향상시키거나 서비스의 효율성을 증진시키기 위해 실시
- 총괄평가 : 프로그램이 종료된 이후 행해지는 평가로서 어느 프로그램을 시작할 것인지, 지속할 것인지, 종결할 것인지, 또는 여러 개의 대안적인 프로그램들 가운데 어느 것을 택해야 하는지 등 총괄적인 의사결정을 할 경우 실시하는 평가
- 통합평가 : 형성평가와 총괄평가를 통합한 평가. 통상적으로는 총괄평가적 접근으로 평가를 한 후 과정평가적 접근을 통해서 프로그램운영과정의 타당성과 인과관계를 정밀하게 검사함으로써 총괄평가에서 얻은 정보의 타당성과 신뢰도를 평가함
- 효과성평가 : 프로그램의 목적 달성도를 평가
- 효율성평가 : 비용최소화 또는 산출 극대화를 평가
- 공평성평가 : 프로그램의 효과와 비용이 사회집단 간에 또는 지역 간에 공평하게 배분되었는지를 평가
- 기관평가 : 프로그램을 평가하고 서비스 전달의 진행 상황을 확인하기 위해 실시
- 메타평가 : 평가의 평가라고 하며 제시된 평가계획서나 완성된 평가를 다른 평가자에 의해서 다시 점검을 받는 것

03 어느 유형의 프로그램 평가에 관한 설명인가?

보기

프로그램이 종료된 이후 행하는 평가로 어느 프로그램을 시작할 것인지, 지속할 것인지, 종결할 것인지, 또는 여러 개의 대안적인 프로그램들 가운데 어느 것을 택해야 하는지 등에 관한 의사결정을 할 때 실시되는 평가이다.

정답 1. ⑤, 2. ①, 3. ③

실전문제

Korean academy of social welfale

① 동료평가 ② 통합평가 ③ 총괄평가
④ 형성평가 ⑤ 메타평가

04 '투입과 산출의 비율'에 기초를 두고 이루어지는 평가는?

① 기관평가 ② 형성평가 ③ 동료평가
④ 효율성평가 ⑤ 효과성평가

05 사회복지현장에서 이루어지는 프로그램 평가조사 가운데 어는 평가조사에 관한 설명인가?

보기

- 1단계 : 이 기관이 표명한 사명은 무엇인가?
- 2단계 : 프로그램의 목적은 무엇인가?
- 3단계 : 프로그램의 목표는 무엇인가?
- 4단계 : 프로그램의 목표가 달성되었는지 여부를 어떻게 결정하는가?
- 5단계 : 수혜자를 대상으로 한 목표는 달성되었는가?
- 6단계 : 평가자료를 어떻게 활용할 것인가?

① 총괄평가조사 ② 형성평가조사 ③ 통합평가조사
④ 메타평가조사 ⑤ 효율평가조사

정답 4. ④, 5. ①

CHAPTER 14

질적 연구

|RESEARCH| |METHODS| |FOR| |SOCIAL| |WELFARE|

SECTION 01 질적 연구의 의의, 장단점, 설계

01 질적 연구의 의의

1) 질적 연구의 개념

질적 연구란 통계적 절차나 기타 계량화의 수단에 의해 도달하는 방식 이외의 방법으로 연구결과를 창출하는 연구형태를 말한다(신경림, 2001).

질적 연구는 자료를 수치화하지 않으며, 자료 수집에 있어서도 적은 수의 사례에 대한 포괄적이고 다양한 자료들을 수집하여 심층적인 이해를 하는데 주된 초점을 둔다(김태성 외, 2005).

질적 연구에 대한 정의는 여러 학자에 의해 시도되었지만, 특히 여러 질적 연구의 종류를 비교하면서 이들에게 공통적으로 나타나는 특성을 중심으로 정의한 Creswell에 의하면, "사회적 또는 인간의 문제를 탐색하는 독특한 방법론적 연구전통들에 기반을 두고 이해하는 연구과정이다. 연구자는 복합적이고 전체적인 그림을 구축하고, 언어를 분석하며, 정보제공자들의 구체적인 시각들을 보고하고, 자연스러운 상황에서 연구를 수행"하는 특성을 가진 연구라 정의하였다(Creswell, 조흥식 외 2005).

2) 질적 연구의 특징

질적 연구방법은 자연과학이나 사회과학에서 양적 연구와 뚜렷이 구분되는 패러

다임과 관련된 가정 또는 접근방법을 갖는다(김태성 외, 2005).

(1) 주관성

질적 연구에서는 연구자가 자신의 주관이 배제된 객관적 실재를 파악하는 것이 불가능하다고 본다. 질적 연구에서 세계는 그것을 관찰하고 인지하는 주체에 의해 주관적으로 파악된다고 본다. 이러한 맥락에서 질적 연구자들은 사람들이 자신의 삶을 어떻게 주관적으로 바라보는가에 관심을 두게 된다. 즉, 연구 참여자들이 어떤 경험을 하고, 그러한 경험을 어떻게 해석하는가, 자신들의 세계 속에서 이러한 경험들을 어떻게 구조화해 나가는가 등에 대한 상세한 자료를 수집하고 묘사한다. 또한 연구자 역시 자신의 주관적 인식으로부터 자유로울 수 없음을 인정하고 연구자의 주관적인지나 느낌, 해석 등을 적극적으로 활용하여 자료로 분석해 낸다.

(2) 기술적, 탐색적

질적 연구는 현상에 대한 탐색과 기술이 주된 관심이 된다. 무슨 일이 일어나고 있는지, 연구 참여자들의 생활상, 그들의 생각 등을 묘사하고 보다 심도 있게 이해할 수 있도록 기술하는 것이 질적 연구의 특성이라 할 수 있다.

(3) 총체적

질적 연구는 연구 참여자의 세계, 시각 등을 총체적으로 살펴보고자 한다. 질적 연구에서 자료의 수집은 몇몇 특정 변수나 범주에 국한되지 않고 연구대상현상의 다양한 측면을 최대한 포괄하도록 관련된 다양한 사람들로부터 다양한 자료들을 수집하게 된다. 또한 연구 참여자들의 행동이나 언어적 의사소통이 이루어지는 상황이나 맥락 등을 강조하고 서로 연결되어 있는 다양한 상황적 맥락들을 묘사한다. 이렇게 이루어진 질적 연구의 결과는 연구대상현상에 대한 총체적인 관점을 제공하게 된다.

(4) 자연적

질적 연구는 연구 참여자의 상황적 맥락 안에서 이루어진다는 점에서 자연적이다. 질적 연구에서 행동은 그 상황적, 환경적 맥락 안에서 관찰되어야 가장 잘 이해할 수 있다고 본다. 따라서 질적 연구자는 연구 참여자의 자연적인 상태를 있는 그대로 이해하고 묘사하고자 하며, 이를 위해 연구 참여자들과 오랜 동안 지속적인 관계를 맺으면서 신뢰를 쌓고 이러한 신뢰를 바탕으로 연구 참여자들의 자연스러운 생활 상태에 근접하여 자료를 수집한다. 이러한 점에서 질적 연구는 양적조사에서는 쉽게 알아내기 어려운 관행이나 관습 지속적인 상호작용, 그리고 기타 상황적 맥락을 이해할 수 있는 강점이 있다.

(5) 귀납적

질적 연구는 귀납적 속성을 지닌다. 양적연구에서 주로 이론에서 출발하여 가설을 세우고 자료를 통해 이를 검증하는 연역적 방법을 사용하는 반면, 질적 연구에서는 현실에서 일어나는 경험적 자료 등을 수집하고 분석함으로써 이로부터 이론을 도출하는 귀납적 방법을 사용한다.

(6) 연구도구로서의 연구자

질적 연구에서는 자료 수집의 중요한 도구로서 연구자 자신을 활용한다. 질적 연구에서는 연구자의 관찰과 통찰 등을 통해 자료를 수집하고 분석하게 된다. 따라서 질적 연구자는 자료 수집도구로서 자신이 가지는 중요성을 인식하고 민감한 관찰도구로서 자신을 활용하기 위해 주의를 기울여야 한다. 또한 질적 연구자는 수집된 원자료부터 의미 있는 범주나 주제를 도출할 수 있는 역량을 갖추어야 한다. 이러한 점에서 볼 때 질적 연구에서는 특히 연구자의 자질이 매우 중요함을 알 수 있다.

(7) 연구절차의 유연성

질적 연구는 양적 연구에 비해 연구절차가 덜 구조화되어 있고 자료 수집 및 분석과정이 유연하고 직관적이다. 연구절차나 단계 등은 연구자들의 경험이나 직감 등에 의존하여 조사단계나 절차들을 결정하고, 자료를 수집하며, 자료 수집과 분석 단계가 동시에 상호작용하면서 이루어지는 경우가 많다.

02 질적 연구의 장단점

1) 질적 연구를 하는 이유

질적 연구는 어떤 때 하는가? 질적 연구를 하게 되는 이유를 정해 보면 크게 네 가지 정도로 들 수 있다(김태성 외, 2005).

첫째, 연구문제의 성격이 무엇이 어떻게 일어나는지를 보고자 할 때 질적 연구를 하게 된다. 이는 질적 연구가 기술적 특성을 가진다는 것과 일맥상통한다. '왜'라는 질문을 가지고 집단 간 비교나 관련성, 원인과 영향관계 등을 밝히려는 양적 연구와 대비된다.

둘째, 연구주제가 탐색적일 때 질적 연구를 한다. 관련된 변수가 쉽게 확인되지 않을 때, 혹은 관련된 변수를 설정하는 이론이 없을 때, 그리고 이론개발의 필요가 있을 때 질적 연구를 활용하게 된다.

셋째, 사람들의 자연스러운 상태를 연구하기 위해 질적 연구를 선택하게 된다. 이를 위해서는 연구 참여자들에 대한 충분한 이해를 바탕으로 해야 하며, 연구현장으로 접근하고, 직접 가서 자료를 수집해야 한다.

넷째, 연구 참여자들은 시각을 강조하고자 할 때 질적 연구를 하게 된다. 이때 연구자는 연구대상자들에 대한 판단을 내리는 전문가가 아니라 연구 참여자들의 입장에서 이들의 목소리를 충실히 담아낼 수 있어야 한다.

2) 질적 연구의 장단점

질적 연구의 장단점을 정리하면 다음과 같다(황성동, 2007).

(1) 장점

① 심층적이고 풍부하고 자세한 사실의 발견이 가능하다.
② 문제에 대한 새로운 시작(통찰력)을 제공한다.
③ 조사설계나 자료 수집에 융통성이 있다.
④ 저비용으로 쉽게 시작할 수 있으며, 작은 집단이나 표본으로 가능하다.

(2) 단점

① 주관적이라는 인상을 주기 쉽다. 즉, 결과에 대한 주관적인 이해가 반드시 현실이나 경험적 검증 결과와 일치하지는 않는다.

② 재정 지원을 받는 것과 출간에 어려움이 있다(일반적으로 재정 지원기관과 학술지 심사위원들은 주로 양적 조사를 오리엔테이션에 더 강하다).

③ 조사 결과를 일반화하는 데 어려움이 있으며, 재정지원기관에서는 'hard' 데이터를 'soft' 데이터보다 선호하는 경향이 있다.

④ 조사 결과의 효율성을 입증하거나 실천적 적용을 이끌어 내기에는 미흡하다.

03 질적 연구의 설계

질적 연구는 연구주제와 연구 속성에 따라 다양한 과정으로 진행되지만 5단계로 설명하고자 한다(황성동, 2007)

- 1단계 : 질적 연구의 첫 단계는 문제의 발견이나 주제의 선정, 관찰할 사람 침 현상을 결정한다.
- 2단계 : 조사 주제와 관련된 문헌에 대해 익숙해지고, 관련 연구 결과를 검토하는 단계다. 그러나 이것이 항상 필수적인 것은 아니며, 때때로 자료 수집이나 자료 수집 후에 문헌검토를 할 수도 있다. 왜냐하면 조사자는 조사 대상 및 주제에 대해 가능한 편견과 선입견 없이 조사에 임해야 하기 때문이다. 그리고 이 단계에서는 전체적인 조사의 진행에 대한 구체적인 계획을 수립한다.
- 3단계 : 연구(관찰)할 장소에 접근하여, 그곳 사람들과 상호작용을 통해 그들의 활동을 관찰한다. 때로는 한두 사람의 주요 정보 제공자에게서 그곳의 여러 상황과 활동들을 이해하는 데 도움을 받기도 하며, 보다 밀접한 환경 속으로 들어갈 준비를 하게 한다. 이때 정보 제공자는 조사 대상 집단이나 문화에 대한 내부 전문가로 이들 및 조사 대상자와의 라포(rapport) 형성과 장기간의 관계 형성이 자료 수집에 매우 중요하다.

- 4단계 : 현장에 대한 접근과 조사 대상자와의 관계 형성이 이루어지고 나면 곧 장 자료 수집으로 들어가게 되는데, 이때 연구자가 보고 듣고 느끼는 모든 것이 자료가 된다. 직접 보고 듣고 느끼는 것 외에도 그 현장과 문화 속에서 만들어진 사회적 생성물 등 그곳에 있는 것은 무엇이든 자료로 수집될 수 있다. 이때 면접이 이루어지지만 대체로 비구조적으로 이루어지며, 질적 연구자는 학습자이기 때문에 많은 현지기록(field notes)과 경청(listening)을 하게 된다.
- 5단계 : 연구의 마지막 단계로 지금까지 수집한 데이터를 분석하고 보고서를 작성한다. 데이터를 분석은 관찰과 기록 등 모든 수집된 데이터에서 어떤 중심 주제나 패턴을 발견하기 위함이다. 최근 서구에서는 질적 분석을 위한 소프트웨어가 개발되어 있으며, 이중 ATLAS/ti, NUDIST, Ethnograph, HyperQUAL 등이 많이 사용된다(Rosyse et al., 2006 : 102).

|RESEARCH| |METHODS| |FOR| |SOCIAL| |WELFARE|

SECTION 02 질적 연구 전통

질적 연구 중에서도 가장 널리 알려지고 사회복지학 분야에서도 많이 사용되고 있는 전기연구, 근거이론 연구, 현상학적 연구, 사례연구를 소개하고자 한다(Creswell 저 조흥식 외, 2005; 김태성 외, 2005).

01 전기연구(biographical study)

1) 연구의 초점

전기연구는 연구자에게 말하여지거나 문서와 기록물에서 발견되는 한 개인과 그의 경험에 관한 연구다. Denzin(1989)은 전기 방법을 '한 개인의 삶의 전환점을 기술하는 인생 기록물에 대한 의도된 사용이며 수집'이라고 정의한다. 이런 정의에 근거해 미천한 삶, 위대한 삶, 좌절된 삶, 단축된 삶, 찬사를 받지 못할 일에서 놀랄 만한 성취를 한 삶에 대해 탐색한다(Heibrun, 1988). 어떤 유형의 삶이든 관계없이 전기라는 용어를 개인적인 전기, 자서전, 생애사와 구술사 등을 포함하는 광범위한 장르의 전기 저술(Smith, 1994)을 일컫는 것으로 사용한다.

2) 자료 수집

전기연구에서 한 개인의 인생 이야기는 연구되는 개인 이외의 다른 사람이 보관하는 문서나 기록을 상용해 저술한다(Denzin, 1989).

- 자서전(autobiography)에서는 저자가 자신의 인생 이야기를 쓴다(Angrosino, 1989).
- 생애사(life history)는 사회과학과 인류학에서 다루는 접근인데, 여기서 연구자는 한 개인의 삶에 대해 보고하며, 그 삶이 어떻게 사회의 문화적 주제, 개인적 주제, 제도적 주제와 사회 역사를 반영하는지를 보고한다(Cole, 1994). 연구자는 주로 그 개인과 면접과 대화를 통해 자료를 수집한다.
- 구술사(oral history)는 연구자가 한 사람이나 여러 사람들로부터 사건과 그 사건의 원인, 영향에 대한 개인의 기억을 모으는 접근방법이다. 이러한 정보는 녹음을 통해 수집되거나, 이미 사당한 사람 또는 현재 살아 있는 사람의 저작을 통해 수집할 수 있다.

3) 자료 분석

구체적인 전기들은 연구자의 해석이 거의 없이 '객관적'으로 쓸 수도 있고, 대상의 강력한 역사적 배경과 연대기적 구성을 지니고 '학술적으로' 쓸 수도 있으며, 생생하고 흥미진진한 문제로 세부적인 사항들을 표현하는 관점에서 '예술적으로' 쓸 수도 있고, 장면과 특징에 대해 허구화된 설명을 하는 '내러티브' 형식으로 쓸 수도 있다(Smith, 1994).

이러한 가정에 따라 Denzin(1989)은 몇 가지 절차 단계를 제시 한다.

- 연구자는 먼저 인생과정의 단계들과 경험들(life course stages and experiences)을 언급하면서, 대상의 삶에서 객관적 경험들을 가지고 시작한다. 단계는 아동기, 청소년기, 초기 성인기, 노년기 식의 연대기(chronology) 또는 교육, 결혼, 고용 등과 같은 경험들로 쓸 수 있다.
- 다음으로, 연구자는 면접(예를 들어, 대상이 인생 경험을 일화나 내러티브 형식으로 열거한다)을 사용하여 구체적인 맥락적 전기 자료를 모은다. 따라서 초점은 이야기(stories)를 모으는 데 있다.
- 이러한 이야기들이 한 사람의 삶에서 주축을 이루는 사건(또는 발현(epiphanies))을 가리키는 주제를 중심으로 조직화된다.

- 연구자는 설명을 제공하는 개인에게 의존하면서 다중적인 의미들을 찾아 이 이야기(stories)들의 의미를 탐색한다.
- 또한 연구자는 집단에서의 사회적 상호작용, 문화적 이슈, 이데올로기와 역사적 맥락(historical context)과 같은 의미들을 설명하기 위해 더 큰 구조를 찾고 그 개인(여러 개인이라면 교차해석)의 인생 경험에 대한 해석을 제시한다.

02 근거이론 연구(grounded theory study)

1) 연구의 초점

근거이론은 1960년대 말에 사회학자인 글레이져와 스투라우스(Glaser & Strauss, 1967)에 의해 개발되었다. 근거이론의 목적은 사람이나 사건, 현상들에 대한 자료에 기반을 두고 이에 대한 이론을 발전시키고자 하는 것이다. 근거이론적 접근은 자료를 수집하고 이로부터 귀납적으로 이론을 도출하고자 한다. 따라서 기존 이론들이 확립되지 않은 분야에서 이론을 잠정적으로 도출하고자 할 때 주로 사용하게 된다. 현실자료에 기반하여 도출될 이론이라는 측면을 강조하여 현실기반이론이라고 부르기도 한다.

2) 자료 수집

근거이론에서는 조사의 절차를 중시하여 일정한 표집전략과 자료 분석방법을 따르는 것이 일반적이다. 자료 수집은 통상 관심의 초점이 되는 중심현상의 과정에 참여한 20~30명 정도의 연구 참여자들과의 면접 및 관찰을 통해 이루어진다. 이때 이루어지는 표집전략을 '이론적 표집'이라고 하는데, 즉 이론을 가장 잘 나타내줄 수 있는 동질적 표본을 구성하는 전략이라 할 수 있다. 좀 더 구체적으로 말하면, 연구자가 관심을 두는 연구문제나 이론, 설명의 형태와 관련하여 의미 있는 비교를 가능하게 하는 사례들을 선택한다는 것이다.

이러한 과정은 '지속적 비교'를 통해 이루어진다. 일차적으로 수집된 면접 자료들을 가지고 연구하는 잠정적인 개념이나 범주를 만들어 낸다. 그리고 이렇게 창출된 개념, 범주들을 가지고 이들이 자료를 잘 설명하고 있는지를 확인하기 위하여 다시 새로운 자료에 적용시켜 보면서 수정을 한다. 수정된 개념과 범주는 또다시 새로운 자료에 적용되면서 지속적 비교를 통해 수정되며, 이러한 과정은 더 이상 새로운 개념이나 범주가 나타나지 못할 때까지 계속된다. 새로운 범주나 관계가 더 이상 나타나지 않을 정도가 되면 '범주가 포화되었다'고 하며 표집을 마치게 된다.

3) 자료 분석

근거이론에서 자료 분석은 일련의 독특한 과정을 거친다. 특히 체계적 코딩을 중시하여 일련의 단계를 제시하였데, 개방코딩과 축코딩, 선택코딩, 그리고 조건 매트릭스가 있다.

개방코딩이란 정보의 범주를 창출하는 것을 말하는데, 연구자는 원자료로부터 개념들을 추출하여 범주로 묶어 낸다. 각각의 범주들은 속성과 차원으로 이루어지며, 이렇게 만들어진 범주들은 지속적 비교를 통해 수정된다.

축코딩은 범주들 간의 관계를 설정하는 작업을 말한다. 연구자는 '중심현상'이 되는 범주를 확인하고 중심현상에 영향을 주는 '인과조건'들과 현상을 설명하는 '전략'들, 전략을 형성하는 맥락과 '중재조건', 그리고 전략을 수행한 '결과'를 설정하여 찾아낸다. 이 단계에서 범주들 간의 관계에 대한 이론적 모형이 만들어지게 된다.

선택코딩이란 범주들을 연결하는 이야기를 구성하는 것을 말한다. 다시 말하면 이론은 통합하고 정교화하는 과정이다. 광범위한 수준을 분석하면서 연구자는 중심현상과 관련된 조건들과 그 결과를 시각화하는 조건적 매트릭스를 발전시킬 수 있다. 그러나 근거이론에서 이렇게 광범위한 수준의 분석을 찾아보기는 어렵다고 한다.

근거이론의 연구결과는 이론적 모델의 제시로 나타나게 된다. 이때 시각적으로 범주들 간의 관계를 나타내는 모형이 제시되기도 하며 명제들을 제시하기도 한다.

03 현상학적 연구(phenomenological study)

1) 연구의 초점

현상학적 연구는 어떤 현상에 대한 경험의 본질을 이해하기 위하여 수행된다. Husserl의 철학적 관점과 그 뒤를 이은 Heidegger, Sartre, Merleau-Ponty 등의 철학적 논의에 뿌리를 두고 있으며, 특히 사회학, 심리학, 간호학과 의학, 교육학 등에서 많이 활용되었다.

현상학적 연구에서는 어떤 하나의 경험이 그 경험을 한 사람에게 주는 의미가 무엇인가를 탐구한다. 연구자는 연구 참여자들을 그들 자신들의 관점에서 이해하려고 하며, 그들의 감정, 실재에 대한 그들의 견해, 연구자가 관찰하는 현상이 그들에게 주는 특별한 의미 등을 이해하고자 한다. 현상학적 연구에서는 개인들의 진술로부터 일반적이고 보편적인 의미, 즉 경험구조의 본질을 찾아볼 수 있다고 본다.

현상학적 연구를 하기 위해 먼저 연구자는 현상학적 접근의 근저에 있는 철학적 관점을 이해할 필요가 있다. 특히 판단중지의 개념은 핵심적으로 중요한 개념으로서, 연구자가 연구 참여자들의 목소리를 통해 현상을 이해하기 위해서는 현상에 대한 자신의 선입견을 배제하는 노력을 해야 한다는 것이다. 이를 현상학 연구자들은 경험을 괄호치기(bracketing), 혹은 판단중지(epoche)라고 부른다.

2) 자료 수집

연구자는 연구문제를 쓰고 연구 참여자에게 자신들의 체험과 그 의미에 대해 묻고 자료를 수집한다. 현상학적 연구에서 자료 수집은 통상 심층면접을 통해 이루어진다. 연구하고자 하는 현상을 경험한 사람들만을 연구에 포함시킨다는 점에서 기준표집을 한다고 볼 수 있다. 통상 10명에서 25명 정도의 연구 참여자와 면접을 하면서 면접내용을 모두 녹취하여 원자료로 사용하는 것이 일반적이다.

3) 자료 분석

현상학적 연구의 자료 분석과정은 일반적으로 개인들의 진술들을 나열하는 수평화 단계에서 시작된다. 나열된 진술들은 '의미'로 통합되고 의미들은 다시 '의미주제'로 묶이게 된다. 이때 무엇이 경험되었는가에 대한 조작적 기술과 그것이 어떻게 경험되었는가에 대한 구조적 기술을 발전시킨다. 이를 통해 경험의 본질적 구조에 대한 일반적 기술을 형성하게 된다.

현상학적 연구의 결과물은 연구 참여자들의 경험에 단일한 통합적 의미가 존재한다는 것을 발견하면서, 경험의 본질적 불변구조에 대하여 독자들이 더 잘 이해하는 것으로 끝나게 된다. 즉, 현상학적 연구의 보고서는 독자들에게 "나는 그것을 경험한 사람에게 그것이 어떤 의미를 가지고 있는지를 더 잘 이해한다"는 느낌을 주어야 한다.

04 사례연구(case study)

1) 연구의 초점

사례연구는 말 그대로 단일한 하나의 사례 혹은 복합적인 사례에 초점을 맞추어 다각적이고 심층적인 분석을 하는 것이다. 따라서 사례는 개인, 프로그램, 의사결정, 조직, 사건 또는 다른 것이 될 수도 있다.

여기서 사례란 하나의 '경계 지어진 체계'로 정의될 수 있다. 즉, 어떤 현상이 단일한 사례로 규정되기 위해서는 명확한 경계를 확인할 수 있어야 한다. 사례의 경계가 명확해야 그 사례에 해당하는 자료와 그렇지 않은 자료를 구분하여 수집할 수 있기 때문이다. 경계는 시간과 장소에 의해 이루어지게 된다. 이렇게 사례연구는 한 특정한 사례에 대해 집중적으로 초점을 두고, 그 사례에 관해서는 양적인 연구조사방법을 사용하여 수집한 증거까지 포함하여 다양한 자료를 모두 이용한다는 특징을 가진다.

사례연구는 어떤 사례에 대한 충분한 이해를 위한 목적으로 수행되기도 하고, 어떤 사회문제에 대한 이해를 돕고 이론을 보완하기 위해 수행되기도 하는데, 이렇게 목적에 따라서 사례연구를 본질적 사례연구와 도구적 사례연구로 구분할 수 있다. 본질적 사례연구란 개별사례들에 대한 보다 나은 이해를 위해 사례연구를 하는 경우를 말한다. 이때 사례연구의 목적은 이론을 만들어 낸다든가 광범위한 사회적 이슈들을 이해하기 위한 것이 아니다. 본질적 사례연구의 일차적인 목적은 연구되는 사례 자체에 대한 깊이 있는 묘사와 이해에 있다. 이에 반하여 도구적 사례연구란 조사연구를 위한 방법으로서 사례연구가 사용되는 경우를 말한다. 예를 들어 청소년 비행이나 노숙자 문제 등과 같은 사회적 이슈에 대해 더 나은 이해나 이론개발을 위한 연구목적에 대해, 사례연구는 목적달성을 위한 방법적 도구로서 사용되는 것이다.

2) 자료 수집

사례연구에서의 자료 수집은 현장조사를 통해 수집된 다양한 형태의 자료를 모두 활용한다. 연구자는 연구대상이 되는 사례의 현장에 깊숙이 들어가서 문서나 문서기록, 면접, 관찰, 인공적 가공물 등 사례와 관련된 모든 자료를 수집하며, 현장노트와 관찰지침서, 면접지침서 등을 통해 기록된다. 사례연구는 때로 양정 방법을 사용하기도 하는데, 사례에 대해 사람들에게 설문조사를 하거나 일부 변수를 조작해서 정보를 얻는 경우도 있다.

사례연구에서 다양한 자료 수집원을 활용하고 질적·양적 방법을 병용하는 등의 조사전략을 삼각측량(triangulation)이라 한다. 삼각측량이란 다양한 관점을 동원하여 연구대상에 대한 의미를 명확히 하기 위하여 연구자가 개발한 개념이나 설명, 해석 등을 다양한 사람들과 방법으로 확인하여 타당성을 확보하는 것이다. 이러한 방법을 통해 연구자는 자신의 주관적 판단이나 오류 등을 수정할 수 있다.

3) 자료 분석

사례연구의 자료 분석과정은 연구자가 다양한 상황에서 연구 참여자들의 행동이 어떻게 다르게 나타나는지를 비교하면서 이루어진다. 먼저 사례나 현장에 대한 꼼꼼하고 상세한 기술을 한다. 이때 현장이 어떤 사건이 일어난 장소라면 그 장소를 상세히 묘사하고 때로 그림이나 사진 등을 함께 넣기도 한다. 연구자는 몇 가지 사건들에 대한 세부적 묘사와 분석, 그리고 주요 사건들의 연대기와 같은 기법을 통해 연구에 대해 이야기한다. 특히 복합적인 사례들이 선택되었을 때 전형적인 형식은 각 사례의 세부적인 기술과 그 사례들 내의 주제들을 제시하고 사례들에 걸쳐 있는 주제를 분석하며(사례간 분석), 사례들의 의미에 대한 주장이나 해석을 하게 된다.

SECTION 03 질적 연구의 자료 수집

질적 연구에서 자료 수집은 조사 대상자뿐만 아니라 전기, 일기, 편지, 역사적 기록, 영화, 사진, 비디오테이프 등의 다양한 기록물을 통해서 이루어진다. 그리고 질적 연구자는 조사하고자 하는 현상을 파악하기 위하여 조사 참여자와 면담을 하거나 현장에 직접 참여하여 관찰하는 방법을 선택한다. 조사자가 선택하는 자료 수집방법은 연구 주제의 성격이나 특성에 따라 달라지며, 자료 수집방법 간에는 서로 연관성이 있고 보통 한 두 가지 이상의 방법을 이용하여 자료 수집을 하게 된다.

질적 연구 자료 수집방법은 크게 면접, 관찰, 일정기록과 일지, 문헌 및 기록물 검토 등으로 구분할 수 있다(Marlow, 2005 : 163-179).

01 면접(비구조화=비표준화 면접)

면접이란 정보를 유도해 내기 위해 사전에 계획하고 이를 구체화한 것으로, 조사자가 직접 관찰할 수 없는 것을 발견하기 위해서 면접을 실시한다. 사람들의 행동, 감정, 주변 세계에 대한 해석방법 등을 알아보기 위한 경우, 또는 반복하기 불가능한 과거 사건들에 관심이 있을 경우 면접은 필수적이다. 심층면접은 질적 자료의 수집에서 흔히 사용되며, 비구조화된 면접에서 구조화된 면접에 이르기까지 다양한 형태의 면접이 이용될 수 있다.

비구조화(비표준화) 면접(Unstandardized interview)은 면접에 대한 간단한 주제 목록만을 가지고 질문을 한다. 질문목록이나 순서가 미리 정해져 있지 않고, 구체적인 내용은 조사자가 면접상황에 따라 융통성 있게 조사하도록 하는 방법이다.

물론, 질문 목록에는 응답자에게 반드시 요구하는 질문도 있으나 대체로 질문을 하는 방식은 자유롭다. 적절한 때에 민감하게 지문하고 대화 도중에 해당 주제에 관해서 대화를 할 수도 있다. 이는 가장 자유롭고 개방적인 형태의 면접이다.

연구대상자의 내면적이고 심층적인 부분까지도 알아낼 수 있기 때문에 정신치료요법에 많이 사용되기도 한다. 질문 형식이 고정되어 있지 않기 때문에 자유응답식인 경우가 많고, 이 때 연구자가 응답자에게 응답할 내용에 대해 최소한의 지시나 방향을 제시할 수 있다. 그러나 비구조화(비표준화) 면접이라 할지라도 연구를 통해 얻고자 하는 목적이 있다면, 그러한 목적을 달성할 수 있는 안내서, 즉 면접지침이 있어야 한다. 비표준화 면접의 한 형태로 투사법이 있다. 투사법에는 다른 사람의 동기나 감정태도를 서술해 보게 하든가 그림을 보여 준 뒤 해석하게 하는 방법이 있다(김기태 외, 2001).

02 관찰(비구조화된=비조직적 관찰)

조사연구를 진행하면서 모든 현상이나 행위에 대한 정보를 질문이나 면접을 통해 다 수집할 수는 없다. 특히, 아동의 행동이나 불법적인 행위에 대한 자료 수집에는 더욱 그렇다. 우리가 수행하는 관찰에는 크게 구조화된 관찰과 비구조화된 관찰이 있다.

비구조화된(비조직적) 관찰(unstructured observation)은 관찰대상, 방법, 내용(측정도구), 절차를 명백히 규정하지 않고 어떤 현상을 관찰하는 방법이다. 이는 사전에 알려진 사실들이 충분하지 않은 상황에서 시작하는 질적조사에 주로 이용한다.

비조직적 관찰은 문제형성이나 가설 구성을 위한 자료 수집을 목적으로 하는 탐색적 조사에 많이 사용된다. 비조직적 관찰에서는 주로 참여관찰이 많이 활용된다.

03 기존자료의 질적 검토

1) 일정 기록과 일지

질적 연구에서 활용하는 중요한 1차적 자료로는 사건이나 행위 등의 단순한 내용을 시간대(일정)별로 정리한 일정 기록(logs), 어떤 행위의 내용을 구체적으로 정리한 기록(메모)인 일지(journals), 그리고 이러한 기록물들을 행위별 또는 날짜별로 정리한 일기(diary)를 들 수 있다. 질적 연구에서는 조사 자료들이 풍부하게 묘사된 현장기록의 형태로 이루어진다. 이러한 기록은 현장 구성원의 일상생활을 의미하는 다양한 상황 속에서 관찰된 세세한 상호작용을 반영하는 것이기 때문에 매우 중요하다.

2) 문헌 및 기록물 검토

질적 자료 수집의 또 다른 유형으로는 전기, 일기, 편지, 역사적 기록, 필름, 사진, 비오테이프 등의 서류와 문서 등의 문헌 및 기록물 검토(reading of documents)가 있다. 이러한 기록과 문헌은 직접적인 관찰이나 면접으로 수집할 수 없었던 상황에 대한 정보를 제공해 줄 수 있다. 또한 연구자에게 개개인의 삶, 중요한 사회기관이나 단체의 역사, 그보다 더 광범위한 사회적인 추세나 경향 등에 관한 귀중한 정보를 제공해 줄 수 있다.

|RESEARCH| |METHODS| |FOR| |SOCIAL| |WELFARE|

SECTION 04 질적 연구의 자료 분석

질적자료의 분석은 분석을 위한 계획 수립, 범주화, 자료의 해석, 자료에 대한 타당도 검증의 순서로 이루어진다(Marlow, 2005 : 218-230).

01 분석을 위한 계획

질적 자료의 분석에는 어떤 확고하게 일치된 규칙이나 원칙이 존재하는 것은 아니므로 모든 자료 기록을 다시 읽고 검토함으로써 자료 전체에 대한 감을 잡는 것이 필요하다. 이 과정에서 간단한 기록을 하거나 새로운 아이디어를 메모 해 두는 것이 필요하다. 여기서 중요한 것은 무언가를 체계적으로 정리하기보다는 우선 자료에서 떠오르는 모든 것을 유의해서 기록해 두는 것이다.

02 범주화

질적 연구는 귀납적이므로 연구 주제와 관련된 어떤 패턴이 자료에서 도출되어야 한다. 이를 위해서는 자료가 조직되고, 분류·편집되어 분석 가능한 패키지로 정리되어야 한다. 이때 연구자는 어떤 테마(핵심 내용)을 추출하기 위해 연구의 목적에 부합되는 개별 데이터를 찾아서 코드를 부여하고 범주화(identifying categories)해야 하는데, 바로 이 단계에서 이러한 범주(categories)를 만들고 이를 코딩하는 작업이 진행된다.

1) 첫 번째 단계의 코딩

수집된 자료 속에서 의미를 가진 정브, 즉 의미 단위(meaning units)를 발견하고, 이것을 범주로 묶고 이 범주에 코드를 부여하는 단계다. 이것은 다음과 같은 다섯 단계를 포함한다.

- 자료에서 중요한 경험이나 아이디어, 즉 의미 단위를 발견한다.
- 의미 단위를 범주 속에 맞추고 범주에 이름을 부여한다.
- 범주에 코드를 부여한다.
- 코딩을 다시 정리하고 재조직화한다.
- 코딩의 종료 시점을 결정한다.

2) 두 번째 단계의 코딩

이 단계는 다소 추상적이며, 자료를 해석하는 과정을 포함한다. 그리고 자료의 어떤 관련성을 발견하기 위한 첫 과정으로 범주 사이의 유사점과 차이점을 확인한다. 여기에는 다음 두 단계가 포함된다.

- 각 범주에서 의미 단위들을 추출해 낸다.
- 범주 간에 비교와 대조를 하고, 이를 통해 범주를 묶은 다음 어떤 주제(중심 내용)로 통합해 낸다.

3) 범주의 유형

범주화 작업에 활용되는 범주에는 두 가지 유형이 있는데, 이는 고유 범주화와 조사자 범주화다(Marlow, 2005 : 221-223).

- 고유 범주화(indigenous categories) : 내부자적(emic) 접근법을 사용하여 조사 대상자의 관점에서 관찰된 대상자의 표현이나 용어를 사용함으로써 범주를

명료화한다. 많은 경우 이 접근은 사회복지사가 클라이언트의 관점에서 세상을 볼 수 있도록 하기 위하여 라포를 형성하는 실천기술과 공감을 개발하는데 매우 적합하다.

- 조사자 범주화(researcher-constructed categories) : 이 유형은 조사자 자신이 수집한 자료에서 직접 범주를 만드는 것을 말한다. 이런 의미에서 본다면 내용분석은 조사자가 만든 범주를 활용하는 질적 연구의 유형이라고 할 수 있다.

03 자료 해석하기

이 단계는 연구의 목적을 달성하고자 하는 핵심에 와 있다고 할 수 있다. 자료의 해석은 변수와 개념 간의 관계를 관찰하는 것을 포함하며, 자료를 분류하는 방식을 선정하는 과업과 질적 연구의 목적을 달성하기 위한 가설이나 이론을 개발하는 과업으로 구분하여 설펴볼 수 있다(Tutty, Rothery, & Grinnell, 1996).

1) 분류체계의 개발

질적 자료를 분류하는 방법으로는 보통 다이어그램, 매트릭스, 셈, 누락된 요소 연결, 반증 자료를 활용한다.

- 다이어그램(cluster diagrams) : 질적 연구를 위하여 연구자는 수집된 자료에 대하여 코드를 부여하고 범주를 확인하며, 중심 주제를 찾아 나아간다. 이러한 과정 속에서 조사자는 자료의 해석을 위하여 유사하거나 의미 있는 자료들을 무리지어 놓고 원이나 그림과 같은 시각적인 부호를 사용하게 된다.
- 매트릭스(matrices) : 개별적인 의미를 표로 나열한 것으로서 연구자가 특정 구조를 갖고 자료를 보다 쉽게 접근할 수 있도록 분류하고 자료 간의 관련성을 확인할 수 있게 한다. 또한 개별 자료의 차이점과 유사점을 비교·대조하면서 의미를 찾아내고 의미의 구조를 용이하게 그려 나갈 수 있게 한다.
- 셈(counts) : 연구자는 자신의 연구를 계량화하지 않고도 의미 단위, 범주 또는

핵심 내용의 발생 빈도를 셀 수 있다. 이러한 방법은 분석에서 또 다른 차원을 제공하며, 자료를 다루는 데 어떤 편향이 존재하는 지를 확인할 수 있도록 도와준다. 이러한 방법은 내용 분석에서 종종 활용된다.

- 누락된 요소 연결(missing links) : 자료를 코딩하고 범주화하면서 일차적으로 분류를 마치고 다시 검토하는 과정에서 발생한다. 이 과정에서 어떤 두 범주가 서로 관련되어 있는 것을 먼저 파악하는데, 여기에 이 범주들을 연결하는 제3의 변수가 있다면 그것을 찾아내어 연결해 준다.
- 반증 자료(contradictory evidence) : 질적 분석에서 반증자료는 도외시되어서는 안 되며, 반드시 자료의 분류과정에서 고려되어야 한다. 왜냐하면 반증 자료는 나중에 자료의 타당성을 검증하는 데 활용되기 때문이다.

2) 가설과 이론 개발

질적 연구는 가설 검증보다는 가설 개발과 일차적으로 관련되어 있으며, 질적(해석적) 분석은 인과성(causality)과 연관성(linkages)에 관한 추정(speculation)을 포함하고 있다.

가설의 개발과 인과성에 대한 언급은 어디까지나 자료에 근거를 두어야 하며, 이를 자료에 억지로 끼워 맞추거나 연구자의 이론적인 편견이 과도하게 영향을 미쳐서는 안 된다. 질적 분석에서는 자료에서 맥락을 유지하는 것을 충분히 고려해야 하며, 양적 분석과는 다른 모습을 보여 주어야 한다. 즉, 자료의 각 요인이 서로 순환되고 상호의존하고 있음을 통해서 자료의 맥락적 상호관계가 드러나게 하는 것이 질적 분석의 장점이 되어야 한다.

04 타당도 검증

질적 자료의 타당도 검증(validating data)은 계량적 자료의 타당도 검증과 다른 과정을 요구한다. 일반적으로 질적 자료의 타당도 검증을 위한 과정은 대안가설의 고려, 예외적인 사례 검토, 다각화, 데이터의 맥락 유지를 포함한다.

1) 대안가설(rival hypothesis)

질적인 연구에서 어떤 가설이 설정되고 나면 이에 대한 대안적 가설이 검토되고 조사가설과 비교·검토되어야 한다. 이 대안적 가설은 일반적으로 기존 문헌이나 자료에서 나오게 된다. 연구가설과 대안적 가설은 모두 자료를 검토함으로써 검증되어야 하고, 어떤 가설이 가장 정확하게 자료를 반영하고 있는가를 고려해야 한다.

2) 예외적인 사례(negative cases)

자료를 관찰하고 분석할 때 일반적으로 어떤 패턴이 드러나지만, 동시에 패턴에 맞지 않는 예외적인 케이스가 나타나기 때문에 이에 대한 검토와 설명이 필요하다. 이 경우 조사자는 예외적인 사례가 일반적인 사회적 변형의 일부인지, 주제에 대한 조사자의 지식 부족 때문에 발생한 것인지, 진짜 독특한 경우인지 살펴보아야 한다.

3) 다각화(triangulation)

여러 가지 다양한 방법, 즉 다양한 유형의 자료(예 : 인터뷰와 관찰, 질적·양적 모두 포함해서)를 수집하거나 여러 사람에게 데이터를 분석하게 하거나 데이터를 이해하는 데 다양한 이론을 활용하는 방법이다. 즉, 결국 다양한 출처에서 얻은 데이터를 비교할 수 있도록 해서 데이터의 타당성을 검증하게 된다. 다각화를 통해서 얻은 자료는 간혹 상충되는 결과를 가져올 수도 있지만, 이러한 상충되는 정보는 색다른 정보이며, 이것은 조사의 주제를 이해하는데 또 다른 차원을 제공한다고 생각할 수 있다.

4) 자료의 맥락 유지(presserving the context of the data)

질적인 연구 분석에서 핵심은 자료를 그 맥락(상황) 속에서 이해하는 것이다. 이것은 조사의 결과가 왜곡되지 않도록 하는 첫 단계라고 할 수 있다. 그리고 일반적으로 질적인 연구에서는 의도적 표집이 이루어짐으로 하여 연구 결과의 상황이 제한적이고, 이 때문에 그 결과의 일반화에 한계가 있을 수밖에 없다. 따라서 연구 결과에 대한 이해는 항상 그 자료의 맥락 속에서 이루어져야 한다.

5) 조사자 스스로 신뢰성 확보(establishing your own credibility)

질적인 분석의 성공은 분석기법보다는 연구자 자신에게 달려 있기 때문에 연구자는 자신의 기록이나 자료에 대해 아주 세심한 주의를 기울여야 한다. 이때 조사과정에 대한 정확한 조사연구일지를 기록·유지하는 것은 조사자 스스로 신뢰성을 확보하는 데 매우 중요하다.

요점정리

〈질적 연구의 의의〉

통계적 절차나 기타 계량화의 수단에 의해 도달하는 방식 이외의 방법으로 연구결과를 창출하는 연구 형태

〈질적 연구의 장단점〉

(1) 장

- 심층적이고 풍부하고 자세한 사실의 발견이 가능하다.
- 문제에 대한 새로운 시작(통찰력)을 제공한다.
- 조사설계나 자료 수집에 융통성이 있다.
- 저비용으로 쉽게 시작할 수 있으며, 작은 집단이나 표본으로 가능하다.

(2) 단점

- 주관적이라는 인상을 주기 쉽다.
- 재정 지원을 받는 것과 출간에 어려움이 있다.
- 조사 결과를 일반화하는 데 어려움이 있으며, 재정지원기관에서는 'hard' 데이터를 'soft' 데이터보다 선호하는 경향이 있다.
- 결과의 효율성을 입증하거나 실천적 적용을 이끌어 내기에는 미흡하다.

〈질적 연구의 설계〉

- 1단계 : 문제의 발견이나 주제의 선정.
- 2단계 : 자료 수집이나 문헌검토 후 조사 주제와 관련된 관련 연구 결과 검토.
- 3단계 : 연구(관찰)할 장소에 접근하여, 그곳 사람들과 상호작용을 통해 그들의 활동을 관찰
- 4단계 : 자료 수집
- 5단계 : 수집한 데이터를 분석하고 보고서를 작성

〈질적 연구 전통〉

사회복지학 분야에서도 많이 사용되고 있는 전기연구, 근거이론 연구, 현상학적 연구, 사례연구 등이 있다.

〈질적 연구의 자료 수집〉

질적 연구에서 자료 수집은 조사 대상자뿐만 아니라 다양한 기록물을 통하여 수집하는데, 자료 수집의 방법은 크게 면접, 관찰, 기존자료의 질적 검토 등이 있다.

요점정리

〈질적 연구 자료 분석〉

질적 자료를 분석할 경우 그 자료의 특성을 이해하고 분석하는 것이 필요하다. 분석을 위한 계획 수립, 범주화, 자료의 해석, 자료에 대한 타당도 검증의 순서로 이루어진다.

실전문제

Korean academy of social welfale

01 다음 보기 중 질적 연구의 장점에 해당하지 않는 것은?

① 심층적이고 풍부하고 자세한 사실의 발견이 가능하다.
② 문제에 대한 새로운 시작(통찰력)을 제공한다.
③ 조사설계나 자료 수집에 융통성이 있다.
④ 저비용으로 쉽게 시작할 수 있으며, 작은 집단이나 표본으로 가능하다.
⑤ 주관적이라는 인상을 주기 쉽다.

02 질적 연구 전통에 관한 설명이다. 무엇에 관한 설명인가?

보기

단일한 하나의 사례, 혹은 복합적인 사례에 초점을 맞추고 다각적이고 심층적인 분석을 하는 것

① 전기연구　② 사례연구　③ 현상학적 연구
④ 근거이론 연구　⑤ 민속지학

03 질적 연구의 특징으로 적합하지 않은 것은?

① 질적 연구는 현상의 체계를 단순화시킨다.
② 질적 연구에서는 연구과정에서 연구자와 연구대상 모두 다른 사람으로 대체하여서는 안 된다.
③ 질적 연구는 주관적이다.
④ 대체로 질적 연구는 귀납적이다.
⑤ 질적 연구에서는 현실적인 자료에 기반을 두고 이론을 산출한다.

04 다음은 질적 연구의 자료 수집 방법을 설명하고 있다. 해당되는 것은?

보기

사람들의 행동, 감정, 주변 세계에 대한 해석방법 등을 알아보기 위한 경우, 또는 반복하기 불가능한 과거 사건들에 관심이 있을 경우 필수적 방법은?(　　　)

관찰대상, 방법, 내용(측정도구), 절차를 명백히 규정하지 않고 어떤 현상을 관찰하는 방법은?(　　　)

정답 1. ⑤, 2. ②, 3. ① 4. 면접, 비조직적관찰

05 질적 자료의 분석의 순서로 맞는 것은?

① 범주화 → 자료의 해석 → 자료에 대한 타당도 검증 → 분석을 위한 계획 수립
② 범주화 → 자료에 대한 타당도 검증 → 자료의 해석 → 분석을 위한 계획 수립
③ 분석을 위한 계획 수립 → 범주화 → 자료의 해석→자료에 대한 타당도 검증
④ 자료에 대한 타당도 검증 → 범주화 → 자료에 대한 타당도 검증 → 자료의 해석
⑤ 자료의 해석 → 범주화 → 자료에 대한 타당도 검증 → 분석을 위한 계획 수립

정답 5. ③

CHAPTER

15

조사보고서 작성

■제1절| 조사보고서의 양식과 문제

■제2절| 조사보고서의 형식(절차)과 내용

|RESEARCH| |METHODS| |FOR| |SOCIAL| |WELFARE|

SECTION 01 조사보고서의 양식과 문체

조사보고서를 작성하는 방법은 논문형식으로 작성하는 방법과 보고서형식으로 작성하는 방법이 있으며, 이 두 가지 방법에 약간의 차이가 있다.

조사보고서의 양식과 문체는 독자의 성격에 따라, 즉 학자들이나 실무분야의 전문가들을 위한 보고서인가 일반인을 위한 보고서인가에 따라 달라야 할 것이다. 그러나 공통적으로 요구되는 몇 가지 원칙들이 있어 간단히 소개하고자 한다(김경동·이은죽, 1995 : 601-602; 남세진·최성재, 1996 : 455-456).

첫째, 보고서 문체의 가장 중요한 기준은 정확성(accuracy)과 명료성(clarity)이다. 수사적인 용어로 기교를 부려 재미있게 글을 쓰는 것도 좋지만, 그것으로 인해 정확성과 명료성이 떨어져서는 안 된다. 차라리 재미가 덜 있더라도 정확성과 명료성을 확보하는 게 낫다.

둘째, 간결하고, 짧은 문장으로, 직설적인 표현을 쓰는 것이 좋다. 문장은 가능한 한 간략하고 짧게, 능동태로 기술하는 것이 좋다. 또한 전문 분야의 은어(jargon)를 사용하는 것을 피하고 직설적으로 알기 쉽게 뜻을 전달할 수 있는 용어를 사용하는 것이 좋다.

셋째, 문장의 시제는 과거와 현재를 혼용하되, 다음과 같이 구분해서 사용하는 것이 좋다. 이미 행한 연구의 결과들을 인용, 보고하는 내용과 자신이 연구를 수행한 방법, 절차에 관한 내용을 기술할 때에는 과거시제를 쓴다. 그러나 자신의 연구결과를 기술할 때에는 현재형을 쓴다.

넷째, 자료를 충분히 제시하는 것이 좋다. 자료에는 양적인 것이나 질적인 것이 있을 수 있으며, 이를 표나 그림으로 제시하든지 적절한 보기를 들어 제시하는 것이 좋다. 표나 그림을 제시하는 경우에는 최소한의 해석과 의견을 제시해야 한다. 특히 통계분석 결과를 표로 제시할 때에는 일반적으로 많이 쓰이는 양식에 따르는 것이 좋고, 추리통계의 분석결과를 제시할 때에는 통계적 결정에 필요한 자료(사례 수, 유의수준, 검증통계 값 등)를 함께 제시하는 것이 좋다.

다섯째, 보고서를 작성하기 전에 개요를 미리 작성하여 어떤 내용을 어떤 형식으로 조직해야 할지를 머릿속으로 생각하고 보고서 작성을 시작한다. 대개의 경우 연구결과부터 윤곽을 짜 보는 것이 유용하다. 왜냐하면 이 부분이 핵심이 되는 몸체이고 나머지 부분은 머리와 꼬리 부분에 해당되기 때문이다.

여섯째, 반드시 한 부 이상의 원고를 만들어 놓고, 자신이 원고를 다시 고칠 각오로 하고 친구나 동료에게 보여 도움을 받도록 한다. 또한 한번 써 놓은 원고를 상당한 시간이 지난 후에 다시 보면 쓸데없는 단어, 잘못된 표현 같은 것을 쉽게 찾아낼 수 있으므로 이때 이를 고치도록 하는 것이 좋다.

일곱째, 출판을 목적으로 일정한 기관지나 학술지에 원고를 제출하고자 하면, 미리 그 잡지에서 요구하는 문체, 주석 및 참고문헌 형식, 여백 주기 등에 대한 정보를 얻어 참조하는 것이 좋다.

|RESEARCH| |METHODS| |FOR| |SOCIAL| |WELFARE|

SECTION 02 조사보고서의 형식(절차)과 내용

조사보고서는 크게 표지, 목차, 요약, 본문, 부록 등으로 구성된다. 그리고 본문의 주요 내용은 서론, 문헌고찰, 조사방법, 조사결과, 논의 및 결론의 형식(절차)로 구성된다. 그 주요 내용은 <표 15-1>과 같이 정리할 수 있다(황성동, 2007).

〈표 15-1〉 조사보고서의 본문구성 및 주요 내용

구성	주요 내용
서론 - 문제의 기술 - 조사문제나 가설의 진술 - 문제의 중요성과 조사배경	• 문제나 이슈를 명확히 하고 조사 질문이나 가설을 제시한다. • 주제의 범위 안에서 독자들의 흥미를 자극하고 조사에 합리성을 제공한다. • 문제에 대해 무엇이 알려져 있고, 무엇이 알려지지 않았는가를 밝힌다.
문헌고찰 - 이론적·역사적 고찰 - 기존문헌에서의 갭 - 조사목적의 반복기술	• 문헌고찰에서 발견된 주요 내용에 대해 독자에게 설명하는데, 주제와 관련된 것만 언급하고 보다 재미있도록 약간의 논쟁이나 흥밋거리를 제공한다. • 최근 조사의 진행사항 대부분을 포함하며, 현장에서 이루어지고 있는 주요 조사를 포괄한다. • 조사문제에 관하여 잘 알려지지 않은 문제에 관해 요약하고 연구자의 관심사를 독자에게 상기시킨다.
조사방법 - 조사설계와 자료 수집 과정 - 조사 대상자의 특성 - 표본추출 - 측정도구의 설명 - 자료 분석 절차	• 어떻게 조사를 수행하였는가를 상세하게 서술한다. -조사설계 : 실험설계인지, 비동일 통제집단설계인지, 아니면 몇 가지 짧은 설문조사인지를 설명한다. -대상자 : 어떻게 선정되었는가? 무작위 표집인가? 비확률 표집은 아닌가? 주제에 대해 특별하거나 독특한 것이 있는가? -자료 수집절차 : 우편설문조사, 기록고찰 혹은 응답자 개별면접법을 사용하였는가?

조사방법	-측정도구 : 사용한 도구는 무엇인가? 알려진 신뢰도와 타당도는 무엇인가? -자료 분석 : 어떤 통계기법이 사용되었는가? 여기서는 조사자가 무엇을, 어떻게, 왜 수행하였는지 독자가 이해할 수 있도록 모든 부분을 분명히 설명하는 것이 필요하다.
- 조사설계와 자료 수집 과정 - 조사 대상자의 특성 - 표본추출 - 측정도구의 설명 - 자료 분석 절차	
조사결과 - 결과의 사실적 정보 제시 - 표, 차트로 제시 - 통계적·실천적 중요성 논의	• 수행한 통계분석의 결과를 보고한다. 실제 발견한 것을 포함하고, 자신의 견해 없이 발견한 사실을 있는 그대로 나타낸다. • 발견된 내용을 요약한다. 가장 중요한 발견을 제일 먼저 나타내고, 사용한 가설에 따라 첫 번째 가설과 관련된 발견을 보고하고, 그 다음에 두 번째 가설로 이동한다. 그렇게 계속한다. • 통계적으로 유의미한 것으로만 독자들의 결론을 제한하지 않으며, 실천적 중요성도 빠뜨리지 않고 언급한다. • 핵심적인 발견 사실을 언급하고 가장 적절하게 표현한다. 그리고 장황함을 줄이는 방법으로 표나 차트를 포함시킨다.
논의 및 결론 - 결과의 간결한 요약 - 결과의 실천적 적용 - 조사의 한계나 제한점 - 후속조사의 제언	• 결과의 간결한 요약과 함께 시작하며, 주요 결과나 핵심적인 것을 다룬다. • 독자들을 위해 결과를 해석하고 실천을 위한 결과의 타당성을 제시해야 한다. • 조사의 한계를 논의하고 조사결과의 일반화 가능 범위를 논의한다. • 향후 필요한 조사와 조사자를 위한 제안사항을 언급한다. • 특히, 결론부분에서 개입이 기대한 것처럼 작용되었는가? 클라이언트에게 도움이 되었는가 등을 자료에 근거해서 주장한다.
참고문헌	• 통상 저자의 이름에 따라 가나다(알파벳)순서로 정리하며, 보편적인 문헌 표기 스타일(예 : APA 방식)을 따른다.
부록	• 조사과정에 사용된 중요한 자료나 설문지, 지침을 기록하고 측정도구의 사본을 첨부한다.

* 출처 : 황성동(2007). 알기 쉬운 사회복지조사방법론. p.311.

요점정리

〈조사보고서〉

- 조사목적을 달성하기 위해 조사결과 발견한 사항들과 이로부터 추론한 내용을 조사문제, 조사 대상, 조사법, 조사절차 등과 함께 체계적으로 정리하여 행정책임자나 학계 등에 제시하는 문서

〈조사보고서의 형식과 내용〉

- 조사보고서는 크게 표지, 목차, 요약, 본문, 부록 등으로 구성
- 본문의 주요 내용은 서론, 문헌고찰, 조사방법, 조사결과, 논의 및 결론의 형식(절차)로 구성

실전문제

Korean academy of social welfale

01 조사보고서의 작성요령으로 적합하지 않은 것은?

① 보고대상자가 가장 잘 이해할 수 있는 용어와 문체와 형식을 사용하여야 한다.
② 조사보고서에 감정적인 표현은 가능한 사용하지 않아야 한다.
③ 자신의 조사결과를 언급할 경우는 현재형을 사용한다.
④ 조사보고서는 간결해야 한다.
⑤ 통계자료 분석의 결과는 가능한 분석결과를 그대로 보여주어야 한다.

02 (   )에 알맞은 용어는?

보기

(   )은 자료처리의 첫 단계로서 수집된 자료를 점검하여 오기, 누락, 착오, 흘려 쓴 것 등을 찾아 교정하여, 부호화(coding)시 애매하고 모호한 점이 없도록 자료를 일정한 기준에 따라 체계적으로 검토하는 작업이다.

① 자료의 분석   ② 자료의 코딩   ③ 자료의 편집
④ 자료의 해석   ⑤ 자료의 검토

정답 1. ⑤, 2. ③

Reference 참고문헌

고영복 편(2000). 사회학사전. 사회문화연구소.

김기원(2007). 『사회복지조사론』. 나눔의 집.

김영종(1999). 「사회복지조사론」. 학지사.

김진숙(2011). 사회복지조사론. 신정.

김귀환 외 14인(2007). 『사회복지조사방법론』. 나눔의 집.

김태성 외(2005). 「사회복지조사론」. 청목출판사.

김형식(1997). 『사회복지 프로그램 평가기법』. 아시아미디어리서치.

김환준(2004). 「사회복지연구조사방법론」. 나남출판

김해동(1998). 「조사방법론」. 법문사.

박옥희(2006). 『사회복지조사론』. 학지사.

성규탁(1994). 『사회복지행정론』. 법문사.

______(1995). "사회복지사업에 대한 욕구측정". 아산(아산사회복지재단) 제28호(여름); 26-40.

양정하·황인옥·윤성호·이인숙·김태준(2006). 『사회복지조사방법론』. 공동체.

어대훈 편저(2012). 『어대훈의 휴먼 사회복지학』. 공동체.

양정하·황인옥·윤성호·이인숙·김태준(2006). 『사회복지조사방법론』. 공동체.

우수명(2008). TP사회복지조사. 인간과 복지.

이익섭, 이윤로(2007). 사회복지 조사방법의 이해. 학지사.

이철수 외 공저(2009). 사회복지학사전. Blue Fish.

어대훈 편저(2012). 「어대훈의 휴먼 사회복지학」. 공동체

정무성·정진모(2001). 『사회복지 프로그램 개발과 평가』. 양서원.

채구묵(2007). 「사회복지조사방법론」. 양서원.

______(2011). 「사회복지조사방법론」(제2판). 양서원.

채서일(2002). 「사회과학조사방법론」. 학현사.

최성재(2011). 「사회복지조사방법론」. 나남출판.
최성재·남기민(2000). 『사회복지행정론』. 나남출판.
황성동(2007). 『알기쉬운 사회복지조사방법론』. 학지사.
_____(2012). 『알기쉬운 사회복지조사방법론』. 학지사.
황창순, 김형수, 노병일, 도종수, 유지영(2012). 사회복지조사론. 양서원.

Angrosino, M. V.(1989). Documents of interaction : Biography, autobiography, and life history in social science perspective. Gainesville : University of Florida Press.
Babbie, E.(1992). The Practice of Social Research(6th ed.). Belmont, C. A. : Wadsworth Publishing Company.
Baumheier, Edward C. et al.(1974). Analysis and Synthesis of Needs Assessment Research in the Field of Human Services. Denver : Center for Social Research and Development Denver Research Institute University of Denver.
Bradshow. Jonathan.(1972). "The Concept of Social Need." New Society 19(March) : 640-643
Cole. A.(1994, April). Doing life history research in theory and in practice. Paper prepared for the annual meeting of the American Educational Research Association, New Orleans, L. A.
Denzin, N. K.(1989). Interpretive biography. Newbury Park, C. A. : Sage.
Heibrun. C. G.(1988). Writing a woman's life. New York : Ballantine.
John W. Creswell. Qualitative Inquiry and Research Design : Choosing Among Five Traditions./ 조흥식·정선욱·김진숙·권지성 공역.(2005). 질적 연구방법론 -다섯 가지전통-. 학지사.
Lazarsfeld, Paul (1959). Problems in Methodology, in Robert K. Merton(ed.), Sociology Today. New York : Basic Books.
Marlow. C.(2005). Research Methods for Generalist Social Work(4th Ed.). Belmont, C. A. : Books/Cole-Thomson Learning.
McKillip, J.(1998). Needs analysis : Process and techniques. In L. Bickman, & D. Rog(Eds.), Handbook of Applied Social Research Methods. Thousand Oaks, C. A. : Sage.

Nachmias. C., & Nachmias. D.(1992). Research Methods in the Social Sciences(4th ed.). New York : St. Martin's Press.

Reid, W. J., & Smith, A. D.(1981). Research in Social Work. New York : Columbia University Press.

Royse, D., Thyer, B., Padgett, D., & Logan, T.(2006). An Introduction to Program Evaluation(4th ed). Belmont, C. A. : Brooks/Cole-Thomson Learning.

Ruane, Janet M.(2005). Essentials of Research Methods : A Guide to Social Science Research. Malden, MA : Blackwell Publishing.

Rubin, A. & Babbie, E.(2005). Research methods for social work, 5th ed. Thompson, Brooks/Cole.

Selltiz, Claire, Lawrence S. Wrightsman and Stuart W. Cook.(1976) Research Methods in Social Relations(3rd ed.), New York : Holt, Reinhart and Winston.

Smith, L. M.(1994). Biographical method. In N. K. Denzin & Y. S. Lincoln (Eds.), Handbook of qualitative research(pp.286-305). Thousand Oaks, CA : Sage.

Tripodi, T.(1983). Evaluative Research for Social Workers. Englewood Cliffs, N. J. : Prentice-Hall. Inc.

Tutty, I., Rothery, M., & Grinnell. R.(1996). Qualitative Research for Social Workers. Boston : Allyn and Bacon.

Vogt, W. Paul.(1993). Dictionary of Statistics and Methodology : A Nontechnical Guide for the Social Sciences. Newbery Park CA : Sage Publications. Inc.

저자약력

이 승 현

서정대학교 사회복지행정과 부교수
산학협력단장 · 교무처장 역임

[저서 및 논문]
사회복지조사론(2013, 동문사)
사회복지행정론(2016, 공동체)
양주시 지역사회복지계획(2010)
동두천시 지역사회복지계획(2010) 외 다수

염 일 열

서정대학교 사회복지행정과 교수

[저서 및 논문]
지역사회복지론(2012, 광문각)
사회복지정책론(2015, 양서원)
사회복지행정론(2016, 공동체)
양주시 복지전달체계개편 모델 및 효과분석 연구(2015)
의정부형 마을자치 활성화 방안에 관한 연구(2015)
협력적 거버넌스 관점에서 주민참여예산제도 평가에 대한 주요 행위자들의 이질성 분석(2016)

사회복지조사론

초판 1쇄 발행 / 2017년 1월 10일
초판 6쇄 발행 / 2025년 3월 2일

공저자 / 이승현 · 염일열
발행인 / 이 중 수
발행처 / **동 문 사**

서울특별시 서대문구 홍제원 1길 12
(홍제동 137-8)
Tel : 02)736-3718(대), 736-3710, 3720
Fax : 02)736-3719
등록번호 : 제9-17호
가격 : 19,000원

ISBN : 978-89-8251-869-0(93330)
E-mail : dong736@naver.com
www.dongmunsa.com

저자와의 합의하에 인지는 생략합니다.